Inhalt

Der Weg zur Liebe ohne Haken

Gehören auch Sie zu diesen Frauen, von denen Bekannte sagen: Mensch, warum hat die denn noch nicht den Richtigen gefunden? Oder denen Freundinnen manchen wohlmeinenden Ratschlag erteilen, wie sie es besser machen können mit der Partnersuche? Das wird bald der Vergangenheit angehören. Denn in diesem Coaching-Programm finden Sie, was Sie brauchen, damit Sie dem Richtigen begegnen und glücklich mit ihm werden können. Durch Informationen, praktische Übungen und Geschichten erfahren Sie in drei Abschnitten, was für die gelungene Partnerwahl wichtig ist:

1 die Vergangenheit hinter sich zu lassen (und nur das Beste mitzunehmen)
2 eine motivierende Vision zu haben, die wirklich zu Ihnen passt
3 ein Verhalten zu entwickeln, durch das der richtige Mann bei Ihnen bleibt, nachdem Sie ihm begegnet sind

Vielleicht sind für Sie nur einer oder zwei dieser Teile wichtig. Bestimmte Punkte aus dem Coaching-Programm treffen dann eher zu, andere haben Sie schon abgehakt – umso besser.

Seit ich mich mit dem Thema der Partnerwahl bei Frauen beschäftige, wurde mir aber klar, dass es an mindestens einem dieser drei Punkte hapert, wenn eine Frau in der Partnersuche nicht erfolgreich ist. Entweder schleppt sie einen schweren Rucksack aus der Vergangenheit mit sich herum oder sie verfolgt einen Traummann, der niemals der Mann ihres Lebens sein kann, oder sie trifft den Richtigen, aber verhält sich nicht klug, so dass der Mann die Flucht ergreift! Die erfolgreiche Partnerwahl ist wie ein Puzzle, bei dem alle drei Teile – Vergangenheit, Vision, Verhalten – ineinandergreifen müssen, damit am Ende ein Bild entsteht.

Viele Frauen spüren die Sehnsucht, endlich den richtigen Mann zu finden, vermutlich auch Sie. Doch gerade Frauen ab dreißig, vierzig oder darüber sind mit der Zeit mut- und energielos geworden auf ihrer Suche. Nicht selten befinden sie sich in einem inneren Zwiespalt: Sie sehnen sich nach Liebe und haben gleichzeitig eine harte Haltung gegen »die Männer« entwickelt.

Die Liebeswerbung, so wie ich sie beschreibe, ist ein Weg: von der ersten Begegnung über das Kennenlernen bis zu der Erkenntnis, dass es »der Richtige« ist. Und dann geht die Reise zu zweit weiter! Diesen Weg kann man mit einem dicken Rucksack und in schweren Stiefeln laufen oder mit leichtem Gepäck in seinen Lieblingsschuhen entlangtanzen. Dazu bedarf es allerdings einiger Grundkenntnisse über sich selbst und die »Tanzschritte« der Liebeswerbung. Dieses grundlegende Wissen ist uns Frauen bedauerlicherweise in den letzten vierzig Jahren abhandengekommen. Die traditionellen Rollen haben sich aufgelöst, wir sind ratlos und müssen uns neu orientieren. Wie der »Tanz der Liebeswerbung« (wieder) gelingen kann? »Suche Mann ohne Haken« möchte Ihnen Anregungen für alte und neue Antworten geben.

Immer aber startet dieser Weg bei Ihnen selbst – und er lohnt sich. Denn eine gelingende Partnerschaft ist einer der Glücksgaranten für ein erfülltes Leben, dies belegen zahlreiche Untersuchungen. Denn Liebe bereichert und verändert uns. Mein Anliegen ist, dass Sie mit einem Menschen, der zu Ihnen passt und zu dem Sie passen, Liebe finden. Eine Liebe »ohne Haken«. Und dazu brauchen Sie nicht etwa einen Mann ohne Ecken und Kanten. Sie müssen keinen perfekten Partner finden und auch selbst nicht »perfekt« werden, um Liebe zu erleben.

Meine Erfahrung, beruflich als Coach und persönlich als Frau, zeigt, dass eine moderne Frau auf eines nicht verzichten muss: auf einen Mann, der zu ihr passt und mit dem sie das Glück der Liebe erleben kann!

Das bestätigen meine Interviewpartner Sina und Daniel mit dem folgenden Zitat:

Sie: »Man fragt sich doch immer, wo der Haken ist. Wo ist der denn bei uns?«

Er: »Vielleicht gibt es bei uns ja keinen Haken – vielleicht ist das ja das Besondere mit uns.«

Bevor Sie losgehen ...

Frauen und Männer ab dreißig finden sich nicht mehr einfach so

Wenn Sie ab dreißig nach der Liebe Ihres Lebens suchen, ist es anders. Anders als mit Anfang zwanzig, als Sie in der Berufsausbildung, dem ersten Job oder dem Studium steckten.

»Als ich zweiunddreißig war, trennte sich mein damaliger Freund nach nur einem halben Jahr Beziehung von mir«, erinnert sich Ulrike, heute vierzig. »Es war gar kein großes Drama, er hatte einfach gemerkt, dass er nach der Trennung von seiner langjährigen Freundin noch nicht wieder bereit für eine feste Bindung war. Und ich war einverstanden. Nach einer kurzen ›Trauerzeit‹ dachte ich mir: Jetzt bist du bereit für den ›Richtigen‹. Dann passierte sieben Jahre lang gar nichts mehr. Es war wie verhext.«

»Ich komme sehr gut allein klar, aber ich habe doch große Sehnsucht nach einer richtig guten Beziehung auf Augenhöhe«, sagt Irina, die mit sechsunddreißig Jahren schon Mutter von zwei Kindern im Teenageralter ist. Nach einer frühen Ehe ist Irina seit sechs Jahren alleinerziehende Mutter. Männer hat sie trotzdem reichlich kennengelernt. Aber keinen, der ihr »das Wasser reichen könnte«, wie sie sagt. Irina ist finanziell weitgehend unabhängig, hat gerade eine Ausbildung zur Heilpraktikerin erfolgreich abgeschlossen und eröffnet bald eine eigene Praxis. Selbstkritisch fügt sie an, dass sie immer wieder auf den gleichen Typ Mann geflogen ist, »in einer Umbruchphase im Leben, unstabil, wenn auch sehr lieb; meistens waren die Männer nach einer gewissen Zeit wie ein weiteres Kind für mich, egal ob sie jünger waren oder nicht«. Die Powerfrau zieht schwache Männer in der Orientierungsphase an wie Motten das Licht.

Gesellschaftliche Bühne und individuelles Stück

Was verändert sich, wenn wir nicht mehr zwanzig sind und einen Partner suchen? Warum scheint es mit einem Mal so verflixt schwierig zu sein? Warum passen Angebot und Nachfrage auf einmal so schlecht zusammen? Dafür gibt es zwei Hauptgründe. Zum einen spielen die äußeren Gegebenheiten der Partnersuche eine Rolle, die ich die »gesellschaftliche Bühne« nenne. Hier handelt es sich um historische Tatsachen, um Zahlen und Fakten. So kamen zum Beispiel nach dem Zweiten Weltkrieg auf jeden heiratsfähigen Mann in Deutschland etwa sechs Frauen, das ist heute nicht mehr so. Dafür haben sich unsere Ansprüche an Partnerschaft verändert und die Art, wie wir einen Partner wählen. Und in den verschiedenen Kulturen gibt es große Unterschiede hinsichtlich der Rolle der Frau in der Gesellschaft und in Beziehungen. Auf dieser »gesellschaftlichen Bühne« spielt jeder sein »individuelles Stück«, das aus der jeweiligen Lebensgeschichte und individuellen Persönlichkeit besteht.

Die Reise nach Jerusalem …

Zunächst zu den äußeren Fakten. Es ist nicht nur Einbildung und »Torschlusspanik«, wenn Sie meinen, es gäbe ab einem gewissen Zeitpunkt weniger Männer. Es gibt für Sie, je nach Alter und Wohnort, tatsächlich insgesamt weniger *verfügbare* Partner. Laut einer repräsentativen Umfrage der größten Internet-Partneragentur, Parship, leben in Deutschland derzeit 11,2 Millionen Singles.[1] Das meint Personen, die tatsächlich ohne Partner sind, nicht nur Einpersonenhaushalte, wie sie in anderen Umfragen manchmal erhoben werden. Die meisten Singles gibt es in der Altersgruppe der Achtzehn- bis Dreißigjährigen, nämlich 3,6 Millionen, was einen Anteil von 31 Prozent gemessen an der gesamten Altersgruppe der unter Dreißigjährigen ausmacht. Mit zunehmendem Alter sinkt die Zahl der Singles, absolut gesehen und relativ zur Anzahl der Paare und Familien in dem jeweiligen Altersabschnitt. So sind es bei den Einunddreißig- bis Vierzigjährigen insgesamt 2,7 Millionen Singles (20 Prozent Single-Anteil in dieser Altersgruppe). Bei den über Vierzigjährigen sinkt die Zahl der Singles auf unter 20 Prozent, um erst bei den über Sechzigjährigen wieder auf über 20 Prozent zu steigen. Die Zahlen von männlichen und weiblichen Singles sind weitgehend ausgeglichen, nur in der Gruppe der über Sechzigjährigen gibt es aufgrund der längeren Lebenserwartung von Frauen mehr weibliche Singles als männliche. Und es gibt sehr unterschiedliche Verteilungen zwischen Stadt und Land: In Großstädten liegt der Single-Anteil zum Teil bei 34 Prozent, auf dem Land nur bei 14 Prozent.

Vor allem aber lieben die über vierzigjährigen Männer und Frauen durch unterschiedliche Alterswünsche aneinander vorbei. Wer nicht miteinander älter geworden ist, wird plötzlich kritisch, was das Alter des Wunschpartners angeht. Frauen ab vierzig wünschen sich häufig einen gleichaltrigen, nur wenig älteren oder sogar etwas jüngeren Partner. Männer über vierzig und fünfzig schauen eher nach einer fünf bis fünfzehn Jahre jüngeren Partnerin.[2]

... und romantische Liebe

Abgesehen von dem schwankenden Single-Markt sind wir heutzutage bei der Partnerwahl deutlich anspruchsvoller als früher. Wir sind bestrebt, uns selbst zu verwirklichen, wollen aber trotzdem eine erfüllende Partnerschaft leben. Beziehung wird zu einem Kunstwerk und ist weniger eine Lebensform, die gesellschaftlich streng vorgegeben ist. Lebenspartnerschaft oder Ehe, Kinder oder keine, offene Beziehung oder Treue? Die Entscheidungen sind vielfältig geworden für Romeo und Julia im 21. Jahrhundert. Und über allem schwebt genau dieses Ideal: Romeo und Julia – die romantisch Liebenden. Beziehungen und Familien sind heute in der Regel keine Notgemeinschaften mehr, die das Überleben sichern sollen. Angestrebt wird die Liebesehe, in der Paare freiwillig und lebenslang romantisch verbunden sind. Männer wie Frauen haben Zugang zu Bildung und Einkommen. Aus finanziellen Gründen zu heiraten – früher ein ganz legitimer Grund, genannt eine »gute Partie« – gilt heute als berechnend und eher anrüchig. Das Romantikideal und die Ansprüche an Partnerschaft haben ihren Preis: Der zeigt sich in den häufigeren Trennungen.

Mit den Ansprüchen an den Partner hat sich auf jeden Fall auch der »Liebesmarkt« verändert, für Frauen wie für Männer. Einfach nur ein gesichertes Auskommen zu bieten, das reicht als Mann heute nicht mehr, um ein begehrter Partner zu sein. Genauso wie es als Frau nicht ausreicht, Kinder zu gebären, um begehrenswert zu sein und zu bleiben. Vom »Marktwert« und was er für Sie bei der Partnersuche bedeutet, wird später noch die Rede sein (siehe Seite 23 ff.)

Eng verknüpft mit dem Thema »Marktwert« ist das veränderte Verhalten zwischen Mann und Frau in den letzten dreißig Jahren. Nach Jahrzehnten der Auflösung traditioneller Rollen stehen wir quasi vor einem Liebes-Pisa zwischen Männern und Frauen. Wie der »Tanz der Liebeswerbung« (wieder) gelingen kann, darum geht es im Kapitel »Klugheit« (ab Seite 127).

Schauen wir von der großen gesellschaftlichen Bühne aber erst einmal auf Ihr ganz individuelles Liebesdrama.

Ihr individuelles Beziehungsstück

Was sich außer dem gesellschaftlichen Wandel am meisten verändert in der Liebesgleichung, sind Sie selbst: Ihre Einstellungen zur Liebe und Ihre Art, an die Partnersuche heranzugehen, sind oft entscheidend anders, nachdem Sie die Dreißig überschritten haben. Dabei gibt es gleich drei Fallen. Entweder Sie verhalten sich unreflektiert immer noch wie mit zwanzig und kennen die Kriterien nicht, die jetzt bei der Partnerwahl zählen, oder Sie geben jegliche Ansprüche an Partnerschaft auf und denken sich »jetzt muss ich nehmen, was übrig bleibt«. Die dritte Falle ist, dass Sie unrealistische Erwartungen an Beziehungen hegen und überkritisch werden.

Vermutlich sind Sie bei der Partnersuche vorsichtiger geworden, als Sie es mit Anfang zwanzig waren. Nicht nur die Männer, auf die Sie treffen, sind gebrannte Kinder. Auch Sie selbst haben ja schon auf der einen oder anderen Liebes-Titanic angeheuert und Schiffbruch erlitten. Das macht misstrauisch und extrem anspruchsvoll. Häufig sind hohe Erwartungen dann einfach ein Schutz, damit es mit der neuen Bindung gar nicht erst klappen kann. Wenn Sie schmerzhafte Erfahrungen nicht verarbeitet haben, ist das Alleinsein zwar manchmal nervig, aber unbewusst immer noch besser, als wieder verletzt zu werden.

Doch auch ohne übermäßigen Herzschmerz unterscheidet sich die »ernsthafte« Partnersuche von der Liebe nach der Schulzeit. Das Gute mit Anfang zwanzig war, dass Sie vermutlich gar nicht bewusst gesucht haben. Sie kamen einfach mit jemandem zusammen – peng. Und daraus ergab sich etwas – oder auch nicht.

Wenn Sie jetzt mit über dreißig oder vierzig zum ersten Mal »ernsthaft« einen Mann, einen Partner fürs Leben, »den Richtigen« suchen, dann passiert etwas Paradoxes. Gerade weil Sie es jetzt »wissen wollen«, geht es nicht mehr leicht. Sie stehen sich selbst im Weg. Es ist ein bisschen wie beim Tausendfüßler, der sich plötzlich fragt, mit welchem Bein er zuerst losgehen soll.

Die fünfunddreißigjährige Susanne bringt es so auf den Punkt: »Als ich meinen ersten Freund damals im Studium kennenlernte, bezahlte er bei unserem ersten Treffen in der Kneipe mit lauter Münzgeld. Er kramte es aus seiner verbeulten Hosentasche und knallte den Haufen Münzen auf den Tresen. Damals dachte ich, ›ach du meine Güte, was für ein Typ‹, aber ich lachte auch darüber. Wenn das heute ein Mann bei unserem ersten Treffen machen würde, wäre es gleich vorbei.«

Der Schlüssel zu einer erfüllten Partnerschaft liegt in Ihren Händen

Verändert hat sich also nicht nur Ihr Umfeld, verändert haben sich vor allem Ihr eigener Blick auf die Männer und Ihre Erwartungen an die Liebe. Denn auch Ihre Persönlichkeit hat sich im Laufe der Jahre mehr ausgeprägt. Ist also alles nur schwieriger geworden? Ist es nicht eigentlich unmöglich, »den Richtigen« zu finden? Ganz klar nein. Mit dem Älterwerden wird nämlich vieles auch besser. Doch das müssen Sie erkennen und nutzen.

Das von mir entworfene Coaching-Programm setzt dort an, wo Sie sofort handeln können: bei sich selbst – wenn Sie schon nicht das Aufkommen passender Männer und gesellschaftliche Beziehungstrends beeinflussen können.

Im ersten Teil dieses Programms erfahren Sie, wie Sie Ihre Vergangenheit würdigen und loslassen können, um weniger kritisch und verletzt in die Männerwelt zu gehen. Sie lernen sich selbst besser kennen – und auch schätzen. Im zweiten Teil können Sie eine Vision entwerfen, die nicht wie eine Seifenblase zerplatzt. In Teil drei geht es dann darum, wie Sie Ihre Strategie angemessen zu Ihrem Alter und zu Ihrer kühnen Vision, nämlich Liebe zu finden, umsetzen können. Und zwar so, dass es ein Tanz zwischen Mann und Frau wird, kein Krampf!

Das Märchen vom Älterwerden als Partnerschaftsbremse

Kaum ein Vorurteil hält sich so hartnäckig wie die Behauptung, dass älter zu sein an sich schon ein absolutes Manko bei der Partnersuche sei. »Ich bin schon viel zu eigen geworden«, sagen Single-Frauen manchmal ein wenig kokett, mit einer Mischung aus Stolz auf ihre Individualität und aus Resignation. An ihre Beziehungen mit Anfang oder Mitte zwanzig erinnern sie sich mit Worten wie »unbekümmert«, »offen«, »leidenschaftlich« und »optimistisch«. Vor allem haben sie damals vermutlich noch keine Beziehungsratgeber gelesen oder sich überhaupt viel mit dem Thema Partnersuche beschäftigt. »Alles passierte einfach so«, wie es eine Klientin von mir ausdrückte.

Tatsächlich werden unsere Persönlichkeiten und Gewohnheiten mit dem Älterwerden ausgeprägter. Aber das ist nicht nur ein Nachteil. Sie passen vielleicht nicht mehr zu jedem Mann. Doch wo ist das Problem? Wollen Sie mit hundert Männern zusammen sein oder reicht nicht einer, zu dem Sie wirklich gut passen? Und sind Sie wirklich *so* einzigartig schrullig geworden, dass es niemand mit Ihnen aushalten würde? Ich bezweifle das.

Um allerdings wirklich Nutzen aus Ihrem Alter zu ziehen, müssen Sie sich mit Ihrem gelebten Leben und besonders mit Ihrer Beziehungsvergangenheit aktiv auseinandersetzen. Denn sonst hängt die Vergangenheit an Ihnen wie zu schweres Gepäck. In Ihrem unsortierten Beziehungsgepäck und nicht in Ihrem »Alter« liegt die wirkliche Krux der Partnersuche. Und genau an dem Punkt würden Frauen wie Männer häufig gerne kneifen.

Doch wenn Sie sich Ihrer Vergangenheit nicht stellen, dann kommt sie immer wieder zu Ihnen zurück, und zwar durch ständige Wiederholungen unglücklicher Beziehungsversuche.

Sich mit der Vergangenheit beschäftigen – muss das sein?

Susanna war mit einem recht kontrollierenden Mann verheiratet gewesen, von dem sie sich eingeengt gefühlt hatte. »Bloß nicht wieder heiraten«, wurde zu ihrem Leitmotiv, und »bloß nicht wieder so einen wie meinen Exmann«, schwor sie sich. Ihr Schwur sollte in Erfüllung gehen. Der Mann, mit dem Sie danach zusammenkam, war das genaue Gegenteil ihres Exmannes, spontan, beruflich nicht abgesichert, aber ein interessanter Gesprächspartner. Als Susanna unerwartet schwanger wurde und nicht abtreiben wollte, sah sich ihr neuer Partner allerdings total überfordert. So früh wolle er sich nicht binden (er war Mitte dreißig) und die Verantwortung als Vater könne und wolle er schon gar nicht übernehmen. So war Susanna wieder allein – diesmal als alleinerziehende Mutter. Die »Gegenteil-Beziehung« hat oft das gleiche Ergebnis oder ein noch schwierigeres Ende als die Beziehungserfahrung, vor der man wegläuft.

Von allen Frauen, die in meine Coaching-Praxis kommen, hat jede mindestens ein sehr schmerzhaftes »Beziehungs-Gepäckstück« mitgebracht. Manchmal war dies unter dem Deckmantel von »das ist ja längst abgehakt« verschwunden. Tatsächlich aber steuerte es ihre Partnersuche nach wie vor. Nutzen Sie also Ihren Altersvorsprung im positiven Sinne. Fassen Sie den Mut, sich diesen schmerzhaften Erinnerungen zu stellen und dadurch ihre Macht über Sie zu unterbrechen. Übungen dazu finden Sie in dem Kapitel »Beziehungsmuster erkennen« (siehe Seite 52 ff.).

Warum älter zu werden auch sein Gutes hat

»Das Kamel wächst bis zu seinem elften Lebensjahr, dann wird es immer dümmer.« Dieser Ausspruch meiner Großmutter mütterlicherseits gab mir lange Zeit ein Rätsel auf. Bis ich verstand, dass meine Großmutter sich wohl kaum auf Kamele, sondern vielmehr auf Menschen bezog und deren Tendenz, mit dem Älterwerden nicht reifer, sondern eben »dümmer« zu werden. Die pessimistische Sicht meiner Großmutter auf die menschliche Entwicklung teilte man – in etwas gewählteren Worten – auch lange in der Disziplin der Entwicklungspsychologie. In der Zeit des Erwachsenenalters und des Alters passiere demnach außer Krisen und Abbau eigentlich nicht mehr viel, so glaubte man. Doch diese Sicht hat sich in den letzten zwanzig Jahren geändert. Reifung heißt das neue Zauberwort. Menschen können reifer werden, im Erwachsenenalter besser leben und lieben.

Martha lernte ihren jetzigen Lebenspartner vor sechs Jahren im Alter von sechsundvierzig Jahren kennen. Wenn sie heute zurückblickt, warum ihre Beziehung so erfolgreich ist, dann denkt sie vor allem an die Lebenserfahrung, die sie und ihr Partner mitbringen. »Sicher war ich früher hübscher«, sagt die heute Zweiundfünfzigjährige lachend und ohne Bedauern, »aber ich war noch nie so gut in einer Partnerschaft wie heute. Ich war noch nie so vielseitig, kann mich auch einmal zurücknehmen. Außerdem höre ich heute viel besser zu als früher, weil ich mich nicht immer so leicht angegriffen fühle von dem, was der Partner sagt. Das war früher viel stärker der Fall. Ich bin besser geworden im Umgang mit mir selbst, klarer. Und vor allem erwarte ich nicht mehr, dass ein Mann mich glücklich macht. Entweder ich bin glücklich mit mir oder eben nicht.« Paare mit Lebenserfahrung laden die Last der eigenen Glückserwartung nicht mehr beim

Partner ab. Sie sind gemeinsam glücklich – in vielen kleinen Momenten ihres gemeinsamen Lebens. Das ist sicher eine der schönsten Früchte einer späteren Liebe.

Reifer kann man auf ganz unterschiedliche Art und Weise werden. Durch einen klugen Mentor, mit dem man in Gesprächen das eigene Leben reflektiert, durch Anregungen in Büchern, durch die Erziehung von Kindern und die Begleitung der Freundinnen durch die Lebenszeit. All das lässt aus Erfahrungen Lebenserfahrung werden.

Persönliche Reife macht anziehend

Viele Probleme, von denen Singles oder Paare erzählen, die sich jenseits der dreißig oder vierzig kennenlernen, haben weniger mit dem Alter zu tun oder damit, dass sich Männer und Frauen nicht verstehen würden, als mit dem Stand der persönlichen Reife. Unreife Partner delegieren das Glück des eigenen Lebens an den anderen und möchten dabei so wenig innere Bewegung wie möglich erzeugen. Zur Reife in Beziehungen gehört Selbstreflexion, das heißt zu wissen, wer man ist, mit allen Licht- und Schattenseiten. Außerdem Toleranz für Andersartigkeit, das heißt, den Partner so zu lassen, wie er ist. Und schließlich der Wunsch, mit dem Partner weiter zu wachsen. Reife Partner machen sich voller Neugier auf eine gemeinsame Reise.

Insofern liegt der Schlüssel zum Glück einer erfüllten Partnerschaft wirklich weitgehend in Ihren Händen. Wenn Sie sich dafür entscheiden, weiter zu wachsen und sich selbst mit Humor zu entwickeln, werden Sie auch anziehend für Partner, die genau das an Ihnen schätzen. Und glauben Sie mir, das zählt auf Dauer mehr als Anti-Cellulite-Behandlungen und faltenfreie Haut dank Botox. Statt »schrulliger« können wir mit dem Alter gelassener, wissender und leichtherziger werden.

Michaela, eine fünfundvierzigjährige Anwältin, sagt von sich selbst, dass sie in ihrer Persönlichkeit einiges an »Gepäck« mitgeschleppt hat. »Ich habe wirklich schwierige Kindheitserfahrungen gemacht, die auch mit Gewalt zu tun hatten. Bis ich vierzig war, habe ich überhaupt keine dauerhaften Beziehungen aufbauen können.« Sie machte eine Therapie, um ihre Kindheitserlebnisse zu bewältigen. Und lernte dann einen neuen Partner kennen. Doch damit ist der Reifungsprozess nicht zu Ende. Was Michaela auszeichnet, ist eine Neugier aufs Leben, die nicht in Opferhaltungen (»meine schwere Kindheit«) und Schuldzuweisungen (»mein schwieriger Partner«) stecken bleibt. Wichtig ist also eine bestimmte Haltung zu den Dingen, die jeder selbst wählen kann. So kann man Neugier und Offenheit trainieren. Dafür muss man sich mit neuen Sichtweisen konfrontieren, sich durch Anregungen inspirieren lassen, die Dinge auch einmal anders zu sehen. Dann entwickelt man sich gerade auch im erwachsenen Alter noch einmal entscheidend weiter. Diese Entwicklung lässt sich psychologisch sogar messen.[3] Wie sieht jemand die Welt, was denkt er von sich, was von anderen? Wie sehr sieht er oder sie sich als Opfer der Umstände? Wie eigenständig und unabhängig kann jemand denken? Und wie gut kann sich jemand trotzdem auf andere Menschen beziehen? All dies kann sich im Laufe des Lebens ändern, für Weiterentwicklung gibt es keine Altersbegrenzung! Wichtig ist, dass Sie Ihre »Entwicklungsmuskeln« auch nutzen. Es ist wie beim Sport. Was Sie nicht trainieren, verkümmert.

Klarheit – Kühnheit – Klugheit

Drei Begriffe sind wichtig, wenn anspruchsvolle Frauen – und anspruchsvoll sind die meisten über dreißig oder vierzig – einen Mann finden wollen. Weibliche Strategien der Partnerwahl beruhen auf Prinzipien, nicht auf starren Regeln. Frauen brauchen:

- Klarheit – darüber, wer sie sind, was sie ausmacht und wie die Männer sind
- Kühnheit – um zu neuen Ufern aufzubrechen und das Abenteuer Liebe zu wagen
- Klugheit – um den einen geeigneten Mann zu treffen und sich richtig zu verhalten

Manchmal werde ich gefragt, was denn Männer auf dem Weg der Liebe brauchen würden. Meine Erfahrung zeigt, dass Männer ebenso wie Frauen Klarheit brauchen über ihren Ausgangspunkt. Für die nächsten Schritte benötigen Männer Kraft und Mut. Kraft, um sich aus der bequemen Haltung des »kleinen Jungen« zu lösen, der von Mami versorgt wird. Kraft, um wirklich das Ziel einer verbindlichen Partnerschaft anzustreben. Danach Mut, um eine Frau zu umwerben und sich den eigenen Ängsten vor Intimität und Bindung – oder den Ängsten vor Eigenständigkeit in der Beziehung zu stellen.

Es ist wie ein Tanz. Männer und Frauen tanzen diesen Tanz mit verschiedenen Schritten, aber auf Augenhöhe. Für beide Geschlechter ist die Liebe jeweils eine ganz eigene Herausforderung. Und die lohnt sich.

Die drei Schritte des Coaching-Programms: Klarheit – Kühnheit – Klugheit

Der von mir entwickelte Coaching-Prozess besteht in der Praxis aus drei Teilen. In diesem Buch habe ich diese drei Teile mit den Begriffen Klarheit, Kühnheit und Klugheit überschrieben, den Prinzipien, die Frauen auf dem Weg zur Liebe brauchen.

Die Landkarte der Liebe (siehe Seite 18) dient als thematische Orientierung auf Ihrem Weg. Die dort aufgeführten Themen werden Sie im Verlauf des Coaching-Prozesses bearbeiten.

Für die konkrete Planung und Umsetzung einzelner Schritte eignet sich sehr gut das GROW-Prinzip (siehe Seite 19 ff.), ein wirkungsvolles Coaching-Instrument.

Legen Sie sich für das Coaching-Programm am besten ein Arbeitsbuch an. Darin haben Sie Platz für die Übungen, die Sie im Verlauf des Programms machen werden, können Ihre Ideen und Erkenntnisse notieren. Das Formulieren der Gedanken hilft sie zu klären. Wählen Sie ein Notizbuch aus, das schön aussieht und das Sie gern zur Hand nehmen – es ist Ihr Arbeitsbuch der Liebe!

Die Landkarte der Liebe

Innerlich   **Äußerlich**

Individuell

Wer bin ich?
Was will ich?

- Werte
- Lebensvision
- Bedürfnisse/Ängste
- inneres Team
  (inneres Kind u. a.)

Treibstoff

Wie wirke ich?
Wie verhalte ich mich?

- Wirkung & Signale
- Körper, Gesundheit,
  Sexualität
- Bildung
- Strategie-Wissen
  zum Kennenlernen
- Kommunikation

Ausrüstung

Kollektiv

Wie wurde ich, was ich bin?
Wie soll Beziehung sein?

- Beziehungsgeschichte
- »Liebe ist ...«
- Elternbeziehung
- Geschwisterreihe
- kulturelle Normen
- Paarvision, Hochzeit

Gepäck

Wie lebe ich?
Wo will ich hin?

- Familiensituation
- Beruf/Umfeld
- Finanzen
- Kinderwunsch ja/nein
- Heiratswunsch ja/nein
- Lebensorganisation
  Ort/Haus

Reise-bedingungen

Quelle: IntegralCoachAcademy

Die Landkarte der Liebe – Ihre Orientierung im Liebesdschungel

Auf der Landkarte der Liebe finden Sie alle Aspekte, die Ihre Partnersuche beeinflussen, im Überblick. Sie dient als thematische Orientierung und kann Sie so auf Ihrem Weg unterstützen. Wenn Probleme oder neue Themen auftauchen, kann Ihnen die Liebeslandkarte helfen, sie richtig einzuordnen und angemessen zu behandeln. In meinem Ansatz reisen Sie einmal durch alle vier Quadranten der Liebeslandkarte. So ist der Quadrant »Treibstoff« die Grundlage für alle Schritte. Mit dem »Gepäck«, also der Vergangenheit bzw. Realität, beschäftigen Sie sich im Kapitel »Klarheit«. Mit diesem Wissen und dem Blick auf die »Reisebedingungen« entwickeln Sie dann Ihre Visionen, die im Kapitel »Kühnheit« behandelt werden. So vorbereitet, geht es um die »Ausrüstung« beim Kennenlernen, also um Ihr Verhalten, wofür Sie im Kapitel »Klugheit« ausführliche Anregungen bekommen.

Das GROW-Prinzip – so werden Sie Ihr eigener Coach

Die Lebenssituationen von Frauen sind sehr unterschiedlich. Deshalb will mein Coaching-Programm Sie auf Ihrem ganz persönlichen Weg unterstützen, den Mann fürs Leben zu finden. Welche Schritte Sie gehen müssen, hängt von Ihrer Ausgangssituation und Ihrer Persönlichkeit ab. Wenn Ihr Liebesziel – bildlich gesprochen – in Frankfurt liegt, ist es ausschlaggebend für die Route, ob Sie in München, Hamburg oder Leipzig starten. Als alleinerziehende Mutter zweier kleiner Kinder ist Ihre Lage anders, als wenn Sie nach einer zwanzigjährigen Ehe mit erwachsenen Kindern wieder auf Partnersuche gehen. Oder wenn Sie Anfang vierzig sind und die letzten neun Jahre Single waren.
 Werden Sie Ihr eigener Coach in Sachen Liebe. Setzen Sie sich Ihr persönliches Liebesziel und legen Sie Ihre Reiseroute fest.
 Eine erprobte Coaching-Methode, um selbst gesteckte Ziele zu erreichen, ist der GROW-Prozess.[4] Der Name GROW (engl. grow: wachsen) ist ein Akronym aus den ersten Buchstaben der

Bezeichnungen für die einzelnen Teile des Prozesses: Goal (Ziel), Realität, Optionen, Wille. Die GROW-Tabelle (siehe unten) zeigt dies in der Übersicht.

Mit der GROW-Tabelle werden Sie das ganze Buch hindurch arbeiten und diese immer wieder erweitern und anpassen. Übertragen Sie die Tabelle in Ihr Arbeitsbuch, dann können Sie sie ganz nach Bedarf ergänzen oder erneuern. Die Tabelle unten zeigt beispielhaft, wie ein GROW-Prozess sich gestalten könnte. Er ist dynamisch und nicht streng linear. Neue Erkenntnisse über sich selbst geben Ihnen neue Ideen über Ihr Ziel, über Ihre Optionen und über das, was Sie tun wollen. In jedem der drei Hauptschritte des Coaching-Programms (Vergangenheit – Vision – Verhalten) können Sie daher mit allen vier Spalten der GROW-Tabelle arbeiten, auch wenn Sie manchmal mehr zu Ihrem Ziel, manchmal mehr über Ihre Realität und dann wieder mehr über Ihre Optionen erfahren werden.

Die GROW-Tabelle

Kopf	Realität	Optionen	Wille
Oberstes Ziel: Ich lebe mit meinem wundervollen Mann zusammen!	Ich lebe allein.	…	…

Das Ziel

In der ersten Spalte steht Ihr oberstes Ziel, das vielleicht heißt: »Ich finde den Mann meines Lebens« oder »Ich bin mit meinem Traummann verheiratet«. Überlegen Sie, was Sie anstreben, und formulieren Sie Ihr oberstes Ziel. Fürs Erste können Sie ruhig allgemein bleiben. Mit der genauen Zieldefinition – Ihrer Vision – beschäftigen wir uns später noch eingehend (siehe »Klugheit«, ab Seite 127). Dieses oberste Ziel ist das einzige, das Sie nicht ganz allein erreichen können – dazu werden Sie schließlich den Mann Ihres Lebens treffen! Achten Sie aber bei allen anderen Zielen darauf, sie so zu formulieren, dass sie von Ihnen selbst umzusetzen sind. Also nicht: »Meine Freundin soll mir drei Männer vorstellen«, sondern: »Ich lerne in den nächsten sechs Monaten drei Männer kennen«.

Aus dem obersten Ziel ergeben sich die Unterziele. Wie können einzelne Etappen zu Ihrem Ziel aussehen? Bis wann ungefähr wollen Sie diese erreicht haben? Natürlich lässt sich dies nicht genau »planen«. Für das oberste Ziel sollten Sie daher keinen festen Zeitpunkt festlegen. Aber gerade bei den Unterzielen ist es sinnvoll, konkret zu werden. Bis wann wollen Sie auf jeden Fall jemanden kennengelernt haben? Es macht natürlich einen Unterschied, ob Sie am liebsten im nächsten Jahr schon Mutter werden möchten oder ob Sie generell zwei oder fünf Jahre für die Partnersuche veranschlagen. Beides kann stimmig sein.

Die Realität

In Spalte zwei geht es um Ihre aktuelle Situation, um die Realität, die Sie im Kapitel »Klarheit« (ab Seite 43), dem ersten Schritt des Coaching-Prozesses, sehr ausführlich untersuchen werden. Was tun Sie, was denken Sie, was strahlen Sie aus in Bezug auf Ihre Partnersuche? Zu Ihrer Realität gehört auch Ihre Vergangenheit, denn die beeinflusst ganz maßgeblich die Gegenwart. Beziehungen mögen beendet sein, Ehen geschieden, aber Ihre Gedanken über vergangene Beziehungen sind Teil Ihrer heutigen Realität. Folgende Fragen werden Sie dazu untersuchen:

- Was für ein Beziehungstyp bin ich?
- Welche Beziehungsmuster habe ich aus der Vergangenheit mitgebracht?
- Wie lasse ich los, was mich an die Vergangenheit bindet?

Die Untersuchung Ihrer Realität wird Ihre Vorstellung vom Ziel, dem »richtigen Mann«, und davon, wie Sie sich die Beziehung wünschen, verändern. Notieren Sie dies immer gleich bei den Zielen.

21

Die Optionen

In der dritten Spalte notieren Sie Ihre »Optionen«. Diese ergeben sich meistens schon dadurch, dass Sie Ihre Realität einmal ganz genau beschreiben und daraus ableiten, was Sie tun könnten. Unter Optionen können Sie aber auch ganz verrückte Ideen

Der GROW-Prozess – ein Beispiel

Goal/Ziel	Realität	Optionen	Wille
Oberstes Ziel: Ich lebe mit meinem wundervollen Mann zusammen!	• Ich lebe allein.	• Ich lese Bücher zum Thema. • Ich suche mit einer Single-Freundin. • Ich nehme mir eine Mentorin.	• Bücher kaufen, morgen • Freundin heute noch fragen, ob wir uns unterstützen.
Zwischenziel 1: Ich lerne im nächsten halben Jahr mindestens vier potenzielle Partner kennen.	• Ich lerne derzeit niemanden kennen. • Ich habe kaum Gelegenheiten. • Ich habe mein Hobby, Segeln, aufgegeben.	• Partnerbörsen • Freundeskreis • Segeln wieder anfangen • Ehrenamtliche Tätigkeit aufnehmen?	• Ich gebe eine Einladung zum Essen, in 14 Tagen. • Ich schreibe mich in einer Internetbörse ein, heute. • Ich rufe den Segelclub an, morgen.
Zwischenziel 2: In ein bis zwei Jahren: Ich kenne meinen Partner. Wir haben eine gemeinsame Lebensperspektive.	• Ich habe auch Angst bei der Vorstellung. • Ich erinnere mich an meine letzte Beziehung, die scheiterte, als wir zusammenzogen.	• Ich beschäftige mich damit, was mir daran Angst macht, und handele trotz meiner Ambivalenz. • Ich suche mir (professionelle) Unterstützung.	• Erfahrene Freundin um Rat bitten, morgen • Coach suchen und anrufen, diese Woche

notieren, auch wenn sie Ihnen unmöglich erscheinen, einfach um Ihre Gedanken zu erweitern. In diesem Schritt geht es noch nicht um die konkrete Umsetzung. Sie sollen so breit wie möglich denken. Im Verlauf dieses Buches werden Sie zahlreiche Vorschläge für erfolgreiche Strategien bei der Partnersuche bekommen, die zu Ihren Optionen zählen könnten.

Der Wille

Schließlich bildet der »Wille« den vierten und entscheidenden Schritt im GROW-Prozess. Die motivierendsten Ziele und die besten Optionen nutzen nichts, wenn Sie sie nicht umsetzen. Wählen Sie aus den Optionen eine oder mehrere aus, versehen Sie sie mit einem Datum, und beschließen Sie, diese umzusetzen.

Einige unbequeme Wahrheiten über den Liebesmarkt ab dreißig

Das Coaching-Programm für den Weg zur Liebe basiert auf Wertschätzung für sich selbst. Erst wenn Sie diese entwickelt haben, können Sie sich damit beschäftigen, was Sie verändern wollen, um Liebe zu finden. Um sich dann aber auf den Weg zur Liebe zu machen, braucht es noch eine zweite Zutat. Sie müssen auch nüchtern betrachten können, von welchem Punkt aus Sie losgehen. Sie müssen herausfinden, wer Sie sind, was Sie ausmacht – und wie Sie von außen wahrgenommen werden.

Diese Bestandsaufnahme können nur Sie selbst machen, doch im Folgenden werde ich Ihnen ein paar Anregungen dazu geben. Dabei werde ich ein Wort benutzen, das Frauen wie Männer oft abstößt: der Marktwert. Was soll das denn sein? Gilt nicht gerade in der Liebe, dass es endlich einmal nicht um den »Markt« geht, um Austausch von Waren, um Soll und Haben, um Profit? Ja und nein. Denn auch wenn Sie bei »Marktwert« vielleicht »Marktwirtschaft« assoziieren, sind das Wort und damit die Bedeutung dahinter viel älter als unser Wirtschaftssystem. Nicht umsonst spricht man von »Heiratsmarkt«, und das seit Jahrhunderten.

Dabei geht es nicht um »besser« oder »schlechter«, wenn ich von Marktwert rede, denn grundsätzlich gilt in unserer Gesellschaft zum Glück, dass wir jedem Menschen den gleichen Wert zumessen und die Würde des Menschen unantastbar ist. Sie sind als Mensch genauso viel wert wie die Bundeskanzlerin, der Konzernchef und auch der Nachbarsjunge mit der geistigen Behinderung. Sie haben den gleichen Wert als Frau, ob sie zwanzig, vierzig, sechzig oder achtzig sind, und unabhängig von Ihrer Hautfarbe oder Weltanschauung. In dieser grundlegenden Hinsicht gibt es keinen Unterschied im Wert eines Menschen.

Es existiert aber so etwas wie ein psychologischer und sozialer Marktwert, wenn wir uns im gesellschaftlichen Leben betrachten. Und die Partnersuche geschieht nun einmal innerhalb der Regeln und Gepflogenheiten unserer Gesellschaft. Dass der kleine Dicke ohne dickes Bankkonto aus Wanne-Eickel bei der rassigen Schönheit mit dem Harvard-Abschluss eben schlechte Karten hat, das wissen wir irgendwie. Bei der Liebe zwischen dem Mitglied der englischen Königsfamilie und der Bürgerlichen ist es ein Thema für die Regenbogenpresse, ob das gutgehen kann. Und instinktiv schauen die meisten von uns bei der Partnersuche auch in »der gleichen Liga«, das heißt bei Menschen mit einem ähnlichen sozialen Hintergrund, Bildungsniveau und Aussehen. Und das aus gutem Grund. Zwar gilt es für den Charakter, dass Unterschiede sich anziehen. Doch zahlreiche Studien belegen, dass Partner mit einem ähnlichen gesellschaftlichen Hintergrund die besten Chancen auf eine dauerhafte Beziehung haben.[5]

Was ist der »Marktwert« von Singles?

Bei der menschlichen Partnerwahl bestimmt sich der Marktwert unter anderem aus dem Verhältnis von dem, was wir anzubieten haben, und dem, was potenzielle Partner wünschen. Damit ist er also nichts Absolutes. Der Marktwert einer Frau über fünfzig, die

die Menopause erreicht hat, ist für Männer, die eine Familie gründen möchten, äußerst gering. Für einen Mann aber, der die Familiengründung hinter sich hat oder keine Kinder wünscht, ist diese Fünfzigjährige potenziell eine sehr attraktive Partnerin.

Allerdings gibt es ein paar generelle Attribute, die unseren Marktwert und unsere Attraktivität in der Wahrnehmung durch andere bestimmen. Bei Männern, die bei Frauen ankommen wollen, sind dies der soziale Status, das Bildungsniveau und das Einkommen sowie die finanziellen Verpflichtungen, zum Beispiel aus früheren Beziehungen. Bei Frauen, deren Marktwert von Männern eingeschätzt wird, spielt die körperliche Attraktivität eine größere Rolle, daher auch das Alter. Jüngere Frauen haben aus dieser Sicht einen höheren Marktwert als ältere. Männer kompensieren fehlende Schönheit und Jugend soweit sie können mit Status – das Onassis-Phänomen. Allerdings ist geringe Körpergröße bei Männern generell ein starkes Handicap bei der Partnersuche. Da sind Frauen oft gnadenlos intolerant.

Eigene Kinder aus früheren Partnerschaften können den Marktwert wiederum für Frauen stärker beeinträchtigen als für Männer. Frauen mit zwei oder mehr Kindern möchten häufig keine weiteren Kinder mehr bekommen, das kann für familienfreudige Männer ein Problem darstellen. Bringt die Frau jedoch nur ein Kind in die Beziehung mit, kann dies für familienorientierte Männer auch ein Plus sein. So ist bereits ein Kind da, es kann ein weiteres gemeinsames kommen, aber der Mann fühlt sich nicht unter Druck, dass es gleich losgehen muss.

Absolute Verlierer auf der Marktwert-Skala der Singles sind nicht etwa, wie manchmal beschrieben, Frauen über fünfzig, sondern die von Soziologen so genannten männlichen Frust-Singles:[6] Männer über dreißig, mit schlechter Schulbildung, keiner Berufsausbildung, niedrigem Lohn oder arbeitslos, als potenzielle Versorger einer Familie untauglich. Dazu verfügen diese Männer häufig über sehr geringe soziale Kompetenzen und Kommunikationsfähigkeit und sind häufiger suchtgefährdet als andere Gruppen. Aber auch solche Männer finden eine Partnerin. Denn der

Marktwert sagt nichts darüber aus, *ob* wir einen Partner finden, sondern bestimmt eher, *wen* wir bekommen oder wie viele potenzielle Partner wir zur Auswahl haben.

Und so werden Frauen mit ganz unterschiedlichem Marktwert glücklich. Die zweiundvierzigjährige Esther, die seit drei Jahren Single und beruflich engagiert ist, genauso wie die siebenunddreißigjährige Beate mit den dreijährigen Zwillingen und die vierundvierzigjährige Sabine, die ihren erwachsenen Sohn noch im Studium unterstützte, als sie ihren Partner kennenlernte.

Esther, Beate und Sabine brachten alle ein »Gepäckstück« mit, das ihren Marktwert mit bestimmt hat. Vor allem aber hatten die drei Frauen eine Menge anzubieten, wenn es um den psychologischen Marktwert geht. Und der ist mindestens so entscheidend wie die äußeren Bedingungen.

Der psychologische Marktwert

Bei den psychologischen Attributen, die unseren Marktwert bestimmen, wird es wirklich interessant, denn hier greift der Coaching-Ansatz. Schließlich sind unsere Verhaltensweisen nicht in Stein gemeißelt.

Auf der Top-Wunschliste der Verhaltensweisen und Einstellungen von Partnern stehen bei Männern wie bei Frauen:
- freundlich und verträglich sein (das Gegenteil von nörgelnd)
- Humor
- Optimismus, eine positive Weltsicht haben
- lässt andere im Wesentlichen so sein, wie sie sind –
  akzeptiert den Partner bzw. die Partnerin
- ist aufgeschlossen, etwas Neues zu erleben (hängt nicht in der Vergangenheit, zum Beispiel bei der letzten Beziehung)
- mag seinen/ihren Körper

Insbesondere Männer freuen sich an Frauen, die sich in ihrem Körper wohlfühlen. Ihr Wunsch an Frauen:
- entspannt im Umgang mit Sexualität und zufriedenzustellen

Bei Frauen höre ich am häufigsten diese zusätzlichen Wünsche an die Männer:
- kann zuhören und auch über eigene Gefühle reden
- ist gepflegt, achtet auf seinen Körper und tut etwas dafür

Negativ finden Männer wie Frauen folgende Eigenschaften bei potenziellen Partnern:
- Pessimismus
- beschwert sich über das Leben oder andere Menschen
- will den Partner ändern oder erziehen
- mangelnde Unterstützung
- Egozentrik
- Streit um Kleinigkeiten

Männer verzweifeln, wenn Frauen:
- immer neue Ansprüche haben, die nicht zu erfüllen sind
- immer über alles reden wollen
- selbst nur über Krankheiten und Probleme erzählen

Frauen flüchten vor Männern, die:
- verantwortungsscheu sind, sich wie kleine Jungs benehmen
- immer wortkarg und mürrisch sind
- Workaholics sind, die keine Zeit für die Partnerschaft erübrigen

Die Welt des Marktwerts erscheint hart und so gar nicht mit Liebe im Zusammenhang zu stehen. Doch sie kann uns eine Orientierung geben, bei aller Kühnheit auch ein Quentchen realistisch zu planen. Und wir können mit stereotypen Vorurteilen potenzieller Partner besser umgehen.

Und vor allem gilt für Sie persönlich, dass Sie als einzelne Person keine statistische Zahl sind. Besonders wenn Sie die psychologischen Einflussfaktoren berücksichtigen, dann können Sie selbst eine Menge tun, um Ihren Marktwert zu steigern. Eine humorvolle vollschlanke Frau Anfang vierzig wird langfristig eher Liebe finden als die dreißigjährige Zicke mit Model-Figur.

Der Liebesmarkt ab dreißig

Für Singles über dreißig ist der Weg zur Liebe anders als mit Anfang zwanzig. Doch »über dreißig« muss man genauer definieren. Aufgrund meiner Erfahrung unterscheide ich bei Frauen vier Gruppen von Singles:

- dreißig bis fünfunddreißig
- fünfunddreißig bis fünfundvierzig
- fünfundvierzig bis fünfzig
- fünfzig plus

Bei der Betrachtung der Altersgruppen geht es vor allem darum, wie Sie als Frau *von Ihren potenziellen Partnern* gesehen werden. Und welche Themen bei der Partnerwahl für Sie und den potenziellen Partner in einer bestimmten Lebensphase im Vordergrund stehen. Es kann natürlich sein, dass Sie selbst sich ganz anders empfinden. Und das könnte bereits eines Ihrer Probleme auf dem Weg zum richtigen Mann sein. Haben Sie sich schon einmal mit den Augen eines gleichaltrigen Mannes betrachtet, sich mit seinen Wünschen und Themen beschäftigt? Haben Sie sich bewusst gemacht, dass Themen wie Familiengründung, die Art der Bindung, die Sie anstreben (zusammenleben, heiraten oder nicht) auch etwas mit Ihrem Alter oder präziser mit Ihrer Lebensphase zu tun haben?

Der Liebesmarkt für Frauen von dreißig bis fünfunddreißig

Obwohl die Altersgruppe von dreißig bis fünfunddreißig so eng begrenzt erscheint, sind die Fragen und Probleme dieser Frauen recht unterschiedlich, wie ich aus vielen Erzählungen weiß.

Ein Teil der Frauen ab dreißig ist reif für die Liebe, möchte den Mann fürs Leben finden und eine Familie gründen. Viel häufiger aber begegnet mir in den Gesprächen mit dreißigjährigen Frauen eine starke Ambivalenz bezüglich Partnerschaft und vor allem Familie. Oft hat das auch mit den unsicheren beruflichen Aussichten zu tun. Soll ich mich wirklich aufs Kinderkriegen einlassen, wenn ich mit dreißig noch auf meiner vierten Praktikumsstelle sitze?

Aber es sind nicht nur die äußeren Unsicherheiten, die ich bei Frauen in diesem Alter erlebe. Wenn ich sie in Seminaren oder im Coaching frage, was genau sie von einer Beziehung möchten und wie sie sich ihr Leben mit dem Partner vorstellen, bleiben die Antworten bezüglich der »harten Fakten« wie Lebensform, Heiratswunsch und Kinder häufig erstaunlich vage. Glücklich wolle man werden mit einem Partner, sagen alle. Heiraten? Vielleicht, aber vielleicht auch nicht. Familie gründen, Kinder kriegen, ja, aber vielleicht ein bisschen später? Und unbedingt darauf bestehen würde man nicht. Das hinge halt auch stark vom Mann ab.

Frage ich allerdings, wie der *Mann* sein soll, dann fallen die Antworten mehrheitlich sehr präzise aus. Bei den »anspruchsvollen« Frauen blühen die tollsten Fantasieblumen darüber, wie der Mann auszusehen und zu sein hat. Diese Kreuzung aus George Clooney und Jonny Depp, Johannes B. Kerner und Campino dürfte sich allerdings auf unserem Planeten nicht finden lassen. »Vor allem«, sagen besonders die beruflich engagierten Frauen, »soll er mich und meine Ideen und Pläne unterstützen, nicht so egozentrisch sein.« Das wünschen sich allerdings genauso auch die Männer dieser Altersklasse von den Frauen: »Sie soll mich unterstützen, zumindest akzeptieren, dass Karriere halt für mich im Moment vornansteht«, murmeln die Männer mehr, als dass sie sich trauen würden, diese Forderung laut auszusprechen. »Er muss meine Power aushalten können«, meinen die Frauen, »ich will mich schließlich für den nicht verbiegen«. Dafür wird im Gegenzug doch recht gern an dem Mann rumgebogen, wie mir diese leidgeprüft in Gesprächen bestätigen.

Die Ansprüche an das Leben und die Liebe sind bei Frauen wie bei Männern zwischen dreißig und fünfunddreißig sehr hoch. Tatsächlich befinden sie sich jetzt in einer anstrengenden Lebensphase. Soziologen nennen das Jahrzehnt zwischen dreißig und vierzig die »Rushhour des Lebens«. Hier soll plötzlich alles passieren: Partnerwahl und Familiengründung, Etablierung im

Beruf und Investition in die Altersvorsorge. Besonders Frauen geraten da in Zwickmühlen, die den Wunsch nach einem Supermann an ihrer Seite verständlich werden lassen.

Es scheint allerdings realistisch, wenn Sie akzeptieren, dass Ihre potenziellen Partner bis Mitte vierzig häufig zuallererst mit dem Beruf verheiratet sind. Die Schweizer Unternehmensberaterin Elisabeth Michel-Alder sagte es bei einem Vortrag aus der Sicht der erfahrenen Frau über fünfzig ganz klar[7]: »Frauen sollten die Männer in dieser Phase arbeiten lassen und sich im Freundeskreis ausreichend Ausgleich verschaffen, nicht alles an Nähe vom Mann wollen.« Die Männer sieht Michel-Alder dann spätestens ab fünfzig in der Pflicht: »In dieser Lebensphase kommt es für die Männer darauf an, den Anschluss an ihre Partnerinnen zu halten und sich selbst persönlich weiterzuentwickeln.«

Den wenigsten Frauen zwischen dreißig und fünfunddreißig ist bewusst, dass sie vom Marktwert her gesehen jetzt die besten Chancen haben, einen bindungswilligen Partner zu finden. Das heißt, wenn sie auch Männer akzeptieren, die fünf bis zehn Jahre älter sind und nicht aussehen wie ein Calvin-Klein-Model.

Akademisch gebildete Männer schieben die endgültige Partnerwahl mit Familiengründung immer öfter bis nach dem vierzigsten Geburtstag auf. Dann aber soll es oder kann es losgehen. Und wen suchen sie dafür als Partnerin? Gern die Frau Anfang dreißig. Reif genug, um eine gleichwertige Partnerin zu sein, und jung genug, um noch zwei Kinder zu bekommen. Das klingt darwinistisch, sagen Sie empört? Ist es auch. Und damit kommen wir zum Hauptproblem der nächsten Altersgruppe, den fünfunddreißig- bis fünfundvierzigjährigen Frauen.

Der Liebesmarkt für Frauen
von fünfunddreißig bis fünfundvierzig

Frauen unterliegen biologischen Gesetzen, die das Kinderkriegen begrenzen. Obwohl Frauen heute gesünder sind als je zuvor und jede vierte Frau über dreißig ist, wenn sie ihr erstes Kind bekommt, setzen die Wechseljahre den endgültigen Schlussstrich unter die Familienplanung. Biologisch gesehen geht die Grenze dieser Gruppe also nicht bis fünfundvierzig, sondern bis zum tatsächlichen Einsetzen der Menopause etwa mit Anfang fünfzig. Aber erfahrungsgemäß spielt der Aspekt der Familiengründung in dem Alter ab fünfundvierzig für viele Frauen und vor allem für potenzielle Partner eine untergeordnete Rolle.

Davor aber tobt der Kampf um die Kinderfrage umso heftiger und länger als jemals zuvor. Die Frage »Kinder oder nicht« wird für Frauen ab fünfunddreißig zu einem wichtigen, ja zu einem entscheidenden Thema bei der Partnersuche. Und zwar auch für die Frauen, die nicht unbedingt Kinder möchten. Denn ihnen kann jeder potenzielle Partner die Frage stellen: »Willst du noch Kinder?« oder »Wollen wir nicht ein Kind bekommen?«.

Natürlich erleben Frauen in dieser Altersgruppe auch das genaue Gegenteil. Sie sind mit Männern konfrontiert, die sich selbst mit Anfang vierzig noch auf keine Familienplanung festlegen können oder die schon mit eigenen Kindern in die neue Partnerschaft kommen und sich keine weiteren Kinder wünschen. Für Frauen ab fünfunddreißig mit einem starken Kinderwunsch fängt jetzt häufig eine schwierige Zeit an. Denn das Problem liegt eigentlich schon einige Jahre zurück, als sie mit Anfang dreißig gesagt haben: »Kinder? – Später.«

Aus Sicht der Männer, die wirklich eine Familie gründen wollen, sind jedoch gerade die Frauen mit Anfang dreißig oder jünger die perfekte Partnerin. Die Partnervermittlerin Martina Resch aus Berlin bringt die unbewussten Überlegungen der Männer so auf den Punkt: »Die Männer mit Familienwunsch suchen natürlich nach einer Partnerin, die ebenfalls ganz sicher Familie gründen möchte. Aber mit dieser Partnerin möchten sie zunächst einmal ein oder zwei Jahre einfach die Partnerschaft genießen. Wenn sie dann noch zwei Kinder planen, im Abstand von zwei bis drei Jahren, dann ist klar, dass eine Frau mit Mitte oder gar Ende dreißig nicht mehr in Frage kommt. Manche denken das eher im Stillen, andere Männer sagen das ganz deutlich.«

Die Kinderfrage wird für Frauen ab fünfunddreißig also häufig zur Gretchenfrage auf dem Partnermarkt. Potenzielle Partner, die sonst wunderbar zu der Frau passen könnten, fallen plötzlich als »Mann meines Lebens« aus. Weil er auf jeden Fall oder weil er überhaupt keine Kinder haben möchte, und das zu unseren Plänen nicht passt.

Der Liebesmarkt für Frauen von fünfundvierzig bis fünfzig

Und irgendwann spielt die Frage nach Kindern keine Rolle mehr. Für die meisten Frauen ab fünfundvierzig hat sich das Thema erledigt. Auch weil sie sich selbst nicht mehr unbedingt in der Mutterrolle sehen. Die fünfundvierzigjährige Simone erzählte mir, dass der Kinderwunsch ihres letzten Partners für sie sogar ein Trennungsgrund war. »Ich habe zwei Kinder großgezogen und die sind gerade dabei, das Haus zu verlassen, da fange ich doch nicht noch mal mit allem von vorne an. Als mein Partner mit Anfang vierzig von einem gemeinsamen Kind schwärmte, musste ich ihm knallhart sagen, dass das für mich nicht in Frage kommt. Schließlich haben wir uns getrennt.«

Für Frauen allerdings, die einen unerfüllten Kinderwunsch haben, ist die Zeit nach fünfundvierzig bis zum endgültigen Einsetzen der Menopause häufig noch mit einem Abschiedsschmerz von dem lang gehegten Traum belegt. Doch statt der Kämpfe um das späte Kind zwischen Ende dreißig und Anfang vierzig gibt es jetzt oft so etwas wie ein Einverständnis in die Wendung des persönlichen Schicksals. Gina, eine sehr attraktive Anwältin, meint rückblickend: »Als ich mit Mitte vierzig meinen Kinderwunsch aufgegeben habe, wurde ich offen, einfach einem Mann zu begegnen, ohne immer dieses Thema im Hinterkopf zu haben. Und tatsächlich begegnete ich meinem jetzigen Mann nur kurze Zeit später. Zwar muss ich damit leben, dass ich nie ein Kind bekommen habe, aber die Beziehung mit meinem Mann ist so toll, wie ich sie mir immer gewünscht habe.«

Frauen ab Mitte oder Ende vierzig berichten auch von einer neuen Freiheit in ihren Beziehungen. Irgendwie hört das Kämpfen auf gegen die Männer oder gegen diesen einen Mann, den man gerade kennengelernt hat. Mit der Erkenntnis, dass man selbst ein ganz bestimmter Mensch geworden ist, geht jetzt die Großzügigkeit einher, den Mann so zu lassen, wie er ist.

Was Männer ab vierzig sicher am meisten an Frauen schätzen, ist genau diese Gelassenheit, die auch das Ergebnis von Niederlagen und Blessuren im Auf und Ab des Lebens ist. Und deshalb schauen nicht alle Männer nach jüngeren Frauen, wie es die Medienberichte um die Platzhirsche aus der Society suggerieren. Ab vierzig können Männer und Frauen aufhören zu kämpfen und anfangen zu lieben. Männern und Frauen wird klar, dass das Leben ab fünfundvierzig kostbar ist und dass man die Jahre, die man gesund bleibt, sicher nicht mit Beziehungskämpfen verbringen möchte.

Der Liebesmarkt für die Frauen ab fünfzig

Eine Besonderheit bei der Partnersuche gibt es für die weibliche Fünfzig-plus-Generation in Deutschland. Diese Besonderheit liegt nicht direkt am Alter, sondern am historischen Erbe der Achtundsechziger Zeit. Frauen der Jahrgänge 1945 bis 1957, die diese Zeit und die folgenden Jahre als Jugendliche und junge Frauen sehr bewusst miterlebt haben, sind oft stark geprägt vom Bruch mit der traditionellen Frauenrolle und dem »Kampf der Geschlechter«. Dabei ist unbestritten, dass die nachfolgenden Generationen den Frauen der Emanzipationswelle in den 1970er Jahren sehr wichtige Errungenschaften zu verdanken haben. Doch eines hat die Frauenbewegung nicht unbedingt gebracht: Liebe. Die Frauen wandten sich vom Versorger-Ehe-Modell der 1950er Jahre ab, konnten jedoch keine Vision davon entwickeln, wie Liebe zwischen Mann und Frau zukünftig aussehen könnte. Aus Sicht der nachfolgenden Frauengeneration wirkt manches aus dieser Zeit übertrieben und trotzig: die Doppelnamen-Pirouetten, die endlosen Beziehungsgespräche, in denen Männer zu »Frauenverstehern« mutieren sollten. Vieles war gut gemeint und als Experiment mutig gedacht, doch bietet es wenig Inspiration für die heutige Zeit. Es scheint aus Sicht der jüngeren Frauen und auch Männer, als hätte die erste Frauenbewegung das Kind mit dem Bade ausgeschüttet, gerade was die Liebeswerbung zwischen Männern und Frauen angeht.

»Männer meiner Generation machen heute keine Komplimente mehr«, sagt Martha, Jahrgang 1954. »In der Zeit der Frauenbewegung wurde ihnen das regelrecht abgewöhnt, die haben einfach zu oft dafür eins draufgekriegt«, bedauert sie. Sie selbst habe das immer anders gehandhabt, Komplimente gern angenommen. Auch ihr heutiger Partner sei so. »Wir sind von früher«, sagen Martha und ihr Partner oft lachend. Und sie meinen die Zeit vor 1968 und den Folgen. Alle sozialen Umwälzungen haben ihre Verdienste und ihren Preis. Laut Umfragen wollen Frauen und Männer nicht zurück in die 1950er Jahre.[8] Aber sie müssen auch nicht 1968 stehen bleiben.

Unsere Vorstellungen über Rollen und unsere Einstellung zum anderen Geschlecht beeinflussen maßgeblich, wie wir in der Partnersuche unterwegs sind. Wichtig ist daher, dass Ihre Einstellung und Ihr Verhalten zu Ihrem Leben und zu Ihren Wünschen von *heute* passen.

Typische Probleme von Single-Frauen

Wenn Frauen über die Herausforderungen bei der Partnersuche sprechen, gibt es typische Stoßseufzer, angefangen bei »Ich lerne nie jemanden kennen« über »Ich hatte schon immer Pech mit Männern« bis zu »Ich bin einfach schon zu lange allein«. Hier gilt die tröstliche Volksweisheit »Für jeden Topf gibt es ein Deckelchen«. Denn für jedes Problem gibt es mindestens eine Lösung. Und wenn Sie das Problem einmal sauber formuliert haben, können Sie im Selbstcoaching Optionen und Lösungen entwickeln. Auf den nächsten Seiten sind die typischen Probleme von Frauen auf Partnersuche aufgelistet mit Hinweisen auf die Kapitel im Coaching-Programm, die bei der Lösung helfen können. Sollte Ihr persönliches Problem nicht direkt genannt sein, lesen Sie einfach in dem Abschnitt nach, der Ihrer Frage am ähnlichsten scheint.

Ich lerne nie jemanden kennen

Das Problem »Ich lerne nie jemanden kennen« hat zwei Seiten. Die eine ist ganz praktisch, und die Lösung liegt in einer Verhaltensänderung. Tatsache ist, dass Sie in Ihrem derzeitigen Alltagsablauf und in Ihrem typischen Umfeld niemanden kennenlernen. Im dritten Teil des Coaching-Programms (siehe »Klugheit«, ab Seite 127) finden Sie viele Anregungen, wie Sie Ihren Alltag anders gestalten und wie Sie professionelle Angebote der Partnersuche über Internet, Annoncen und Partnervermittlungen einsetzen können.

Die zweite Ursache, warum Single-Frauen keine Männer kennenlernen, ist vielleicht weniger offensichtlich, aber gerade deshalb wichtig: die innere Einstellung zur Partnersuche. Das Verhalten zu ändern, bringt hier wenig. Sie können in noch so vielen Internetportalen Annoncen schalten, Partneragenturen beauftragen oder im Alltag Männer kennenlernen – wenn Sie nicht wirklich bereit sind, verlaufen alle diese Versuche im Sand. Dabei denken Sie vielleicht, dass Sie bereit sind, weil Sie ja Sehnsucht nach einer Beziehung haben. Aber Sehnsucht und wirkliche Bereitschaft für eine Beziehung sind zwei verschiedene Paar Schuhe. Bereitschaft setzt eine innere Arbeit voraus, vor allem Frieden mit der eigenen Beziehungsvergangenheit. Im Kapitel »Den Rucksack der Erfahrungen auspacken« (ab Seite 44) finden Sie wichtige Anregungen dazu. Der zweite Teil des Coaching-Programms (siehe »Kühnheit«, ab Seite 73) unterstützt Sie dabei, Ihre Ziele genau zu definieren, der dritte Teil (siehe »Klugheit«, ab Seite 127) hilft beim Flirten und Kennenlernen.

Ich hatte schon immer Pech mit Männern

Das »Pech mit Männern« hat in der Regel zwei Ursachen:
- die inneren »Liebesmuster« oder »Programme«
- ein Verhalten, das es Männern möglich macht, Sie schlecht zu behandeln

Untersuchen Sie daher sorgsam Ihre Liebesmuster, und zwar besonders die in der Familie (siehe Seite 63 ff.). Dann ändern Sie Ihr Verhalten. Im dritten Teil des Coaching-Programms erfahren Sie, wie Sie das Spiel zwischen Mann und Frau steuern und durch Ihr eigenes Verhalten unterbinden, dass ein Mann Sie »schlecht« behandelt (siehe Seite 183 f.).

Nach kurzer Zeit ist immer wieder Schluss

Kennenlernen – Verliebtheit – Krise – Ende. Und dann alles wieder von vorn. Die amerikanische Single- und Paartherapeutin Judith Sills nennt diese Form der Beziehungsprobleme die »Drehtür«[9]. Dabei ist es unerheblich, ob Sie der flüchtende oder der bindungswillige Partner sind. Eigentlich geht es nämlich um bestimmte Themen, die nach einer gewissen Zeit des Kennenlernens zwangsläufig auftauchen. Lesen Sie das Kapitel über Liebesphasen und Liebesrollen in Teil drei des Coaching-Programms (siehe Seite 131 ff.). Dies kann Ihnen helfen, sich selbst und Ihren Partner besser zu verstehen.

Das Internet ist eine Dating-Drehtür

Eine noch schnellere Variante der Kurzliebe ist die von mir so genannte Dating-Drehtür. Hier wird mehr oder weniger offen von vornherein ein Partner gesucht, der ohne viel Aufhebens die einsamen Stunden im leeren Doppelbett füllt. Ideal dafür sind die Datingportale im Internet. Falls Sie selbst bemerken, dass Sie in der Dating-Drehtür stecken, und eigentlich etwas anderes wollen, können Sie mit der Werte-Übung im zweiten Teil des Coaching-Programms (siehe Seite 85 f.) wieder zu Ihrem inneren Kompass finden. Den wichtigsten Schritt können Sie aber sofort umsetzen: Melden Sie sich von den Internet-Flirtportalen ab.

Ich bin verliebt in ein Internet-Phantom

Auf den ersten Blick harmlos erscheinen Internetbeziehungen, die rein virtuell bleiben. Doch auch diese Art des Beziehungsersatzes dient nicht dazu, die wahre Liebe zu finden. Initiiert der Mann auch nach Wochen und Monaten noch kein Treffen, müssen Sie nicht lange rätseln. Sein Verhalten drückt genau das aus, was er meint. Es reicht ihm so, wie es ist. Er hat kein Interesse an einer wirklichen Beziehung. Und meistens, so fanden Partnerinstitute in Umfragen heraus, unterhalten platonische Internet-Romeos parallel bis zu fünf »Beziehungen«.[10] Wenn Sie sich mit den realen Kennenlernstrategien im Kapitel »Klugheit« (siehe Seite 146 ff.) beschäftigen, werden Sie sich nicht mehr in der virtuellen Welt verirren.

Ich bin eine (zu) starke Frau

Aktive, erfolgreiche und vor allem autarke Frauen legen oft großen Wert auf absolute Unabhängigkeit in ihren Beziehungen. Sind auch Sie so ein Amazonen-Typ? Als Amazone leben Sie entweder schon längere Zeit als Single oder sind auch in einer jahrelangen Beziehung weitgehend wie ein Single unterwegs. Nicht unbedingt in sexueller Hinsicht, aber Sie sind vermutlich immer sehr auf Ihren Freiraum bedacht. Doch manchmal hören Sie vielleicht eine leise Stimme, die Ihnen zuflüstert, dass es da noch andere Sehnsüchte in Ihnen gibt. Die Übung »Das Innere Liebesteam« (siehe Seite 97) kann Ihnen helfen, *alle* Bedürfnisse in sich ausfindig zu machen und Ihre Beziehungsziele zu klären. Und in dem Abschnitt über Liebesrollen können Sie herausfinden, was Sie bisher für Signale gesetzt haben und ob das weiter Ihre Erfolgsstrategie sein soll (siehe Seite 139 ff.).

Meine Karriere ist mir (eigentlich) wichtiger

Gegen eine erfüllte berufliche Laufbahn ist natürlich nichts ein-
zuwenden. Die Frage ist nur, wo die Liebe bleibt, wenn Sie all
Ihre Ressourcen ins Arbeitsleben stecken. Ab fünfunddreißig fra-
gen sich viele Karrierefrauen, ob das denn alles gewesen ist. Wenn
Sie sich zunehmend erschöpft fühlen oder merken, wie Ihre
Lebensfreude sinkt, ist der Moment gekommen, um innezuhal-
ten und zu fragen: »Ist es das wert? Ist dieser Beruf, dieser
Arbeitsplatz, diese Firma es wert, dass ich *alles* von meiner Zeit,
Energie und Kraft gebe?« Mit der Übung »Das Innere Liebes-
team« (siehe Seite 97) können Sie dieses Dilemma erforschen.
Das Thema der weiblichen Rolle in der Liebeswerbung kann
Sie außerdem anregen, über Ihr Selbstverständnis als Frau
nachzudenken (siehe Seite 140 ff.). So können Sie einen Weg
zu einer gesunden Balance zwischen Liebe und Beruf finden.

Wahrscheinlich habe ich zu hohe Ansprüche

Es gibt zwei Quellen, aus denen hohe Ansprüche an die Partnerschaft kommen können: Die erste Quelle ist ein intaktes
Selbstwertgefühl. Wenn ich mich selbst schätze und gut mit mir
umgehe, verlange ich nicht mehr und nicht weniger von meinem
zukünftigen Partner. Ich verlange von meinem Partner das, was
ich selbst für eine gesunde und ausgeglichene Beziehung gebe.
Diese Art von »hohen Ansprüchen« ist außerordentlich förder-
lich für Beziehungen.

Doch gibt es auch Ansprüche, die Beziehungen nicht guttun. Sie
drehen sich vor allem darum, wie der Partner zu sein hat, um der
eigenen Bedürftigkeit zu entsprechen. Diese Ansprüche stammen
aus einem verletzten Selbstwertgefühl – die zweite Quelle. Manchmal bringen wir diese Verletzungen aus der Kindheit mit, oder sie
stammen aus Beziehungen, die schmerzhaft auseinandergegangen
sind. Daraus leiten sich Ansprüche ab, die der nächste Partner zu
erfüllen hat. Wenn hohe Ansprüche Ihr Thema sind, beginnen Sie
am besten mit dem Aufräumen der Vergangenheit (siehe »Klar-

heit«, ab Seite 43), und gehen Sie dann weiter zu Teil zwei des Coaching-Programms, wo Sie ein Kapitel zum Thema hohe Ansprüche und den Umgang damit finden (siehe Seite 88 ff.).

Partnersuche ist so anstrengend

Ja, Partnersuche ist manchmal anstrengend. Wenn Sie eine klare innere Vision haben, wird es zwar leichter, doch trotzdem werden Sie im Verlauf der nächsten sechs, achtzehn oder vierundzwanzig Monate auf Partnersuche wahrscheinlich immer wieder einmal genervt, deprimiert oder entmutigt sein. Das ist normal und kein Problem, sondern einfach »eine Tatsache des Lebens«, wie es die Partnerschaftsexpertin Susan Page so schön ausdrückt.[11] Die Tatsache, dass man bei der aktiven Suche nach einem Lebenspartner auch einmal genervt und entmutigt sein kann, wird erst dann zum Problem, wenn Sie dagegen ankämpfen. Akzeptieren Sie diese Phasen, und suchen Sie ganz pragmatisch nach Erleichterung. In Teil drei des Coaching-Programms finden Sie dazu einige Anregungen (siehe Seite 184 f.).

Männer? Die haben doch alle 'ne Macke ...

Eine ganz besonders raffinierte Art, gleichzeitig in zwei unterschiedliche Richtungen zu gehen, ist die Partnersuche mit der inneren Überzeugung: Männer haben doch sowieso alle eine Macke. Einerseits wollen Sie jemanden kennenlernen, andererseits lohnt es sich wohl kaum, denn die gesuchten Objekte haben ja alle einen Schaden. Wenn Sie dieser Überzeugung sind, sollten Sie sich folgende Frage ehrlich beantworten: Wieso will ich überhaupt einen Mann kennenlernen, wenn ich denke, dass die alle eine Macke haben? Offensichtlich gibt es mindestens zwei Stimmen in Ihrer Brust mit gegensätzlichen Überzeugungen. Mit der Übung »Das Innere Liebesteam« (siehe Seite 97) können Sie diesen Widersprüchen auf den Grund gehen. Und ein neuer Blick auf die Männer kann durchaus erhellend sein.

Ich suche meinen Seelenpartner

Manchen Frauen – und Männern – reicht es nicht, einfach einen Mann oder eine Frau zu finden, eine Lebenspartnerschaft oder Ehe einzugehen. Sie suchen ihren »Seelenpartner«. In diesem Begriff schwingt viel Sehnsucht mit nach totalem Verständnis, nach wortloser umfassender Geborgenheit, nach geistiger Vereinigung über das Körperliche hinaus. Und doch gibt es dabei meistens einen Haken. Häufig entspringt die Suche nach dem Seelenpartner nämlich nicht aus der erwachsenen Sehnsucht nach Wachstum und Reife, sondern kommt aus der Bedürftigkeit unserer Kindheit. Wenn sich dann zwei Singles treffen, sitzen da zwei erwachsene Menschen, die vorgeben, auf höchstem Niveau eine Partnerschaft zu suchen, während gleichzeitig auf ihrem Schoß die »inneren Kinder« nach dem Schnuller schreien. Das ist keine gute Basis für eine reale Beziehung. Der Anspruch, dass unser Seelenpartner alle unsere Bedürfnisse nach Nähe stillt, ist unrealistisch und überfordernd.

Was Ihr eigenes »inneres Kind« für Bedürfnisse hat und wie Sie selbst für sich sorgen, erfahren Sie in der Übung »Das Innere Liebesteam« (siehe Seite 97). Und das Kapitel über Werte (siehe Seite 82 ff.) zeigt Ihnen, wie Sie Ihre Werte erkunden und eine Vision entwerfen, die hochfliegende Ideale mit bodenständigen Anforderungen verbindet.

Ich will unbedingt ein Kind!

Das Problem ist nicht, *dass* sich eine Frau Kinder oder ein Kind wünscht, sondern mit welcher Vehemenz dieses Thema im Vordergrund steht. Kein Mann möchte lediglich als Erzeuger für ein Kind herhalten. Manchmal bekommt der drängende Kinderwunsch von Frauen über dreißig etwas so Übermächtiges, dass sich Männer in der Liebeswerbung gar nicht mehr als Mann gesehen fühlen, sondern nur noch als lebende Samenbank. Mit so einer Haltung möchten Sie doch sicher auch nicht angesprochen werden. Und daher sollten Sie den Männern, die Sie kennenlernen, ein anderes Gefühl vermitteln. Nämlich, dass Sie gern ein Kind bekommen möchten, mit dem zukünftigen Mann Ihres Herzens. Im Kapitel über das »Innere Liebesteam« finden Sie Strategien, um entspannter zu werden (siehe Seite 93 ff.). Und in Teil drei des Coaching-Prozesses erfahren Sie, wie Sie es beim Kennenlernen langsam angehen lassen (siehe Seite 146 ff.).

Ich bin einfach schon zu lange allein

Der häufigste Vorwand, um sich vor der Partnersuche zu drücken, ist: Man sei eben schon zu lange Single und dadurch ein wenig seltsam geworden. »Ich kann mich sicher gar nicht mehr an jemanden anpassen«, sagen Langzeit-Singles durchaus etwas kokett. Diese Selbsterkenntnis fungiert allerdings oft einfach als Ausrede, gar nicht in die Gänge zu kommen. Aus dieser bequemen Haltung heraus verlieren Sie in einer Partnerschaft eigentlich nur, und zwar Ihren Freiraum. Sie müssen sich also mit einer wirklich spannenden Vision wieder Lust auf Partnerschaft machen und auch Männer wieder positiv anschauen lernen. Wie das geht, erfahren Sie in Teil zwei des Coaching-Programms (siehe »Kühnheit«, ab Seite 73).

Ich bin eben nicht attraktiv genug, ich habe einen »Makel«

Viele der vermeintlichen Makel – zu dick, nicht schön genug, nicht erfolgreich genug – sind nur eingebildet. Was sind wirkliche Makel, die eine Partnerschaft oder die Partnersuche schwierig machen? Im Kapitel zum »Marktwert« habe ich einige Faktoren aufgelistet, die unseren Marktwert bestimmen (siehe Seite 24 ff.). Wenn Sie in großem Maßstab vom gängigen Schönheitsideal abweichen, dann schränkt das die Auswahl der verfügbaren Partner in der Tat ein. Wenn Sie also dreißig oder vierzig Kilogramm über Ihrem persönlichen Wohlfühlgewicht liegen, dann brauchen Sie einen Partner, der füllige Frauen schätzt und sucht.

Die gibt es, und Sie können dann so bleiben, wie Sie sind. Oder – und das wäre die Alternative – Sie gehen Ihren »Makel« einmal an und starten eine Veränderung. Und zwar nicht, um einem Mann zu gefallen, sondern um etwas in Ihrem Leben zu verändern, das Ihnen vermutlich schon lange selbst nicht mehr passt (Anregungen finden Sie zum Beispiel auf Seite 110).

Es gibt natürlich äußerliche Faktoren, die Sie nicht beeinflussen können. Eine Körpergröße von über 180 Zentimeter, sichtbare Spuren im Gesicht von einem Unfall oder eine körperliche Behinderung erschweren die Partnersuche tatsächlich. Hier kommt es vor allem darauf an, wie Sie mit diesem »Makel« nach außen hin umgehen. Selbstbewusst oder schuldbewusst? Diese innere Arbeit kann Ihnen niemand abnehmen. Ein Coach oder eine Therapeutin könnten hier hilfreich sein.

Auch soziale Makel wie lange Arbeitslosigkeit und wenig Einkommen sind vor allem dann ein Problem, wenn Sie selbst nicht mit sich im Reinen sind oder eine Opfermentalität ausstrahlen. Ähnlich sieht es mit Schwierigkeiten aus, die in Ihrer Persönlichkeit liegen. Sie sind Pessimistin und neigen zum Nörgeln? Sie sind in Behandlung wegen Depressionen? Sie haben ein Suchtproblem? Gravierende persönliche Einschränkungen müssen Sie schon im eigenen Interesse natürlich behandeln lassen. Im Prozess des Kennenlernens kann es wichtig sein, nicht sofort mit der Tür ins Haus zu fallen, wie in einer Therapiegruppe: »Guten Tag, ich heiße Anna und habe depressive Verstimmungen.« Beziehungen wachsen langsam. Auf der Basis von Vertrauen und Liebe lassen sich auch Schwierigkeiten gemeinsam tragen. Im Teil drei des Coaching-Prozesses erfahren Sie mehr über das Tempo in der Kennenlernphase (siehe Seite 174 ff.).

Und dann können Sie auf das Wunder der Liebe vertrauen. Wie keine andere Kraft hilft Liebe uns, das Beste aus uns quasi »herauszulieben«, wie Beziehungsforscher jetzt sogar wissenschaftlich bestätigt haben.[12] Wir finden nicht nur unsere »bessere Hälfte«, wir *werden* unsere bessere Hälfte. Das ist ja das Wundervolle an der Liebe.

Klarheit

*Auf dem Weg zur Liebe –
das Gepäck inspizieren*

Den Rucksack der Erfahrungen auspacken

Auf den vergangenen Seiten haben Sie einiges über die Situation der Single-Frauen erfahren und sich sicher bereits ein paar Gedanken darüber gemacht, wo Sie sich einordnen würden. Nun ist es an der Zeit, konkret zu werden und sich auf den Weg zur Liebe zu machen. Dafür müssen Sie zunächst Ihr Gepäck inspizieren.

Als ich vor einigen Jahren mit einer Gruppe eine große Trekkingtour in den Rocky Mountains machte, startete das Ganze mit einer riesigen Aufräumaktion. Unter den gnadenlosen Augen unserer Trekkingführer packten wir im Basislager unsere Rucksäcke aus. Jedes T-Shirt, jedes Paar Socken und auch jeden Kosmetikartikel. Sorgfältig wurde abgewogen, was wirklich notwendig war, und was wir zurücklassen konnten.

So ähnlich werden auch Sie im Folgenden vorgehen. Ihr Rucksack heißt »Vergangenheit«, Ihr Reiseziel »Mann meines Lebens« oder wie immer Sie Ihr Ziel für sich formuliert haben. (Wenn Sie noch kein Ziel formuliert haben, tun Sie es jetzt. Dazu gehen Sie zurück zum GROW-Modell auf Seite 20.)

Warum muss man sein Gepäck aussortieren, bevor es losgeht? Wenn Sie einmal in zweieinhalbtausend Metern Höhe gewandert sind, dann wird Ihnen das schnell einsichtig. Die Experten drängen darauf, alles Überflüssige auszupacken, weil Sie das Zeug ja schleppen müssen. Jeden Tag, jeden Meter, jede Steigung – da machen fünf Kilogramm einen Unterschied! Manchmal sind sie entscheidend dafür, ob man überhaupt weitergeht. Und so ist das auch bei der Beziehungssuche. Manche Frauen geben einfach auf, weil sie entmutigende Erfahrungen mit sich herumschleppen.

Ihr Beziehungsgepäck besteht aus:
- Ihrem heutigen Selbstbild als »beziehungsfähig« bzw. »beziehungsunfähig«
- Ihren positiven und negativen Erfahrungen in bisherigen Männerbeziehungen
- Ihren Beziehungserfahrungen im Elternhaus – Ihren frühen Bindungsmustern

Einige dieser Gepäckstücke können Sie nur anschauen und würdigen, zum Beispiel Ihre Erfahrungen im Elternhaus und mit Beziehungen. Verändern, also umpacken können Sie jedoch Ihren Umgang damit. Andere Stücke können Sie auspacken und hinter sich lassen, zum Beispiel frühere Beziehungen. Ergebnis Ihres umgepackten Beziehungsrucksacks ist ein Gewicht, das Sie tragen können.

Sich mit der Vergangenheit zu beschäftigen, hat einzig und allein den Zweck, dass Sie sich danach anders verhalten können. Sie sollen also gerade nicht in den Mottenkisten Ihrer Vergangenheit stecken bleiben. Sie werden einfach bewusster in Bezug auf Ihre Motive, Ihre wahren und Ihre neuen Bedürfnisse. Das macht Sie nicht schwermütiger, sondern leichter, heller als vorher. Und es ist egal, wie alt Sie sind, wenn Sie damit beginnen. Der tibetische Meditationslehrer Chögyam Trungpa formulierte es einmal so: »Wenn Licht in einen Raum fällt, ist es hell, egal wie lange es vorher dunkel war.«

Der Mythos von der Beziehungsunfähigkeit

Wieder einmal ist eine Beziehung schon nach einigen Monaten gescheitert, und weit und breit ist kein neuer Mann in Sicht, der ernsthaft an Ihnen interessiert ist. So langsam beginnen Sie an sich zu zweifeln. Warum klappt es nie? Was mache ich falsch? Warum kann ich keinen Mann halten? Und Ihnen kommt dieses Wort in den Sinn: beziehungsunfähig. Vielleicht bin ich ja beziehungsunfähig! Das ist ein schweres Gepäckstück in Ihrem Rucksack.

Der Mythos von der Beziehungsunfähigkeit ist eine Erfindung der zweiten Hälfte des 20. Jahrhunderts. Denn vorher hatten Menschen gar keinen Begriff der Beziehungs*fähigkeit*. Über Jahrhunderte hatten Menschen einfach einen ganz anderen, nämlich viel niedrigeren Anspruch an Beziehungen zwischen Mann und Frau als wir heute. Man war halt verheiratet und hielt es miteinander aus. Höchstens im Zeitalter der Romantik, im 19. Jahrhundert, trieb die Idealisierung der Liebe zwischen Mann und Frau noch schönere Blüten als heute. Ansonsten galt für Männer und Frauen seit jeher, dass man aus sozialer Notwendigkeit zusammen war. Kaum jemand, schon gar keine Frau, konnte sich in vergangenen Jahrhunderten ein Leben als »Single« leisten. Alleinstehende Frauen lebten in Familienverbänden als unverheiratete »Jungfer« mit, in den unteren sozialen Schichten fristeten sie ihr Leben als Magd und lebten im Haus der Herrschaft. Ein ungebundenes Single-Leben wie heute gibt es für Frauen erst seit der ersten Frauenbewegung im 19. und 20. Jahrhundert und basiert auf der wirtschaftlichen Unabhängigkeit der neuen städtischen Berufe. Ansonsten galt Unverheiratetsein früher eher als eine Art Unfall, den es zu vermeiden galt. Beziehungsunfähig hätte man das jedoch wohl kaum genannt.

Wenn wir den heutigen Verfall der Bindungsfähigkeit geißeln und die Scheidungsrate von über 40 Prozent in den Städten beklagen, vergessen wir häufig, wie hoch der Anspruch an Beziehungen geworden ist. Heute beruhen Paarbeziehungen in Westeuropa hauptsächlich auf dem freien Willen von zwei Erwachsenen, die noch dazu in einem wirtschaftlich und sozial höchst dynamischen Umfeld leben. Und die die Qual der Wahl zwischen vermeintlich Hunderttausenden von Partnern im Internet haben.

Damals wie heute gab und gibt es Menschen, die von ihrer Persönlichkeit her mehr oder weniger begabt sind für eine nahe, lang andauernde, verbindliche Beziehung mit einem Partner. Bei den weniger Begabten gibt es in diesem Sinne vielleicht »beziehungsunfähigere« Menschen. Manche von denen leben als Single – andere in Beziehungen und Ehen. Kennen nicht auch Sie Paare, bei denen Sie von einem der Partner denken: »Du meine Güte, wie hält man es mit dem oder mit der aus?« In vielen Fällen gilt das Sprichwort, dass jeder Topf sein Deckelchen findet. Und viele Paare bleiben aus Notwendigkeit zusammen oder auch einfach aus Bequemlichkeit und nicht, weil sie beziehungsfähiger sind als Singles.

Statt sich also selbst als beziehungsunfähig zu geißeln, ist es hilfreicher, einmal zu schauen, *wie* Sie denn beziehungsfähig sind.

Denn in der Art sich zu binden, gibt es tatsächlich Unterschiede zwischen Menschen. Und Ihr ganz persönlicher Bindungs- und Beziehungsstil gehört zu Ihrem Gepäck, mit dem Sie leben und reisen müssen.

Liebe macht auch Angst

Christiane Weinreich, die als Medientrainerin und Coach in Berlin häufig mit Frauen arbeitet, sagt mit Blick auf langjährige Single-Frauen: »Ich erlebe bei Frauen eine Angst vor Hingabe, sich da ganz reinzugeben in so eine Begegnung. Diese Zuversicht ›Hier bin ich‹ und ‹Das schaffen wir‹, die fehlt häufig.« Stattdessen werde krampfhaft gesucht und viel Energie in die Suche gesteckt. Sie rate Freundinnen manchmal, doch einfach ihren Interessen nachzugehen und dann, wenn sich eine Begegnung ergibt, diese auch wahrzunehmen. Aber warum ist das so schwer?

Liebe gibt Geborgenheit und Liebe macht Angst. Mit diesem doppelten Gesicht der Liebe müssen wir leben. Und das hat schon in unserer Kindheit angefangen. In einem berühmten psychologischen Versuch, dem »Fremde-Situations-Test«, haben die Forscher John Bowlby und Mary Ainsworth die Reaktionen von Kleinkindern auf die Trennung von ihrer Mutter und auf das Wiedersehen untersucht. Sie entwickelten daraus die bis heute einflussreiche Bindungstheorie[13]. Ziel des Versuchs war, das Bindungsverhalten der Kinder an ihre Mütter einzuordnen.

Kinder reagieren demnach auf Trennung und Wiederannäherung der Mutter entweder mit a) Protest, als Folge der Trennungsangst, b) Verzweiflung, als Folge von Leid und Trauer, oder c) Verleugnung oder Ablösung, als Leugnung und Unterdrückung dieser Gefühle. Daraus ergeben sich vier verschiedene Bindungsstile, die sich bis in das Jugend- und Erwachsenenalter fortsetzen:

- angstvoll-vermeidend
- gleichgültig-vermeidend/bindungsabweisend
- anklammernd
- sicher

Daran angelehnt gibt es vier spezifische Ängste in Bezug auf Bindung, die Menschen im Verlauf der Kindheit entwickeln:

- Angst vor Nähe *und* Angst vor Bindung (= angstvoll-vermeidend)
- Angst vor Nähe und *wenig* Angst vor Trennung (= gleich-gültig-vermeidend)
- Angst vor Trennung, fehlendes Vertrauen (= anklammernd)
- wenig Angst vor Nähe, wenig Angst vor Trennung (= sicher)

Mit anderen Worten: *Irgendeine* Angst in Bezug auf Bindung oder Trennung haben wir alle. Diese Ängste führen zu einer normalen Ambivalenz gegenüber einer neuen Beziehung. In verschiedenen Phasen der Beziehungsaufnahme erwischt es jeden von uns mit seiner ganz spezifischen Angst. Die eine beim Kennenlernen, den anderen, wenn es »ernst« wird. Den nächsten, wenn der Partner plötzlich wieder mehr Freiraum fordert. Angst und Liebe gehen Hand in Hand.

Welcher Beziehungstyp bin ich?

Eine gute Methode, um sich selbst in Bezug auf seine Beziehungsängste und -fähigkeiten einzuordnen, ist die »Landkarte der vier Ängste«. Sie basiert auf dem tiefenpsychologischen Modell von Fritz Riemann und bildet etwas Ähnliches ab wie die Theorie der Bindungsstile[14]. Mit dem Unterschied, dass die Bindungsstile als festgelegt gelten, wir uns in der Landkarte der Ängste aber im Lauf des Lebens an unterschiedlichen Punkten bewegen können. Die grundlegende Idee von Riemann ist, dass das Leben des Menschen von vier Grundstrebungen bestimmt wird, nämlich von Nähe und Distanz sowie von Dauer und Wechsel. Wir alle haben den Drang, uns mit anderen Menschen zu verbinden (Nähe), aber wir haben auch den Wunsch, unabhängig zu sein (Distanz). Außerdem hat jeder Mensch ein Bedürfnis nach Stetigkeit und Struktur in sich (Dauer) und ebenso die Sehnsucht nach Abwechslung und Neuerung (Wechsel). Obwohl jeder Mensch alle diese vier Grundbedürfnisse in sich trägt, kann er natürlich jede Strebung immer nur bis zu einem gewissen Grad leben. Man kann nicht ein die Nähe liebender Mensch sein und gleichzeitig äußerst distanziert und abgegrenzt. Was wir Persönlichkeit nennen, zeigt sich auch darin, wie viel wir von jeder dieser Grundstrebungen in uns entwickelt haben. Die große Chance der Liebesbeziehung sieht Fritz Riemann darin, dass wir durch den Partner ein Stück Neuland in dieser Landkarte der vier Grundstrebungen gewin-

Die vier Grundstrebungen des Menschen

Typ/Pol	Wunsch/Fähigkeit	Angst
Nähe	Versteht es gut, mit anderen harmonisch zu sein, sich einzufühlen und zu verschmelzen. Sozialer Typ, Sehnsucht, geliebt zu werden (manchmal nicht offen gezeigt).	Angst vor Selbstwerdung. Unabhängigkeit erzeugt Angst vor Alleinsein, Einsamkeit und ausgesondert sein.
Distanz	Kann unabhängig sein, ist fähig, sich abzugrenzen, kann allein sein. Ist sachlich und klar mit Menschen, konfliktfähig.	Angst vor Hingabe. Fühlt sich bedroht durch Nähe, eingeengt. Verlust der Unabhängigkeit gefürchtet.
Dauer	Fähigkeit zur Planung, Struktur, Ordnung, Langfristigkeit. Scheut keine Bindung.	Angst vor Wandlung. Fürchtet sich vor Vergänglichkeit und Unsicherheit.
Wechsel	Ist spontan, mit Leidenschaft und Begeisterung bei neuen Sachen, liebt Abwechslung.	Angst vor Entscheidung und Festlegung. Fürchtet sich vor Endgültigkeit, die als Unfreiheit erlebt wird.

nen und unser angestammtes Territorium erweitern können. Das ist so bereichernd, weil mit jedem dieser Pole immer auch eine ganz bestimmte Angst verbunden ist. Durch einen Partner werden wir herausgefordert, uns den Ängsten neu zu stellen und uns zu erweitern.

In der Tabelle auf Seite 49 sind die vier Typen mit den entsprechenden Fähigkeiten und Ängsten dargestellt.

Das Spielfeld meines Beziehungstyps

Tatsächlich verhalten wir uns selten wie an den Endpunkten der Pole, sondern wir halten uns eher in einem Spielfeld zwischen zwei Polen auf (die reinen Extrempunkte der Pole stellen nämlich tatsächlich krankhafte Zustände dar).

In der Grafik (siehe unten) können Sie Ihr Beziehungsspielfeld einmal selbst einschätzen. Durch die vier Grundstrebungen ergeben sich vier Quadranten als »Spielfelder«. Die Quadranten stehen dabei für Beziehungsformen, denen ich typische Labels gegeben habe. Vielleicht finden Sie für sich auch andere Begriffe.

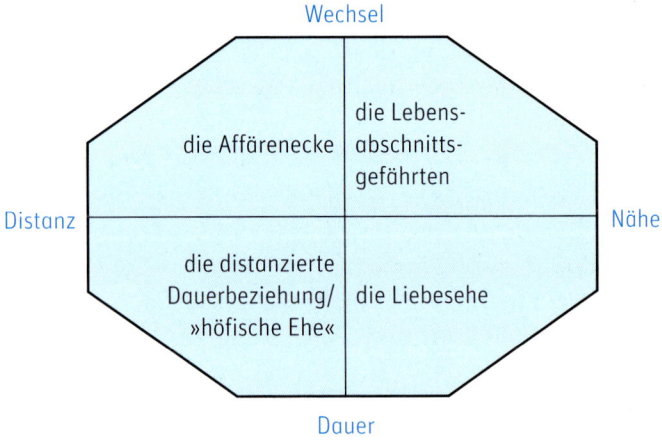

Malen Sie die Grundfigur der Grafik in Ihr Arbeitsbuch ab, und zeichnen Sie für Ihre vergangenen Beziehungen auf den Linien die jeweilige Ausprägung der Grundstrebung ein. Wobei das Ende jeder Linie das Maximum dieser Fähigkeit (und den damit verbundenen Ängsten!) darstellt. Zur Mitte hin wird es jeweils schwächer, und der Mittelpunkt ist neutral. Dann verbinden Sie die vier Punkte und erhalten so Ihr persönliches Beziehungsspielfeld. Für diese Bestandsaufnahme können Sie auch Rückmeldungen von einer Freundin einholen oder sich an bisherige Beziehungen erinnern. Was war – zu Beginn oder im Verlauf einer Beziehung – Ihre größte Angst bzw. Ihre größte Stärke? Interessant ist auch, für verschiedene Beziehungen einzelne Bilder zu erstellen. Welches Spielfeld haben Sie bespielt? Welches Ihre jeweiligen Partner?

Die Analyse Ihrer Beziehungsspielfelder aus der Vergangenheit ist für Ihre Zukunft wichtig. Denn sobald Sie jemandem begegnen, werden Ihre Beziehungsmuster aktiviert. Wenn Sie sich selbst kennen und jetzt auch wissen, welche Ängste in Ihnen bevorzugt anspringen, können Sie gelassener reagieren. Und vor allem müssen Sie nicht Ihrem Partner die Schuld für Ihre eigenen Gefühle in die Schuhe schieben. Sie sind so nervös zu Beginn der Beziehung? Das liegt nicht nur an diesem Hallodri von unzuverlässigem Verehrer. Das sind Ihre klassischen Ängste als Nähe-Typ, bevor etwas »verbindlich« wird. Nach drei Monaten fühlen Sie sich plötzlich eingeengt? Da wird der Distanz-Typ in Ihnen aktiv. Sie brauchen mehr Freiraum, sonst wird es Ihnen im wahrsten Sinne des Wortes zu eng in der Beziehung. Je nachdem, wo Ihre eigene Präferenz liegt, wird Ihr innerer Wachhund anschlagen, sobald Ihr Typ zu wenig gelebt oder Ihnen das Verhalten des anderen Typs abverlangt wird.

Das Schöne aber ist – wir sind keine Sklaven unseres Typs. Mit jedem neuen Partner haben wir auch die Chance, uns neu zu entdecken. Wir können erleben, dass Nähe gar nicht so bedrohlich ist, wie wir immer dachten, oder bestätigt bekommen, dass man eine saftige Auseinandersetzung führen kann und die Beziehung nicht zu Ende ist. Oder wir können erfahren, dass der andere, der ein wenig distanzierter ist als wir, bei uns bleibt, auch ohne zu klammern. Es ist möglich, die Beständigkeit einer Beziehung neu zu schätzen und den Wechsel *innerhalb* einer Beziehung zu leben und nicht durch immer wieder wechselnde Partnerschaften. Unserem Wachstum sind kaum Grenzen gesetzt.

Wenn da nicht die Regieanweisungen aus der Vergangenheit wären. Schauen Sie sich nun einmal die alten Homevideos an, die Sie in Bezug auf das Thema Beziehungen in Ihrem Reiserucksack haben.

Beziehungsmuster erkennen – immer der Gleiche?

Gibt es in Ihren Liebesgeschichten einen Wiederholungseffekt? Gibt es ein Thema – oder auch mehrere –, das Sie wieder und wieder durchspielen?

Die folgende Übung gibt Ihnen die Gelegenheit, eine erste Bilanz aus Ihren wichtigsten Beziehungen zu ziehen[15]. Übertra-

Das Beziehungsmuster in meinen ehemaligen Beziehungen

Name des Partners	Das habe ich bekommen	Das habe ich nicht bekommen	Das habe ich gegeben	Das habe ich nicht gegeben (das wurde mir vorgeworfen)

gen Sie die Tabelle in Ihr Arbeitsbuch. Füllen Sie die Spalten für jede Beziehung aus. Dafür genügen Stichworte.

Bei der Übung geht es darum, Muster zu erkennen. Versuchen Sie daher für jede Beziehung die zentralen Punkte zu finden, die »Knackpunkte« sozusagen, im positiven wie im negativen Sinne. Außerdem bekommen Sie durch die Auflistung einen Überblick darüber, was Ihre eigene Rolle in der jeweiligen Beziehung war. Oft ist allein die Zusammenstellung der Aussagen sehr erhellend. Mit dem Thema, um das es in der Beziehung ging, beschäftigen wir uns auf den Seiten 56 f.

Beispiel

Name des Partners	Das habe ich bekommen	Das habe ich nicht bekommen	Das habe ich gegeben	Das habe ich nicht gegeben (das wurde mir vorgeworfen)
Martin	Aufregung, Leidenschaft, Auf und Ab der Gefühle	Gleichmaß in Gefühlen, Dauer	Sparringspartner in Auseinandersetzung	zu wenig »Freiheit« gelassen; *Vorwurf*: „Du bist zu ernsthaft, engst mich ein«
Jens	Dauer der Beziehung, Stabilität	wirkliche Nähe	Nähe, Gespräche	»Freiraum«; *Vorwurf*: zu viel Kontrolle
Lars	Stabilität in der Beziehung	Freiraum, Erlaubnis für unabhängige Entscheidungen	Impulse, Anregungen	»Gemeinsamkeit«; *Vorwurf*: »Du machst nur dein Ding«

Der Wiederholungsfilm in der Liebe

Falls wir immer wieder neue Beziehungen eingehen und unser Muster noch nicht erkannt haben, dann gilt das folgende Prinzip der Unbewusstheit: Wenn Sie Ihre Vergangenheit nicht besuchen, dann besucht Ihre Vergangenheit Sie.

So ging es der fünfundvierzigjährigen Hedda. Sie wählte gleich zweimal hintereinander genau den gleichen Typ Mann – allerdings unbewusst. »Ich bin nach dem Ende meiner Ehe mit Anfang dreißig eine Beziehung mit Michael eingegangen, einem zehn Jahre jüngeren Mann, der eben ganz anders war als mein Ehemann. Wir hatten eine gute Zeit miteinander, doch irgendwann war klar, dass für Michael seine ›Lehrzeit‹ mit einer älteren Frau beendet war. Er trennte sich Knall auf Fall von mir und hatte auch sofort eine neue Freundin, die natürlich viel jünger war als ich. Das war hart für mich. Ich habe sehr gelitten, war aber gleichzeitig trotzig und wild entschlossen, nicht lange allein zu bleiben. Nur zwei Sachen waren für mich klar: Er sollte nicht wieder zehn Jahre jünger sein und er sollte beruflich in stabilen Verhältnissen leben. Dann traf ich Thorsten. Er war elf Jahre jünger als ich und gerade arbeitslos, wenn auch nur vorübergehend. Unser Kennenlernen lief für mich wie in einem Film ab. Als ich nach unserer ersten Nacht neben ihm aufwachte, war das ein Schock für mich. Ich dachte nur, oh Gott, was mache ich hier? Dieser Mann ist ja noch jünger als Michael und er hat beruflich keine stabile Basis! Wie konnte das bloß passieren? Doch es war irgendwie auch sofort klar, dass wir zusammenbleiben würden. Da gab es für uns beide gar keine Frage. Und wir blieben auch fünf Jahre zusammen. Dann verließ mich Thorsten genauso wie Michael und begann eine Beziehung mit einer Frau seines Alters, mit der er auch ein Kind bekam.«

Dieses Beispiel macht deutlich, wie stark die unbewussten Motive der Partnerwahl funktionieren. Hedda fühlte sich »wie im Film« – sie folgte einer inneren Regieanweisung, der sie sich nicht entziehen konnte. Sie wiederholt den Beziehungsfilm »jüngerer Mann«, der für sie in der ersten Folge schlecht ausgegangen war, um das Drehbuch zu vervollständigen – eigentlich natürlich mit einem Happy End. Denn das ist der »psycho-logische« Sinn solcher Wiederholungsmuster: Wir versuchen den Film an der Stelle wieder aufzunehmen, wo er abgebrochen ist, um ihn gut zu Ende zu drehen. Das klappt aber eher selten, weil wir uns immer wieder ähnliche »Schauspieler« für unseren Lebensfilm aussuchen. Bei Beziehungen, die nach einer ersten Ehe eingegangen werden, heißt der Titel des Drehbuchs häufig: »Jetzt mal ein ganz anderer Mann.« Wir suchen uns jemanden, der garantiert das Gegenteil von unserem langjährigen Partner ist. Wir wollen andere Saiten in uns anklingen lassen, uns einmal ganz anders erleben und vor allem die alten Verletzungen vermeiden. Aber wir können die alten Schmerzen durch den »Gegenteil-Mann« nicht vermeiden, wenn wir nicht verstanden haben, was wir selbst zum Scheitern der Ehe beigetragen haben. Dazu brauchen wir etwas Zeit, vor allem aber den Mut, das eigene Verhalten unter die Lupe zu nehmen und den Tatsachen ins Auge zu sehen.

Dann können wir wirklich frei wählen – auch einen Mann, der in einigen Aspekten unseren vorigen Partnern ähnelt –, denn wir sind den Mustern nicht mehr ausgeliefert. Wir bekommen eine neue Freiheit, Bedürfnisse zu äußern und diese auch erfüllt zu bekommen. Wir können den Liebesfilm neu drehen. So ging es auch Hedda. Inzwischen hat sie einen Mann gefunden, der genau zu ihren heutigen Bedürfnissen passt.

In der folgenden Übung (siehe Seite 56) ergänzen Sie die Tabelle der Seiten 52/53. Benennen Sie das »Thema« Ihrer jeweiligen Beziehungen. Es sollte möglichst übergeordnet sein, damit das Muster deutlich wird. Hier ein paar Beispiele für solche Liebesthemen:

- sich einlassen
- Verbindlichkeit
- Bindung
- Nähe – Distanz
- Eigenständigkeit versus Gemeinsamkeit
- Kinderwunsch ja – nein

Beziehungsmuster erkennen – das Thema in der Beziehung

Name des Partners	Das habe ich bekommen	Das habe ich nicht bekommen	Das habe ich gegeben	Das habe ich nicht gegeben (das wurde mir vorgeworfen)	Thema in der Beziehung

Eine alte Liebe hinter sich lassen

Voraussetzung für die neue Liebe ist ein »Happy End« der alten Liebe. Durch einen klaren und liebevollen Blick zurück können wir unseren Beziehungen ein solches »gutes Ende« geben, auch wenn diese schmerzhaft zu Ende gegangen sind. Nur wer loslässt und dem Partner verziehen hat, wird wirklich frei, etwas Neues zu erleben. Dabei ist es nicht unbedingt notwendig, zu verstehen, warum es so gekommen ist. Manchmal sind Dinge einfach, wie sie sind. Auch geht es nicht darum, das Verhalten des Partners gutzuheißen. Vielleicht hat er uns betrogen und belogen, die Kinder schlecht behandelt oder er zahlt keinen Unterhalt. Soll man so etwas einfach verzeihen? Hier gilt es, zwei Dinge zu trennen, nämlich die innere Wahrheit und die äußeren Bedingungen. Selbstverständlich sollen Sie auf die äußeren Bedingungen Einfluss nehmen, also Grobheiten verbaler Art unterbinden, Verantwortung für gemeinsame Kinder durchsetzen, notfalls auch den Unterhalt einklagen. Die innere Wahrheit unterliegt jedoch anderen Gesetzen. Sie hat einen biologischen und einen energetischen Aspekt. Biologisch gesehen, trifft jeder gedankliche Hieb, den Sie

Beispiel

Name des Partners	Das habe ich bekommen	Das habe ich nicht bekommen	Das habe ich gegeben	Das habe ich nicht gegeben (das wurde mir vorgeworfen)	Thema in der Beziehung
Martin	Aufregung, Leidenschaft, Auf und Ab der Gefühle	Gleichmaß in Gefühlen, Dauer	Sparringspartner in Auseinandersetzung	zu wenig »Freiheit« gelassen; *Vorwurf:* »Du bist zu ernsthaft, engst mich ein«	sich einlassen; Bindung
Jens	Dauer der Beziehung, Stabilität	wirkliche Nähe	Nähe, Gespräche	»Freiraum«; *Vorwurf:* zu viel Kontrolle	Nähe – Distanz (ich selbst der Nähe-Pol)
Lars	Stabilität in der Beziehung	Freiraum, Erlaubnis für unabhängige Entscheidungen	Impulse, Anregungen	»Gemeinsamkeit«; *Vorwurf:* »Du machst nur dein Ding«	Nähe – Distanz (ich selbst der Distanz-Pol)

dem Partner versetzen, letztlich nur Sie selbst. Die gesundheitsschädigenden Auswirkungen anhaltend negativer Gedanken sind längst medizinisch erwiesen und werden bei der Behandlung von Stresserkrankungen mit einbezogen.[16] Negative Gedanken und Gefühle lösen im Körper Stress aus – sie fordern ihn auf, etwas an der Situation zu ändern – und aktivieren Energie. Werden die negativen Gefühle nicht aufgelöst, verursacht dies dauerhaften Stress. Die Energie wird nicht abgebaut und schädigt dadurch den Körper. Ihrem ehemaligen Partner zu verzeihen, liegt also in Ihrem eigenen Interesse.

Der energetische Aspekt der inneren Wahrheit des Verzeihens ist für eine neue, erfolgreiche Partnerwahl entscheidend. Denn was wir ablehnen, verfolgt uns. Hass oder auch nur Abneigung gegen jemanden ist ein ebenso starkes Band wie Liebe. Wenn Sie einen ehemaligen Partner noch mit negativen Gedanken verfolgen, dann sind Sie weiterhin an ihn gebunden. Man könnte fast sagen, dass Sie nicht wirklich »Single« sind. Auf jeden Fall sind Sie nicht frei, wenn Sie von negativen Emotionen besetzt sind. Doch damit in Ihrer nächsten Beziehung die Liebe und nicht womöglich der vorige Partner unbewusst die Hauptrolle spielt, müssen Sie verzeihen und loslassen.

Dem Partner verzeihen

Beim Verzeihen sind drei Aspekte wichtig:

1 Sie erkennen an, was in der Realität gewesen ist.
2 Sie bringen einmal auf den Punkt, was genau der Vorwurf an Ihren Partner ist, und lassen alle Gefühle einmal zu.
3 Sie benennen Ihren Teil des Geschehens und übernehmen Verantwortung dafür.

Verantwortung zu übernehmen, heißt nicht, dass Sie an allem »Schuld« haben. Verantwortung beinhaltet immer das Wissen, dass Sie zum damaligen Zeitpunkt das Beste getan haben, was Sie konnten. Und genauso war es bei Ihrem Partner. Bevor Sie die Übung zum Verzeihen auf Seite 59 durchführen, sollten Sie eine kurze schriftliche Bilanz ziehen, in der Sie die drei Aspekte des Verzeihens benennen. Nehmen Sie sich dabei alle wichtigen Beziehungen vor, eine nach der anderen.

1 **Was ist geschehen?** Die wichtigsten Tatsachen in Fakten: Dazu gehört die Anzahl der Jahre, die Sie zusammen waren, alle sichtbaren Verbindungen, vor allem Kinder, Abtreibungen, Verlobungen und Heirat oder die Abwesenheit davon, wenn einer der beiden Partner es wollte, Nebenbeziehungen, ob eingestanden oder nicht, gemeinsames Eigentum.

2 **Was werfe ich meinem Partner vor? Oder woran hänge ich noch? Welche Gefühle habe ich dazu?** Als Ergänzung: Wo im Körper spüre ich diese Gefühle?

3 **Was sehe ich als meinen Teil der Verantwortung?**

Das folgende Ritual stammt aus der systemischen Familienaufstellung und soll Ihnen helfen, alte Verletzungen anzuerkennen und loszulassen.[17] Vorher sollten Sie gedanklich oder schriftlich Bilanz gezogen haben. Mit dem Ritual nehmen Sie innerlich Abschied vom Partner, egal, wie lange die Trennung tatsächlich zurückliegt.

Verantworten, Verzeihen, Loslassen – ehemalige Partner

Suchen Sie sich einen ruhigen Ort, machen Sie es sich bequem, vielleicht mögen Sie ein paar Kerzen anzünden. Stellen Sie sich den ehemaligen Partner vor, und rufen Sie sich seine Gestalt vor Ihr inneres Auge. Sprechen Sie dann die Sätze bewusst und ruhig aus.

Wie oft Sie das tun, ist nicht vorgeschrieben. Sie können die Sätze zum Beispiel täglich, immer morgens oder abends aufsagen. Führen Sie das Ritual so lange durch, bis Sie spüren: Jetzt ist es gut.

● Wir waren ... Jahre ein Paar/verheiratet. (Wir haben ... Kinder miteinander). Wir haben uns getrennt. Es ist nicht gutgegangen mit uns. Schade!

● Ich danke dir für das, was ich von dir bekommen habe; und was du von mir bekommen hast, darfst du gern behalten.

● Ich übernehme meinen Teil der Verantwortung, dass unsere Beziehung gescheitert ist, und deinen Teil der Verantwortung lasse ich bei dir.

● Und ich gebe dir einen Platz in meinem Herzen als meinem ... Mann. (Hier können Sie eine Zahl ergänzen: als meinem ersten, zweiten, dritten ... Mann.)

In den bewusst einfach formulierten Sätzen des Rituals sind die drei Aspekte des Verzeihens für den gelingenden Abschied berücksichtigt: die Anerkennung dessen, was real war, die Trauer über das Ende, die Verantwortung beider Partner am Scheitern der Beziehung. Als vierter und besonders wichtiger Teil kommt die Wertschätzung des Partners hinzu.

Für einen gelungenen Abschied sind die Anerkennung und die Wertschätzung des ehemaligen Partners wichtig. Denn vor den schlechten Zeiten gab es ja auch die guten Tage und die Seiten am Partner, wegen derer man sich an ihn gebunden hat. Es ist wichtig, der vergangenen Liebe einen »Platz im Herzen« zu geben, wie es im Ritual heißt. Erst wenn man dem früheren Partner seinen Ort im inneren Gefüge der persönlichen Vergangenheit zubilligt und ihn so würdigt, beruhigt sich dieser Teil unserer Vergangenheit.

Liebesmuster aus der Kindheit

Die wichtigsten Regieanweisungen für unser Beziehungsleben haben wir allerdings nicht aus vorangegangenen Beziehungen erhalten, sondern schon in der Kindheit. Aus diesem Fundus gibt es drei Arten von Wiederholungen:

- die Suche nach dem Vater
- das Muster der Mutter
- die Wiederholung unserer Kinderrolle

Häufig ähneln unsere Beziehungsdrehbücher und die Mitspieler den wichtigen Mitgliedern unserer Familie. Wir reinszenieren Szenen, die wir dort erlebt haben. Wir finden einen Mann, der so unzuverlässig ist wie unser Vater oder so unnahbar. Oder wir spielen die Beziehungsmuster aus Sicht unserer Mutter nach. Als Mädchen haben wir unbewusst Sätze aufgenommen, was Beziehung, Ehe und Kinder für eine Frau bedeuten. Oft gab dabei unsere Mutter die Muster ihrer eigenen Mutter weiter, so dass sich die Erfahrungen über Generationen verfestigt haben.

Glaubenssätze überprüfen

Im Coaching nennen wir solche unbewussten Annahmen über das Leben Konzepte oder auch Glaubenssätze. Hier ein paar typische Glaubenssätze zum Thema Ehe und Kinder aus der Eltern- und Großelterngeneration:

- »Nach der Hochzeit ist der schönste Teil der Liebe vorbei.«
- »Sei nicht so eigensinnig und sieh zu, dass du einen Mann abbekommst. Ohne stehst du schlecht da.«
- »Mit Kindern kannst du dir ein eigenes Leben abschminken.«
- »Es geht nur eins: Kinder oder Beruf.«
- »Ohne Kinder ist das Leben für Frauen sinnlos.«
- »Um einen Mann zu halten, muss man eben Opfer bringen.«

Tatsächlich bekommen manche Frauen diese Sätze als junge Mädchen von ihren Müttern auch direkt gesagt, aber das ist eher selten. Vielmehr stehen diese Glaubenssätze in unsichtbaren, goldenen Lettern über der Haustür einer Familie. Tief in uns flüstern sie uns wie ein Souffleur zu, wie das Leben *ist* und wie wir in unserem Lebensfilm am besten zurechtkommen.

Sollte man also diese alten Glaubenssätze nicht schnellstens über Bord werfen? – So einfach ist das nicht.

Glaubenssätze, so negativ, albern oder unnütz sie erscheinen, enthalten immer auch einen Teil Wahrheit und waren zu einem früheren Zeitpunkt wichtig für unser psychisches Überleben. Glaubenssätze erklären uns die Welt und fassen komplexe Zusammenhänge in einfache Regeln. Sie machen uns schmerzliche Erlebnisse erklärbar, auch wenn sich die Erklärung selbst langfristig negativ für uns auswirkt. So zum Beispiel bei dem Glaubenssatz »Ich bin nicht gut genug, so wie ich bin – ich muss mich anstrengen, um Liebe zu bekommen«. Immerhin weiß ich dann, dass ich durch Anstrengung Liebe erhalte. Immerhin habe ich ein Rezept, an das ich mich halten kann. Deshalb ist es wichtig, sich erst einmal bewusst zu machen und zu würdigen, dass für einen Teil in uns diese Glaubenssätze zu einem bestimmten Zeitpunkt sinnvoll waren.

Glaubenssätze entstehen fast immer durch direkte Erlebnisse in einer prägenden Zeit und nicht im luftleeren Raum. Für unsere Mütter und Großmütter waren Sätze wie »Für eine Frau ist das eigene Leben mit Kindern zu Ende« oder »Es geht nur eins: Kinder oder Beruf« häufig eine gesellschaftliche und persönliche Realität. Zwar hat sich diese gesellschaftliche Realität für uns schon verändert – die Glaubenssätze haben wir jedoch übernommen und tragen sie noch in uns mit.

Um Glaubenssätze herauszufiltern und zu verändern, ist manchmal die Hilfe eines professionellen Coachs notwendig. Doch Sie können auch selbst aktiv werden. Überlegen Sie, welche Aussagen Sie in Ihrer Kindheit und Jugend häufig gehört haben. Wie hat Ihre Mutter gelebt, welche Einstellung könnte dahinter gestanden haben? Wenn Sie eine Überzeugung, einen Glaubenssatz gefunden haben, gehen Sie dieser Überzeugung einmal auf den Grund:

- Wer sagt das?
- Gilt das immer?
- Für wen war das richtig?
- Welcher andere Satz enthält heute mehr Wahrheit?

Manchmal finden Sie dann Sätze, die für Sie heute angemessener sind. So wird aus »Für Liebe muss ich mich anstrengen« zum Beispiel »Liebe wird mir geschenkt – einfach so«.

Manchmal hilft es auch, den Glaubenssätzen der Kindheit andere Sätze als Abwehr entgegenzustellen. Damit kann man insbesondere in Stresssituationen die Gedanken gezielt umlenken. Solche Abwehrsätze wirken wie Zaubersprüche, nämlich als »Gegenzauber« zur Macht unserer stereotypen Glaubenssätze von früher. Hier ein paar Beispiele für Zaubersprüche gegen alte Botschaften:

- Wer sagt denn so etwas?
- Das stimmt nicht mehr – das ist vorbei.
- Für mich gelten heute andere Regeln.
- Ich pfeif' drauf!

Meine eigene Rolle: Rebellin, Brave oder Prinzessin?

Neben dem, was Sie an Einstellungen vermittelt bekommen haben, ist auch Ihre Rolle im Familiengefüge entscheidend für Ihre Erwartungen an einen Partner.

Haben Sie schon eine Vermutung, welche Rolle Sie gespielt haben? Waren Sie Vatis kleine Prinzessin? Die rebellische Tochter? Das hässliche Entlein? Der »verhinderte« Sohn? Um dies herauszufinden, brauchen Sie vielleicht etwas Geduld. Es ist nicht immer einfach, die unausgesprochenen Botschaften sofort auf den Punkt zu bringen. Doch die Suche kann überaus spannend werden. Vielleicht erkennen Sie, dass einige dieser Sätze bereits in der Übung »Beziehungsmuster erkennen« aufgetaucht sind (siehe Seiten 56/57).

Beginnen Sie mit der zweiten Spalte, in die Sie »typische Vorkommnisse« eintragen, also Szenen, die sich tatsächlich wiederholt so abgespielt haben.

Liebesmuster erkennen – die Familienrollen

Familien-mitglied	Typische Vorkomm-nisse	Was ich daraus abgeleitet habe	Ausgespro-chene und unausge-sprochene Botschaf-ten	Was die Person glaubt, nicht be-kommen zu haben (was vor-geworfen wurde)	Rolle in der Beziehung

Beispiel

Familien-mitglied	Typische Vorkomm-nisse	Was ich daraus abgeleitet habe	Ausge-sprochene und un-ausge-sprochene Botschaf-ten	Was die Per-son glaubt, nicht bekom-men zu ha-ben (was vorgeworfen wurde)	Rolle in der Bezie-hung
Vater	Vater ar-beitet und entzieht sich in der Freizeit durch Hob-bys fern von der Familie.	Väterliche Liebe ist abwesend, was stimmt nicht mit mir?	Ein Mann darf sich nicht ein-fangen las-sen, muss seine Frei-heit vertei-digen.	»Freiraum«; Vorwurf: zu viel *Kontrolle* durch die Frau	abwei-sender Distanz-Mensch
Mutter	Klagt, seufzt, fügt sich aber. Nichts än-dert sich.	Frauen lei-den und nörgeln.	Pass bloß auf – so sind die Männer!	Nähe, *Unter-stützung;* Vor-wurf: »Du bist nie da«, »Al-les muss ich allein ma-chen«	Leidende, Nörgelnde
Geschwister, zum Beispiel ältere Schwes-ter				zu wenig »*Freiheit*« ge-lassen; Vor-wurf: »Ihr ver-steht mich nicht – engt mich ein«	älteste Tochter, Rebellin
meine Rolle – in Bezug zu Vater/Mutter/ Geschwistern					

Versuchen Sie sich dann in Ihre Rolle als junges Mädchen oder Teenager zurückzuversetzen, und benennen Sie in Spalte drei »Was ich daraus abgeleitet habe« die möglichen Rückschlüsse, die Sie aus diesen Vorkommnissen gezogen haben. Das sind natürlich keine »logischen« Gedanken, sondern meistens falsche Annahmen, die mit Gefühlen besetzt sind. Kinder beziehen Vorkommnisse in der Familie direkt auf sich selbst, versuchen, irgendeinen Sinn darin zu sehen, und leiten Botschaften für sich ab.

Die ausgesprochenen und unausgesprochenen Botschaften in Spalte vier formulieren Sie jeweils aus der Sicht der Person, die Sie untersuchen (Vater, Mutter, Geschwister oder sich selbst).

Auch die Spalten fünf und sechs formulieren Sie jeweils aus Sicht der Person. Bringen Sie die Positionen in möglichst kurzen und einfachen Sätzen auf den Punkt. Hier geht es nicht um objektive Erklärungen oder Relativierungen (»So war es ja gar nicht«), sondern einzig und allein um die Wahrnehmung aus Sicht des Familienmitglieds, das Sie beschreiben.

Wenn Sie die wichtigsten Personen durchgegangen sind, dann vergleichen Sie die Tabelle der Familienmuster mit Ihrer Tabelle aus früheren Beziehungen (siehe Seiten 56/57).

- Welche Ähnlichkeiten können Sie feststellen?
- Gibt es ein Anti-Muster: Bloß nicht so, wie …?
- Mit wem in der Familie haben Sie sich innerlich solidarisiert? Sind Sie eher Vaters Tochter? Rivalisieren Sie immer noch mit Ihrer Mutter? Ahmen Sie die große/kleine Schwester nach, welche die Rebellin oder die Brave war?

Familienmuster loslassen

Man könnte meinen, dass vor allem negative Rollen in der Familie sich hemmend auf spätere Beziehungen auswirken. Aber auch übertrieben positive Botschaften der Eltern an Töchter oder Söhne können im Erwachsenenleben Schwierigkeiten erzeugen. Ein Mädchen, das von seinem Vater »auf den Thron« gehoben wird, wächst in der Rolle der Prinzessin auf, und das ist nicht immer ein Vergnügen. Prinzessinnen werden von ihren Vätern vergöttert, aber als Kinder in ihrer Persönlichkeit nicht wirklich gesehen. Sie erleben Bewunderung, aber häufig keine wirkliche Nähe und oft keine angemessenen Grenzen. Besonders, wenn die Ehe der Eltern nicht intakt ist, können Prinzessinnen sich in der Illusion wiegen, »besser« als die Mutter zu sein. Die fehlende Identifizierung mit der Mutter macht es nachher für die Prinzessin-Frau schwieriger, eine Beziehung mit einem erwachsenen Mann einzugehen. Ein Teil von ihr bleibt gebunden an den Vater und in Konkurrenz zu der Mutter.

Wie kann man diese Familienmuster loslassen? Das Erkennen der Botschaften ist der erste und wichtigste Schritt, genau wie bei den Mustern aus früheren Beziehungen. Sie können schon beim Kennenlernen achtsam werden, ob Ihnen ein Mann wieder die alte Rolle anbietet.

Das folgende Ritual aus der systemischen Familienaufstellung kann helfen, die Ebenen im Familiensystem wieder zu trennen. Das heißt erstens, unsere Männer von unseren Vätern zu unterscheiden. Und zweitens die Ebene der Eltern und Kinder zu trennen und sich nicht in die Ehe der Eltern einzumischen, sie also

Verantworten, Verzeihen, Loslassen – Eltern

Nehmen Sie sich Zeit, suchen Sie sich einen ruhigen Platz, und sagen Sie die folgenden Sätze hörbar oder innerlich auf.

- Gerichtet an Männer, die Sie getroffen haben oder treffen werden, um die Verstrickung zum Vater zu lösen: *Du bist nur ein Mann (nicht mein Vater, nicht meine Mutter) – es gibt viele von euch!*

- Gerichtet an Sie selbst, um die Einmischung in die Ehe der Eltern und die unangemessene Verantwortung für Sie als Kind zu beenden: *Die Ehe meiner Eltern geht mich nichts an. Ich mische mich nicht mehr ein. Ich achte euch und das, was ihr tragt, und lasse es euch. Ich bin nur das Kind.*

nicht zu retten versuchen, zu kommentieren oder Position für einen Elternteil zu beziehen. Die Übung machen Sie für sich persönlich und nicht direkt mit den angesprochenen Personen. Es ist auch unerheblich, ob Ihre Eltern noch leben oder bereits verstorben sind. Die Übung arbeitet mit Ihrer psychischen Vorstellung.

Trennung und Trauer überwinden – ein Beispiel

Für Martha war es wie sterben. Die plötzliche Nachricht, dass ihr Mann sich in eine andere Frau verliebt hatte und sich trennen werde, traf die damals vierundvierzigjährige Unternehmerin wie ein Blitz. »Es war der schlimmste Schmerz meines Lebens«, sagt sie im Rückblick auch neun Jahre später noch, »der absolute Tiefpunkt. Diese Liebe war bis dahin so schön gewesen, so vollkommen. Und wir hatten erst ein halbes Jahr vorher standesamtlich geheiratet. Davor waren wir sechs Jahre ein glückliches Paar gewesen. Wir waren in jenem Sommer eigentlich auf der Suche nach einem Ort für ein rauschendes Fest, um unsere Hochzeit öffentlich zu feiern. Und dann das. Aus, Schluss, vorbei.«

Martha unternimmt radikale Schritte. Mistet die gemeinsame Wohnung innerhalb von einem Tag aus. Stellt alles, was an ihren Noch-Ehemann erinnert, in den Keller. Lässt es später abholen. Sagt sich: »Dieses Leben ist jetzt vorbei!« Und sie stirbt fast vor Schmerz, so fühlt es sich jedenfalls an. Deshalb geht Martha auf den Friedhof zum Grab ihres geliebten Großvaters und legt sich daneben ins Gras. Liegt dort und weint und weint. Bis sie leer ist. »Dann hörte ich die Vögel wieder leise zwitschern, spürte die Sonnenstrahlen auf meiner Haut. Da wusste ich, dass ich weiterlebe. Ich bin aufgestanden und gestärkt wieder gegangen – in ein neues Leben.«

Doch Martha tut nicht so, als wenn die Trennung nicht passiert sei. »Im Gegenteil, ich habe diesen Zusammenbruch meines bisherigen Lebens wirklich anerkannt. Denn das war es ja, ein totaler Zusammenbruch meiner Lebensperspektive. Und das sah man. Ich nahm ab, sah schlecht aus. Ich ließ es zu. Ich habe auch mein äußerliches Leben ganz radikal verändert.« Martha vermietet die Eigentumswohnung, die sie mit ihrem Mann bewohnt hatte, und zieht in eine WG. Nach zwei Jahren ist sie wieder bereit, in die alte Wohnung zurückzukehren.

Die schmerzhaften Erinnerungen sind verflogen. Doch die guten hat sie sich behalten, betont Martha. »Ich wollte mir die schönen Erinnerungen an unsere gemeinsame Zeit nicht kaputt machen lassen, das Kraftvolle daran«, sagt sie klar. Inzwischen ist sie längst wieder so weit, dass sie ihrem geschiedenen Mann begegnen kann, der mit seiner zweiten Frau kleine Kinder hat. »Es sind wirklich süße Kinder«, sagt sie ohne Reue, obwohl sie mit ihm damals, mit Ende dreißig, keine eigenen Kinder mehr bekommen hat.

Geholfen hat Martha neben ihrem radikalen Pragmatismus vor allem ihre innere Einstellung. Vor der Krise hatte sie eine Ausbildung in Existenzanalyse und Logotherapie absolviert. In dieser Therapieform geht es um die Frage nach dem Sinn des Lebens. Dieser Sinn ist nicht absolut oder allgemein zu finden, sondern muss von jedem Mensch immer wieder neu gefunden werden, als Antwort auf die Situationen, die ihm widerfahren. Der Begründer der Logotherapie, Viktor Frankl, wusste dabei als Überlebender von Auschwitz aus eigener Erfahrung, was Extremsituationen sind und wie hart der Sinn errungen werden muss. Und so stellte sich auch Martha in ihrer Krise immer wieder die Frage: »Wofür hast du das bekommen?« Und sie erarbeitet sich auch heute noch immer wieder neu ihre eigene »Antwort auf das Leben«.

Eine Antwort im Privatleben stellt sich zwei Jahre nach der Trennung ein. Auf einem Fest bei Bekannten geht kurz vor Mitternacht ein Mann auf Martha zu, fordert sie zum Tanzen auf. Sie willigt ein, obwohl er nicht »ihr Typ« ist und sie generell auch überhaupt nicht auf der Suche nach einem Mann. Aber dieser Mann ist ein wundervoller Tänzer – und heute, sechs Jahre später, immer noch der Mann ihres Herzens.

Von Schmuckstücken und dem Sperrmüll des Lebens

Das Ausmisten, so wie es Martha so radikal gemacht hat, ist eine gute Methode, von der Vergangenheit Abschied zu nehmen. Befreien Sie sich von Erinnerungsstücken an ehemalige Partner. Heben Sie nur einzelne Stücke auf, die für Sie eine positive Bedeutung haben und die Sie in einem »Schatzkästchen« verstauen. Behalten Sie auch in Ihrer Erinnerung nur gute Stücke. Lassen Sie den Rest auf den Sperrmüll des Lebens wandern und belasten Sie sich nicht weiter damit. Wenn Sie sich von überflüssigen Altlasten befreit haben, gibt es wieder Platz für Neues – für neue Menschen – in Ihrem Leben.

Klarheit

Sie sind am Ende des ersten Teils des Coaching-Prozesses angelangt. Sie haben viel über sich erfahren und sollten nun eines haben: Klarheit – über sich selbst und über Ihre Ausgangssituation.

- Was für ein Beziehungstyp bin ich?
- Welche Beziehungsmuster habe ich aus der Vergangenheit mitgebracht?
- Wie lasse ich los, was mich an die Vergangenheit bindet?

Schauen Sie sich Ihre GROW-Tabelle und Ihre Notizen in Ihrem Arbeitsbuch an. Welche Ziele leiten Sie aus der Analyse und Ihrer daraus gewonnenen Klarheit – der Realitätsbeschreibung – ab? Wo besteht noch Handlungsbedarf, bevor Sie sich auf den Weg machen, um vom Mann Ihres Lebens gefunden zu werden – statt ihn zu suchen? Haben Sie schon Optionen entwickelt, um Ihre Ziele zu erreichen? Tragen Sie Ihre Erkenntnisse in die Tabelle ein. Folgende Checkliste kann Ihnen weitere Anregungen geben, in welchen Bereichen Sie sich noch besser auf die Liebe vorbereiten können.

Checkliste zur Klarheit

Sie müssen nicht auf alle Fragen dieser Liste ein perfektes »Ja« haben, um einen guten Mann und eine Beziehung zu finden. Aber es hilft. Je mehr der genannten Punkte Sie bejahen können, umso leichter ist Ihr »Gepäck« auf dem Weg zur Liebe. Aber jeder von uns trägt sein Päckchen und zum Teil können wir uns auch darauf verlassen, dass dieses Gepäck von unserem Partner ein Stück mitgetragen wird. In Bezug auf die Vergangenheitsbewältigung gilt es also nicht, perfekt zu sein, sondern lediglich diejenigen Gepäckstücke auszusortieren, die uns wesentlich am Aufbruch hindern.

Ehemalige Partner: Ich bin mit meinen früheren Beziehungen im Reinen
- Ich habe keine sexuellen Kontakte mehr zu Expartnern.
- Ich nutze Expartner nicht als Beziehungsersatz.
- Ich habe keinen Rechtsstreit oder Ähnliches mit einem Expartner.
- Ich bin geschieden oder habe die Scheidung eingereicht (wenn ich verheiratet war).
- Wenn es gemeinsame Kinder gibt, haben wir uns gut geeinigt über das Sorgerecht.
- In meiner Wohnumgebung erinnern keine wichtigen Gegenstände ständig an den Expartner.
- Ich bin weder wütend auf noch schmachte ich noch nach einem Expartner.
- Ich habe verstanden, was meine Rolle beim Scheitern der Beziehungen war, und weiß, was ich daraus gelernt habe.
- Ich habe die schönen Erinnerungen an unsere Zeit für mich bewahrt.

Meine Ursprungsfamilie: Ich bin im Reinen mit meiner Herkunft
- Ich habe einen entspannten Kontakt zu meinen Eltern (wenn diese noch leben) oder gestalte die Beziehung zumindest so, dass für beide Seiten Kontakt möglich ist.

- Ich denke überwiegend positiv an meine Eltern zurück (wenn sie bereits verstorben sind).
- Ich sehe meine Eltern als Menschen mit Stärken und mit Schwächen.
- Ich bin meinen Eltern dankbar, dass ich durch sie das Leben bekommen habe.
- Ich bin meinen Eltern dankbar für alles, was sie mir nach bestem Wissen und Gewissen gegeben haben – und halte ihnen nicht vor, was sie mir nicht geben konnten.
- Falls es in Ihrer Herkunftsfamilie schlimme Vorkommnisse gab (Gewalt, Missbrauch, Sucht): Ich habe mir Unterstützung geholt, um diese Erlebnisse aufzuarbeiten und lebe weitgehend in Frieden damit.
- Ich gebe meinen Eltern nicht die Verantwortung für meine heutige Lebenssituation – dafür bin nur ich verantwortlich.
- Ich stelle mich darauf ein, meinen Eltern im Alter Unterstützung zu geben, soweit mir das möglich ist.
- Ich mische mich nicht in die Ehe meiner Eltern ein – weder verbal noch mit Meinungen und Urteilen. Sie leben gemäß ihren eigenen Maßstäben.
- Ich konkurriere nicht mit einem meiner Geschwister in Bezug auf die Gunst meiner Eltern durch den Vergleich von Beziehungen, Karriere oder anderen Aspekten des Lebens.

Ich selbst, meine Persönlichkeit: Ich bin im Reinen mit mir
- Mit all meinen Stärken und Schwächen kann ich sagen: Ich mag mich.
- Ich kenne meine »Schattenseiten« und kann mit ihnen konstruktiv umgehen.
- Ich habe keine destruktiven Verhaltensweisen: anhaltende Wut, Vorwurfshaltungen, negative Lebenseinstellung, Sucht.
- Ich halte mich für liebenswert – genau so, wie ich bin.
- Ich halte es für möglich, dass ich mich weiterentwickle, wenn ich will.
- Ich kann Liebe geben und Liebe empfangen.

- Ich habe gelernt, das Thema Nähe und Distanz in Beziehungen so zu gestalten, wie es mir guttut.
- Ich sorge gut für mich selbst – körperlich und emotional.
- Ich habe ausreichenden Kontakt zu Freunden.
- Ich habe eine Lebenseinstellung, Werte oder eine spirituelle Überzeugung, die meinem Leben einen Sinn geben.

Meine Lebenssituation: Ich bin im Reinen mit meinem Leben
- Ich lebe finanziell gemäß meinen Möglichkeiten. Ich bin weder privat verschuldet noch möchte ich eigentlich viel luxuriöser leben als derzeit möglich.
- Ich lebe gern dort, wo ich derzeit wohne.
- Meine Wohnung/mein Haus entspricht mir, ich fühle mich wohl und empfange dort auch gern Menschen, zum Beispiel einen zukünftigen Partner.
- Ich sorge dafür, dass ich gesundheitlich (immer wieder) in Balance bleibe.
- Mein Beruf und meine Lebenssituation fressen mich nicht auf.
- Ich bin zufrieden mit meiner derzeitigen beruflichen Situation oder ich verändere mich gerade in Richtung von mehr Zufriedenheit.
- Ich bin bereit, mich noch einmal räumlich oder von den Wohnverhältnissen her zu verändern, wenn dies für die neue Partnerschaft nötig ist.
- Ich stelle mich darauf ein, mit Kindern des Partners umzugehen oder zu leben und die Situation mit meinen Kindern ebenso zu gestalten.
- Ich habe im nächsten halben Jahr Zeit, Energie, Willen und eventuell auch Geld für die Partnersuche. Wenn ich einen Partner kennenlerne, werde ich Zeit für ihn haben.

Kühnheit

Eine Vision entwickeln

Ihr GROW-Coachingplan für die Visionsarbeit

Die Landkarte der Liebe (siehe Seite 18) zeigt Ihnen, welche Themen zur Liebe gehören: innere Aspekte, wie Gefühle, Werte und Ihre Lebensgeschichte, genauso wie äußere Aspekte, die konkreten Lebensumstände, gesellschaftliche Normen und Ihr Verhalten. Für die Definition Ihrer Liebesvision geht es nun darum, beide Bereiche zu verbinden. Ihre Ziele werden zwar von Ihrem Gefühlsleben bestimmt, zielen aber auf die äußere Realität: einen bestimmten Mann, mit dem Sie im realen Leben zusammen sein wollen.

Viele Frauen, die auf die Kraft der Vision in der Liebe bauen und sich in Büchern und Seminaren darauf vorbereiten, vergessen den Realitätsaspekt. Und so werden sie immer wieder enttäuscht, weil sich ihre Vision nicht erfüllt. Auch achten sie häufig nicht darauf, was sie selbst an »Gepäck« mit in die Vision hineinbringen. Kann ich die vertrauensvolle Beziehung mit dem zuverlässigen Mann leben, wenn ich selbst eine riesige Angst davor habe, noch einmal verletzt zu werden, und ich mich nicht öffnen kann? Auch Illusionen über uns selbst behindern die Kraft der Vision. Ich will in einem wundervollen Landhaus mit meinem Mann und meinen Kindern leben – habe es aber noch nie länger als eine Woche in einer ländlichen Gegend ausgehalten? Mit der Vergangenheit und der Realität, die mit Blick auf Beziehungen daraus für Sie folgt, haben Sie sich im vorangegangenen Kapitel beschäftigt. Nun schauen Sie auf dieser Basis, wo sie hinwollen.

Ziele und Optionen

Im zweiten Schritt des Coaching-Programms verfeinern, überprüfen und verändern Sie eventuell noch einmal das oberste Ziel, das Sie anfangs formuliert haben – Ihre Vision der Liebe –, und formulieren Ihre Unterziele. Entsprechend differenziert können Sie dann Optionen herleiten, also überlegen, was Sie konkret in Richtung Ihrer einzelnen Ziele unternehmen können. Und nicht zuletzt prüfen Sie, ob Sie das auch wirklich umsetzen wollen.

Folgende Fragen werden Sie in diesem Teil des Coaching-Programms bearbeiten:

- Was ist mein persönlicher Liebesmythos? Was steuert mich unbewusst bei meiner Suche?
- Welche gesellschaftlichen und kulturellen Bilder der Liebe lenken mich?
- Was wünsche ich mir wirklich von einer Beziehung? Was ist heute für mich wichtig und wertvoll?
- Welche drei Stoppsignale und drei Bedingungen gibt es für mich im Kontakt mit Männern?
- Welche (auch widersprüchlichen) Stimmen sprechen in meinem »Inneren Liebesteam«?
- Was war bisher »mein Typ« – ist er »der Richtige« für mich?
- Wie werde ich offener für Männer, die nicht »meinem Typ« entsprechen?
- Wie werde ich attraktiv für mein Liebesziel? Was habe ich in einer Beziehung zu geben?
- Ist meine Vision wirklich ein Ansporn für mich?
- Bin ich bereit, den Preis für meine Vision zu zahlen?
- Wie finde ich die richtige Motivation und den richtigen Zeitpunkt für die Partnersuche?

Legen Sie Ihr Arbeitsbuch bereit. Während der Lektüre des Kapitels werden Sie immer wieder neue Ziele und Optionen finden, formulieren bzw. nachbessern, die Sie in Ihre GROW-Tabelle eintragen. Ihre Vision wird sich entwickeln, und dazu ist es hilfreich, sich die Erkenntnisse zu notieren, die Sie aus den einzelnen Kapiteln und Übungen gewinnen.

Was Sie brauchen: Kühnheit

Nach der *Klarheit*, die Sie für den Blick zurück gebraucht haben, ist nun *Kühnheit* gefragt. Kühnheit für ein lohnenswertes Ziel und eine motivierende Vision. Eine kühne Vision spornt uns an, alle inneren Widerstände auf dem Weg zu unserem Ziel – die

Liebe – zu überwinden. Kühnheit mobilisiert Kraft. Und Kühnheit verleiht auch die notwendige Leichtigkeit. Pure Illusionen lassen uns dagegen langfristig apathisch werden.

Ein Mentor von meinem Mann und mir, der viele Jahre selbst erfolgreicher Unternehmer war, unterscheidet bei der Beratung von Unternehmen die Vision von der Utopie. Diese Unterscheidung lässt sich gut auf die Suche nach der Liebe übertragen: Eine Vision ist einerseits kühn und zielt auf etwas Besonderes, das es noch nicht gibt, sie hat andererseits aber auch einen Realitätsbezug. So wäre zum Beispiel für mich die Vision, einen Marathon zu laufen, kühn, da ich es noch nie gemacht habe und bisher nur Hobby-Joggerin bin. Andererseits gibt es nichts, was grundsätzlich dagegenspricht. Durch Training und mit ärztlichem Rat könnte ich diese Vision sicher erreichen, wenn ich wollte. Dagegen ist die Vision, in diesem Leben noch einmal Weltmeisterin im Hundert-Meter-Lauf zu werden oder Primaballerina am Bolschoi-Ballett, für mich eine Utopie. Sie hat nichts mit meinen realen Fähigkeiten und Möglichkeiten zu tun. Für ein sportbegabtes zehnjähriges Mädchen mag dies aber eine überaus motivierende Vision sein.

Und noch einen Aspekt gibt es bei der Kühnheit der Vision. Sie müssen wirklich wollen. Das heißt manchmal auch: Sie müssen die Nase gestrichen voll haben von Ihren bisherigen Erfahrungen in Beziehungen. Es gibt bei fast allen Frauen, die ich bisher beraten oder interviewt habe, einen Punkt, an dem sie sich gesagt haben: Schluss damit! So nicht mehr! Jetzt soll es anders werden! Und dann sind sich diese Frauen klar darüber geworden, wie sie denn aussehen soll, die Vision der zukünftigen Liebe.

Unsere unbewussten Liebesmotive

Warum wollen Sie eigentlich eine Beziehung? Was suchen Sie in der Liebe? Was wird sich in Ihrem Leben verändern, wenn Sie den Mann Ihres Lebens gefunden haben?

Kennen Sie die Antworten auf diese Fragen? Oder glauben Sie sie zu kennen? Wenige Frauen, die ich berate, können die Frage nach den Motiven und Zielen ihrer Liebessuche wirklich klar beantworten. Und darin liegt häufig eine Ursache, warum es mit der Liebe bisher nicht so geklappt hat, wie sie es sich wünschen.

Tatsächlich haben wir – unbewusst – immer schon Antworten auf diese Fragen. Und von diesen unbewussten Motiven werden wir gesteuert, wenn wir sie uns nicht bewusst machen. Beim Blick in die Vergangenheit konnten Sie vielleicht schon einige der Liebesmotive erkennen, die Sie von früher mitgebracht haben:

- Ich suche die (unerreichbare) Liebe meines Vaters.
- Ich »beweise«, dass die negativen Liebesbilder, die mir meine Mutter mitgegeben hat, stimmen.
- Ich konkurriere mit meiner Schwester oder einem anderen Geschwisterteil.
- Ich will nie wieder so einem Mann begegnen wie meinem Ex.
- Ich brauche jemanden, der mein Selbstwertgefühl aufpäppelt.
- Ich fühle mich wertvoll, wenn ich jemanden unterstütze.
- Ich suche eigentlich nur den Vater meiner Kinder.
- Ich kann nicht allein sein.

Theresa, die mit dreißig Bilanz aus ihren früheren Beziehungen zog, schaute ziemlich ernüchtert auf die Tabelle mit den Stichworten, die wir notiert hatten. »In meinen Beziehungen ging es offensichtlich immer nur darum, dass ich alles tue, um geliebt zu werden. Und wenn die Männer bekommen hatten, was ich zu geben habe, wurde ich ihnen lästig und sie haben mich rausgeschmissen.« Theresas Liebesmotive waren stark von einem Bruch mit dem Vater in ihrer Jugend bestimmt. Der führte dazu, dass Theresa sich immer sehr ungleiche Partner aussuchte. Entweder die Männer waren in einer Lebenskrise und Theresa wurde zur »Mutter Theresa«, oder sie selbst flüchtete sich mit schwachem Selbstwertgefühl zu einem Partner, von dem sie »Rettung« erhoffte. Jetzt kümmert sich Theresa erst einmal darum, mit sich selbst gut umzugehen. Durch das Erkennen ihrer geheimen Liebesmotive kann Theresa weitere schlechte Erfahrungen verhindern, um dann Schritt für Schritt neue Ziele in der Liebe ins Auge fassen.

Schauen auch Sie genau hin. Welches sind Ihre unbewussten Liebesmotive? Die Übung hilft Ihnen dabei, diese zu erkennen.

Mehrere wissenschaftliche Langzeituntersuchungen an glücklichen Paaren haben ergeben, dass sich in stabilen Beziehungen die Partner sehr ähnlich sind, was Persönlichkeit und Wertevorstellungen angeht.[18] Die Ähnlichkeit der körperlichen Attraktivität ist dagegen vor allem zu Beginn einer Beziehung wichtig. Verliebte blenden dann die anderen Unterschiede gern aus oder erleben den andersartigen Partner als Bereicherung. Gerade zu Anfang einer Liebesaffäre heißt es also: Gegensätze ziehen sich

Unbewusste Motive erkennen

Diese Übung besteht aus drei Teilen. Zuerst schreiben Sie auf, was Sie sich von einem Mann wünschen. Danach machen Sie eine Liste mit Ihren eigenen positiven Eigenschaften, und zum Schluss zählen Sie Ihre »Defizite« auf.

1) Die Wunschliste an den Partner
Schreiben Sie einmal ungehemmt auf, welche Attribute Ihr »Traummann« haben sollte. Angefangen vom Aussehen in allen Details über den Charakter, den Status, seine Vergangenheit bis hin zu seinen Werten und Lebenszielen.

2) Positivliste: Was ich an mir schätze …
Schreiben Sie auf, was Sie an sich selbst mögen, welche positiven Eigenschaften Sie haben.

- Ich bin …

- Ich habe …

- Was mich ausmacht, ist …

- Andere sagen, ich bin …

3) Defizitliste – was mir fehlt...

Nun kommt der vielleicht unangenehmere Teil der Übung, die Defizitliste. Was würden Sie gern an sich ändern? Was kritisieren Sie an sich? Was wagen Sie kaum jemandem zu sagen? Was haben Ihnen ehemalige Partner vorgeworfen? Dazu können Sie auch die Tabelle aus der Übung »Das Beziehungsmuster in meinen ehemaligen Beziehungen« (siehe Seiten 52/53) nutzen. Seien Sie so genau wie bei Ihrer Wunschliste an den Partner. Angefangen bei Ihrem Aussehen, Ihren Alltagslaunen über kleine oder große Charakterschwächen oder andere vermeintliche Defizite bis hin zu verpassten Lebenszielen. Seien Sie ehrlich mit sich.

- Ich kann nicht ...

- Man sagt mir folgende schlechte Eigenschaften nach ...

- Meine größten Fehler sind ...

Wie ging es Ihnen bei der dritten Liste? Ihre Reaktion darauf zeigt, wie sehr Sie mit sich im Reinen sind. Sie haben »Fehler« – na und? Entweder ist Ihre Liste dementsprechend kurz, oder Sie reagieren insgesamt gelassen darauf. Dann herzlichen Glückwunsch. Falls Sie die Liste mit unguten Gefühlen oder auch widerwillig angefertigt haben, zeigt Ihnen dies, dass unbewusste Motive Sie in der Liebe immer noch oder immer wieder lenken. Denn unsere negativen Seiten wollen wir entweder verstecken, oder wir erhoffen »Rettung« durch eine Partnerschaft.

Vergleichen Sie deshalb nun einmal Ihre positive und Ihre Defizitliste mit der Wunschliste an Ihren Partner. Was fällt Ihnen auf? Suchen Sie nach einem Partner, der Ihre Defizite auffüllt? Oder träumen Sie von einem Mann, der ähnliche Stärken und Neigungen hat wie Sie selbst?

an. Doch für den Fortbestand einer Beziehung zeigt sich, dass das Motto »Gleich und Gleich gesellt sich gern« besser passt.

Bilder von der Liebe

Kennen Sie Ihren persönlichen Liebesmythos? Bei welchen Liebesgeschichten kommen Ihnen die Tränen? Welche Hauptdarstellerin eines Liebesfilms wären Sie gern einmal? Ingrid Bergman in Casablanca? Die niedlich verschusselte Meg Ryan in der Liebeskomödie »Schlaflos in Seattle«? Oder lebt in Ihnen eher das melancholische Liebesbild von »Before sunset«, in dem July Delpy und Ethan Hawke ein »fast« Liebespaar spielen, das sich neun Jahre nach einer einzigen gemeinsam durchredeten Nacht in Paris wiedertrifft und vielleicht – der Film lässt es offen – seinem Leben eine gemeinsame Wendung geben wird.

Kaum etwas gilt als so persönlich wie die Liebe zwischen Mann und Frau. Nur du und ich! Liebe! Doch tatsächlich ist kaum etwas von so vielen anderen Aspekten gesteuert wie die Partnerwahl. Das fängt bei unseren Genen an, die bestimmen, wen wir »riechen« können, geht weiter mit den biologischen Mechanismen der Partnerwahl, die bereits bei den Neandertalern galten, und endet bei den sozialen Umbrüchen der letzten vierzig Jahre, die auch das Rollenverständnis von Mann und Frau betreffen. Wenn Sie einen Partner wählen, sind Sie nicht allein. Millionen Jahre mit Erbinformationen und zehntausend Jahre Zivilisation wählen mit. Ganz abgesehen von Mama und Papa, die Ihnen auch noch eine gehörige Portion Informationen darüber mitgegeben haben, was ein geeigneter Partner denn sei und was Liebe ist.

Generell ist nichts schlecht an den Liebesmustern unserer Menschheits- oder Familiengeschichte, und vor allem können wir ihnen auch gar nicht entgehen, sosehr wir uns das vielleicht wünschen. Allerdings können wir uns bewusster darüber werden, welcher Liebesmythos, welche Rollenbilder und kollektiven Werte uns eigentlich steuern. So herrscht im Westen seit vielen Jahrzehnten der romantische Liebesmythos vor, Tendenz steigend.[19] In traditionellen Gesellschaften bestimmt dagegen die Verwandtschaft darüber, ob zwei Menschen zusammenpassen, auch zum Wohl der ganzen Familie. Die Ehe wird dort als viel zu wichtig angesehen, um reine Privatsache zwischen den Brautleuten zu sein. Etwas auf Dauer Angelegtes wie die Familie sollte nicht den Gefühlsschwankungen von zwei Menschen unterliegen.[20] Das hat natürlich Menschen in allen Ländern und zu allen Zeiten nicht davon abgehalten, trotzdem romantische Gefühle zu entwickeln, meistens eben auch außerhalb der Ehe. Romantische Liebe an sich ist so alt wie die Menschheit. Die Liebesdichtungen aus allen Zeiten und Ländern geben Zeugnis davon.[21]

Welche Bilder von der Liebe haben Sie? Ihre unbewussten Liebesmythen steuern Ihre Wünsche und sind vielleicht auch eine der Quellen von unrealistischen Vorstellungen.

- Was macht für Sie den »Kern« der Liebe zwischen Mann und Frau aus?
- Was zählt für Sie unbedingt zur Liebe? Was gehört auf keinen Fall dazu?
- Wie steht es mit den Zutaten der Liebe: Romantik, Leidenschaft, Freundschaft, Familie?
- Was ist an der Liebe zwischen Mann und Frau dauerhaft, was veränderlich?

Wie Sie den Rucksack der Erwartung richtig füllen

Bilder der Liebe, meine Bilder, unsere Bilder, Medienbilder. Ist das nicht alles zu viel? Sollen wir besser ohne Bilder auf Partnersuche gehen? Vielleicht hat Ihnen die eine oder andere Freundin auch schon einmal geraten, Sie sollten sich besser keine genaue Vorstellung von Ihrem zukünftigen Mann machen. Andererseits haben Sie gelesen, dass Sie sich mit Visualisierungen ein ganz genaues Bild Ihres zukünftigen Partners machten sollten. Was stimmt denn nun? Sollen wir uns Bilder von der Liebe machen oder nicht?

Von beiden Positionen stimmt ein bisschen. Wenn Sie mit Träumen von Ihrem Partner so etwas meinen wie die Wunschliste, die Sie in der Übung auf Seite 78 erstellt haben, dann würde ich Ihnen abraten. Solche detaillierten Listen engen eher ein, als dass sie unsere Augen und unser Herz für den Richtigen öffnen. Trotzdem ist es notwendig, dass Sie wissen, was Sie in der Liebe wollen. Und wo Sie bereits sehr früh bei der Partnerwahl Grenzen setzen und Stopp sagen sollten.

Sich die eigenen Erwartungen bewusst machen, eine Vision der Beziehung zu entwickeln und gut formulierte Ziele zu wählen, ist wichtig für die Partnerwahl. Die Werte, die Atmosphäre der Beziehung und gemeinsame Ziele sollten Ihnen so klar wie möglich sein. Um die Details – wie der Partner aussieht, wie alt er ist, was von Beruf und welche Farbe seine Jacke hat – kümmert sich dann schon das Schicksal, das Universum oder wie auch immer Sie die höheren Mächte der Liebe nennen mögen. Im Folgenden zeige ich Ihnen, wie Sie herausfinden können, was für Sie in einer Beziehung wirklich wichtig und wertvoll ist. Und wo die größten Fallen und Hindernisse Ihrer bisherigen Wünsche liegen.

Werte – der Kompass zur Liebe

Was ist wirklich wichtig für Sie in einer Partnerschaft? Worauf können Sie nicht verzichten? Wie möchten Sie sich in einer Beziehung entwickeln? Was würden Sie aus Ihrer Wohnung oder Ihrem Haus retten, wenn es brennt? Welche Lebensbedingungen könnten Sie auf keinen Fall ertragen, wenn Sie die Wahl hätten?

Fragen nach dem, was uns wichtig ist, und dem, was wir nicht missen wollen, werfen uns auf unsere Werte zurück. Werte sind die tiefe Basis für wichtige Lebensentscheidungen. Ob wir gemäß unseren Werten leben, entscheidet über unser Wohlergehen. Leider entscheiden wir nicht immer zugunsten unserer Werte, weil wir glauben, Kompromisse machen zu müssen, oder weil andere Impulse, kurzzeitige Wünsche, Begierden und Einflüsse uns ablenken. Wenn jedoch der Kompass unserer Werte in eine Richtung zeigt und wir unser Lebensschiff in die andere Richtung segeln, dann gerät unser Leben insgesamt in eine Schieflage. Ist einer Ihrer Werte Fairness, dann werden Sie unglücklich in einem

Beruf sein, in dem Sie zwar viel verdienen, aber unfaire Geschäfts-
praktiken Teil Ihres Arbeitsalltags sind. Wenn gemeinsame Kinder ein wichtiger Wert für Sie sind, werden Sie in der Designer-
wohnung einer Yuppie-Beziehung ohne Kinder frieren.

Mit der folgenden Übung erkunden Sie Ihre Werte für das
Thema Partnerschaft. Damit Sie sich nicht im luftleeren Raum
bewegen, dienen die vier Dimensionen der Liebes-Landkarte als
Grundlage: So werden Sie sich sowohl mit inneren Werten als
auch mit Werten in Bezug auf äußere Faktoren beschäftigen.

Was mir wichtig ist in der Liebe und im Leben

Übertragen Sie von der beispielhaft ausgefüllten Liebes-Landkarte
auf Seite 84 nur die Überschriften und Fragen in Ihr Arbeitsbuch,
und tragen Sie in jeden der vier Bereiche ein, welche Werte für Sie
wichtig sind. Das sind die Themen:

- oben links: Persönlichkeit

- oben rechts: äußeres Verhalten, Körper, Gesundheit,
  Wissen und Bildung

- unten links: Beziehungskultur, Kommunikation,
  gemeinsame Werte

- unten rechts: äußere Lebensumstände, Infrastruktur,
  Regeln, Abläufe

Dabei ist nicht entscheidend, dass Sie Ihre Werte dem »richtigen«
Bereich zuordnen können. Meistens sind innere Haltungen und
äußerlich sichtbares Verhalten eng miteinander verknüpft. Wich-
tiger ist, dass Sie für jeden Bereich Ihre individuellen Werte fin-
den und sich von der Aufteilung anregen lassen. Die meisten
Menschen haben einen blinden Fleck bezüglich eines Bereichs.
Doch für die Haltbarkeit einer Vision müssen Werte aus jedem
Bereich formuliert werden.

Die Liebes-Landkarte

Individuell subjektiv – innerlich
Persönlichkeit

Wer bin ich?
Welche Werte will ich mit dem
Partner leben?

- individuelle Moral und Ethik
  - Interesse (für Lokalpolitik)
  - Ehrlichkeit
- Lebensziele
  - Zielstrebigkeit
- persönliche Entwicklung
  - Humor
  - Großzügigkeit
  - Alleinsein genießen können

Individuell objektiv – äußerlich
Verhalten

Was ist mir objektiv an meinem
Partner wichtig?

- Körperlichkeit
  - körperbewusst/sportlich
  - Sexualität/Erotik ausgeprägt/
    weniger ausgeprägt
- Haltung und Verhaltensmuster
  - ruhiger Charakter/lebhaft
- Wissen und Erfahrung
  - ästhetisch gebildet
- Bildungshintergrund
  - so wie ich/höher/egal

Kollektiv – innerlich
Beziehungskultur

Was ist in meiner Beziehung
wertvoll?

- Art der Kommunikation
  - Humor und Verständnis
  - Großzügigkeit im Umgang mit
    Fehlern
  - klare Grenzen setzen können
  - Verständnis auch ohne viele
    »Beziehungsgespräche«
- Herkunftsfamilien
  - akzeptieren/Grenzen setzen
- Beziehungsgeschichte
  - ruhen lassen/alles mitteilen

Kollektiv – äußerlich
Infrastruktur und Prozesse

Wie wünsche ich mir unser
Leben?

- Familiensituation
  - Kinderwunsch
  - Kinder von ihm/seine Kinder
  - meine Kinder akzeptieren
- Finanzen, Infrastruktur,
  Ressourcen
  - Sparsamkeit/Großzügigkeit
- Status verheiratet, geschieden,
  ledig (Wunsch)?
- gesellschaftliche, wirtschaftliche,
  politische Rahmenbedingungen,
  sozialer Status

Quelle: IntegralCoachAcademy

Drei Bedürfnisse – drei Wünsche – drei Bedingungen – drei Stoppsignale

Nachdem Sie Ihre Werte aufgelistet haben, geht es ans Aussortieren. Die Auswahl aus vielen Dingen, die Ihnen wichtig sind, ist natürlich nicht leicht. Doch Sie müssen eine Wahl treffen, sonst wird Ihre Liste zu lang, was sich auf dem Weg zur Liebe als hinderlich erweisen würde. Denn diese Werte und Stoppsignale sollen Sie verinnerlichen, daher muss die Liste übersichtlich sein. Sie dürfen insgesamt zwölf Punkte auswählen. Machen Sie dazu die folgende Übung:

Neun Werte und drei Stoppsignale

Das Kriterium der Auswahl heißt:

Wenn ich das nicht leben kann in Gegenwart eines Partners, dann will ich lieber mein Leben lang allein leben!

Meine drei Bedürfnisse

Gehen Sie zunächst zum oberen linken Bereich, Ihren individuell-innerlichen Werten. Es sind persönliche Bedürfnisse, über die Sie sagen: So möchte ich mich innerlich fühlen, das möchte ich für mich persönlich (weiterhin) erfüllt wissen, auch wenn ich mit einem Partner zusammenlebe.

1 Bedürfnis:

2 Bedürfnis:

3 Bedürfnis:

Meine drei Wünsche

Aus dem unteren linken Bereich wählen Sie wiederum drei Werte aus. Das sind Ihre Wünsche an die Beziehung. Das möchten Sie im direkten Zusammensein mit Ihrem Partner leben und erleben.

1 Wunsch:

2 Wunsch:

3 Wunsch:

Meine drei Bedingungen

Aus den beiden rechten Bereichen wählen Sie jetzt *insgesamt* drei bis maximal vier Bedingungen aus. Diese objektiven Tatsachen und Fakten bei Ihrem Partner und im Zusammenleben müssen für Sie erfüllt sein, damit Sie in eine Partnerschaft gehen.

1 Bedingung:

2 Bedingung:

3 Bedingung:

Meine drei Stoppsignale oder Veto-Punkte

Und zum Schluss wählen Sie aus allen vier Bereichen drei Veto-Punkte aus. Manchmal sind das Umkehrungen der positiv formulierten Werte, manchmal müssen Sie vielleicht noch etwas neu hinzufügen. Falls Sie zum Beispiel bisher eine Neigung zu gebundenen Männern hatten, würde es sich empfehlen, dass Sie »nicht verfügbar« auf Ihre Stopp-Liste setzen (oder »verfügbar und bindungswillig« auf Ihre Wunschliste). Manche Frauen treffen Männer, die wirklich alle Punkte auf sämtlichen ihrer Wunschlisten erfüllen, bis auf eben diesen einen – sie sind nicht verfügbar, also verheiratet oder anderweitig fest gebunden. Verfügbarkeit und Bindungswillen (früher oder später) sind jedoch die wichtigsten Voraussetzungen, um eine Beziehung mit jemandem einzugehen.

1 Stopp:

2 Stopp:

3 Stopp:

Wenn Wünsche Ihrer Vision widersprechen

Ich habe es bei den Problemen der dreißig- bis fünfunddreißigjährigen Frauen auf Partnersuche schon geschildert: Frauen suchen manchmal unrealistische Kreuzungen von Männern. Er soll groß sein, gut aussehend und sportlich, etabliert im Beruf, aber bitte nicht so spießig. Ein Mann, der sich als Vater voll einbringt, aber natürlich auch gut verdient und dabei nicht mehr als dreißig Stunden die Woche arbeitet. Natürlich soll der Mann ganz toll kommunizieren können, auch mal über seine Gefühle sprechen, aber bloß nicht so ein Weichei sein wie diese Typen in Birkenstock-Sandalen im Bioladen. Ja, so soll er sein. Die perfekte Mischung aus Schwiegermutter- und Tochter-Traum, aus Kerner und Campino. – Und nun zurück zur realen Welt.

Es mag ernüchternd sein, die eigene Vision einmal auf die äußeren Bedingungen hin abzuklopfen, aber es ist unbedingt notwendig. Tatsächlich kann dabei herauskommen, dass Ihre Vision von Partnerschaft und Ihre Wünsche an einen Partner sich widersprechen. So geht es heute vielen Frauen, und bis zu einem gewissen Maß ist das auch völlig normal. Die Sozialwissenschaftlerinnen Cheryl Benard und Edit Schlaffer erforschen seit zwei Jahrzehnten die Einstellungen und Lebensweisen von Frauen in Beziehung, Beruf und Familie und kamen zu genau diesem ernüchternden Ergebnis. Frauen von heute, so das Fazit der Autorinnen, würden sich mehrheitlich eine partnerschaftliche, gleichberechtigte Beziehung wünschen, in der Familie, Haushalt und Beruf gerecht geteilt werden. Gleichzeitig aber wollen sie immer noch Männer zum Partner, die einen hohen Status vorweisen, ihnen beruflich oder finanziell überlegen sind und sie auch körperlich überragen! Die Frauen wollten also, resümieren Schlaffer und Benard, einen Partner, zu dem sie aufblicken können. Stabilität in einer modernen Beziehung kann aber nur entstehen, wenn die Kräfte etwa gleich verteilt sind.[22]

An den doppeldeutigen Wünschen von Frauen, die Sie sicher auch von sich selbst ein wenig kennen, scheitert also so manche Vision von der harmonischen, gleichwertigen Beziehung. Unterstützt wird diese Ungleichheit natürlich auch von realen Bedingungen in unserer Gesellschaft mit fehlender Kinderbetreuung und starren, klassischen Karrierehierarchien.

Wenn Sie bei sich selbst Widersprüche in Ihren Beziehungswünschen und den Bedingungen an den Partner sehen können, heißt das ganz realistisch, sich von dem zu verabschieden, was Ihnen weniger wichtig ist. Und sich für das zu entscheiden, was wirklich zählt. Das bedeutet im Sinne einer Beziehung meistens, dass die emotionalen Qualitäten eines Mannes und seine persönliche Reife (mit einer grundsätzlichen Lebenstüchtigkeit, versteht sich) wichtiger für den Erfolg einer Beziehung sind als Status, Karriere oder Waschbrettbauch. Der Mann mit kleinem Bauch, Halbglatze und großzügiger Gelassenheit für Ihr prämenstruelles Syndrom ist allemal der bessere Partner.

Konzentrieren Sie sich also auf die Wünsche, die Ihnen wirklich wichtig sind. Und definieren Sie nicht als »Haken« an einem Mann, was in Wahrheit aus einer Unklarheit in Ihnen stammt. Nach der Fokussierung auf das, was Ihnen wirklich wichtig ist, werden Sie andere Männer sehen, andere Männer toll finden, sich in andere Männer verlieben. Denn Sie sollen natürlich nicht unglücklich mit einem »vernünftigen« Mann ausharren. Sie werden glücklich sein mit einem neuen Typ Mann, der Ihnen vorher nicht im Traum eingefallen wäre. Das passiert, wenn Sie sich klar auf die Wünsche Ihrer Vision ausrichten, die sich nicht per se schon widersprechen.

Was sind (unerfüllbar) hohe Ansprüche?

Nicht alle unerfüllbar hohen Ansprüche kommen aus widersprüchlichen Wünschen in uns. Überhaupt sind »hohe Ansprüche« an eine Partnerschaft generell nichts Schlechtes, wie ich auf Seite 38 bereits gesagt habe. Ansprüche, die aus einem stabilen Selbstwertgefühl stammen, sind sogar wichtig für eine funktionierende Partnerschaft, in der man sich nicht zum Fußabtreter oder Retter seines Partners machen will. Bei den meisten Paaren führen hohe Ansprüche an die Beziehung auch dazu, dass jeder viel investiert. Anders ist das, wenn hohe Ansprüche aus Defiziten in uns selbst stammen.

In der Grafik (siehe rechts) sind die verschiedenen Quellen aller Ansprüche – normal, hoch, unerfüllbar – dargestellt.

Wurzeln unserer Ansprüche

Wer bin ich?
Was will ich?

● **Persönlichkeit**
– Ängste, Bedürfnisse
– Glaubenssätze, innere Überzeugungen

● **Selbstwertgefühl** (normal, niedrig, grandios)

● **Persönliche Reifung** – neue Ansprüche, das ist mir jetzt wichtig

● **Neugier auf Partnerschaft** – was kommt?

Treibstoff

Wie wirke ich?
Wie verhalte ich mich?

● **Lebenserfahrung**
– Ansprüche aus dem, was aus Erfahrung »funktioniert«

Ausrüstung

Wie wurde ich, was ich bin?
Wie soll Beziehung sein?

● **Elternbeziehung als Vorbild**
– so wie die Eltern oder: bloß nicht so wie
– Vater-/Mutterbindung (unbewusst)

● **Beziehungsvergangenheit**
– Entschädigungswünsche (jetzt aber...)
– gute Erfahrungen: so wieder

Gepäck

Wie lebe ich?
Wo will ich hin?

● **neue Lebenssituation** – neue Ansprüche (z.B. Mutterschaft)

Reisebedingungen

Quelle: IntegralCoachAcademy

Sind Ihre Ansprüche unerfüllbar hoch, stehen sie einer erfüllten Partnerschaft im Weg, sie werden bei Ihnen selbst zum »Haken«. Und eine solche Art von Ansprüchen hat immer mit Ihrem Selbstwertgefühl oder Ihrem Beziehungsgepäck zu tun. »Bloß nicht so wie meine Eltern« als einziges Kriterium der Partnerwahl, das bietet keine gute Orientierung. Entschädigungswünsche aus vergangenen Beziehungspleiten erzeugen ebenfalls keine gesunden Ansprüche (»Der nächste Partner muss besonders toll sein, weil der letzte so mies war«). Niedriges Selbstwertgefühl, das der Partner kompensieren soll, ist eine weitere Quelle für ungesunde Ansprüche in der Partnerschaft. Dabei kann sich niedriges Selbstbewusstsein gerade auch als grandiose Fassade, als scheinbare Selbstsicherheit tarnen, bei Ihnen oder bei einem Partner, dem Sie begegnen. Das können zum Beispiel beruflich sehr erfolgreiche Menschen sein, die einseitig in ihre Karriere investieren, weil sie sich zwischenmenschlich unsicher fühlen (natürlich kann man auch mit gesundem Selbstbewusstsein Karriere machen).

Manchmal ist die Rückmeldung von Freunden und Bekannten hilfreich, um überhöhte Ansprüche zu erkennen. Fragen Sie doch einmal gute Freunde, Verheiratete wie Singles, ob Ihre Ansprüche an eine Beziehung Science-Fiction sind oder einfach gesund und selbstbewusst.

Warum »Ihr Typ« oft nicht »der Richtige« ist

Eine beliebte Quelle – und Falle – hoher Ansprüche ist das, was ich »Ihren Typ« nennen möchte. Sie wissen schon. Der jugendliche Surflehrer mit dem Waschbrettbauch und den von Wind und Sonne ausgebleichten Haaren. Oder der gar nicht sportliche Geisteswissenschaftler mit Esprit, der Dichter und Denker, der smarte Geschäftsmann oder der sensible Künstler. Was immer Ihr Typ ist – wenn Sie mit solchen Männern bisher gut gefahren sind, wunderbar. Dann können Sie diesen Abschnitt überspringen. Falls Sie aber auch nur den Hauch eines Zweifels haben, ob Ihnen Ihr Typ auch guttut, lesen Sie weiter.

Wie kommt es überhaupt zu so etwas wie einen »Typ Mann«, auf den wir stehen? Als Menschen sind wir in erster Linie Körperwesen, und was die Liebe betrifft, entscheiden wir tatsächlich mehr mit dem Bauch als mit dem Verstand. Zunächst ist da der Geruch. Unser Geruchsorgan reagiert sensibel auf Männer, deren Immunsystem genetisch gut mit unserem harmonieren würde, wenn wir Kinder bekommen. Daher können wir jemanden »gut riechen« oder eben nicht.[23] Auf diesen Geruchssinn sollten Sie sich unbedingt verlassen und auch nicht dagegen angehen, wenn Ihnen zum Beispiel im Gespräch jemand sympathisch ist, Sie ihn aber nicht gut riechen können.

Darüber hinaus hat sich Ihr ganz persönlicher »Typ« im Laufe Ihrer Biografie durch verschiedene, zunächst angenehme oder zumindest doch aufregende Erlebnisse in der Liebe aufgebaut. Und diese Erlebnisse sind vor allem in Ihrem Körpergedächtnis gespeichert, man nennt das auch somatische Marker, körperliche Erinnerungen.[24] Sie haben bei Ihrem ersten Kuss unbewusst die gesamte Situation abgespeichert: den Geruch von gebrannten Mandeln, weil Sie auf der Kirmes waren, die laue Sommerluft oder den in der Sonne glitzernden Schnee im Skiurlaub. Und natürlich alles von Ihrem damaligen Schatz: seine Art zu gehen und sich zu bewegen, seinen Geruch, seine Hände, Augen, alles.

Zudem tragen Sie schon lange die somatischen Marker Ihrer Familie in sich. Den Blick des Vaters, seine Stimme, wenn er eine Geschichte erzählt oder lacht. Wenn die Erinnerungen an Ihren Vater allerdings sehr negativ oder schmerzlich besetzt sind, wählen Sie vielleicht einen »Anti-Typ« zu ihm. Allerdings ohne auf alles andere zu achten, was auch zum Erfolg einer Beziehung beitragen würde.

Und genau da liegt der Haken mit unserem »Bauchgefühl«. Körperliche Erinnerungen sollen uns helfen, schnell stimmige Entscheidungen zu treffen. Aber bei einer so komplexen Entscheidung wie der Wahl des Lebenspartners reichen die Körpererinnerungen an Stefan, Daniel oder Thomas auf der Kirmes nicht aus. Wir können also mit unserem Bauchgefühl auch falsch liegen.

Das Bauchgefühl »trainieren«

Zum Glück lernt unser Gehirn nie aus. Und Sie können dazulernen, sowohl mit dem Verstand als auch mit dem Körper. Falls daher »Ihr Typ« eine Sorte Mann ist, die Ihnen Schwierigkeiten bereitet, dann sorgen Sie zunächst dafür, dass Sie diese schlechte Erinnerung ebenfalls gut abspeichern. Genau die Sorgen, den Kummer, den nicht so angenehmen Teil der aufregenden Romanze. Wie genau fühlte es sich an, als der flotte Surflehrer, der hochnäsige Denker oder der brotlose Künstler Sie immer wieder versetzt hat? Speichern Sie dieses Gefühl als Marker »Aua, heiße Herdplatte!« ab und rufen Sie es dann in Ihr Gedächtnis, wenn Sie das nächste Mal »Ihren Typ« sehen. Aua, heiße Herdplatte! Anziehend ja, aber nein, nicht gut für mich und mit vielen Schmerzen verbunden.

Neue Männer jenseits Ihres Typs werden dann für Sie anziehend, wenn sich in Ihnen etwas verändert. Wenn Sie Ihre Vision wirklich verfolgen, von innen heraus. Und dann entstehen mit neuen Erlebnissen auch neue körperliche Marker. Ach, der »langweilige« Typ ist einfach eine Wohltat, weil er zuhören kann und zuverlässig ist? Und auf den zweiten Blick ist er sogar umwerfend komisch? Wenn Sie außerhalb Ihres Typs überhaupt keine anderen Männer in Ihre Wahl einbeziehen, dann werden Sie nie diese Erfahrung machen.

Viele Frauen haben mir gesagt, dass der Mann, mit dem Sie jetzt glücklich sind, zunächst nicht Ihr Typ war. Zu groß, zu klein, zu dünn, zu dick, mit Schnäuzer, mit dem falschen Jackett, nicht redselig genug, nicht cool genug, nicht weltmännisch genug, zu arm, zu reich. Die Liste der »Eigentlich-nicht-mein-Typ«-Punkte ist lang. Alle Frauen sind heute glücklich mit diesen Männern. Und das ist die Botschaft: Sie können auch jenseits Ihres Typs total glücklich werden!

Doch wie bewältigen Sie dieses Chaos mit den Wünschen, Bedürfnissen, Typen und Ängsten der Liebe? Ich schlage Ihnen eine Methode aus der Wirtschaftspsychologie vor: Rufen Sie eine Teamsitzung ein. Eingeladen ist Ihr »Inneres Liebesteam«.

Das »Innere Liebesteam« – die vielen Stimmen der Liebe

Wohl kein Thema löst so viele unterschiedliche Gefühle in uns aus wie Liebe und Partnerschaft. Sehnsucht nach Liebe, Angst vor Beziehungen, Bindungsmuster aus der Kindheit und Beziehungserfahrungen im Erwachsenenalter – kein Wunder, dass wir in uns mehr als nur eine Stimme zum Thema Liebe haben! Wenn Sie ein wenig aufmerksam für Ihre inneren Reaktionen werden, können Sie diese verschiedenen Stimmen wahrnehmen. Sie gehören zu unterschiedlichen Aspekten Ihrer Persönlichkeit. »Warum muss Partnersuche so kompliziert sein?«, nörgelt die »Genervte« in Ihnen, und eine »Zweifelnde« gibt kleinlaut zu bedenken: »Vielleicht liegt es ja doch an mir, dass ich keinen Mann finde?« Dagegen trompetet eine »Amazone«: »Ha, ich brauche gar keinen Mann, ich bin auch allein glücklich!«, und eine »Anspruchsvolle« stimmt zu mit den Worten: »Nicht den Erstbesten nehmen, sondern den Besten!«

Wir alle kennen die verschiedenen Stimmen in uns, die sich zu den unterschiedlichsten Themen melden. Wenn wir ihnen gut zuhören, können wir sie gezielt nutzen. Der Kommunikationspsychologe Friedemann Schulz von Thun entwickelte dafür die Methode »Das Innere Team«[25]. Sie lässt sich für berufliche Themen genauso wie für persönliche Anliegen im Bereich Partnerschaft und Partnersuche anwenden.

Kern der Methode ist, dass die einzelnen Stimmen zu dem Problem oder der Frage einmal klar formuliert werden. Dabei darf jede Stimme für sich stehen und ohne Kompromisse »ihre« Botschaft vertreten. Normalerweise mischen sich bei schwierigen Fragen unsere Gedanken und Gefühle nämlich zu einem diffusen Einheitsbrei. Beim Thema Partnersuche herrscht dabei häufig eine lähmende Ambivalenz von »Sowohl-wollen-als-auch-nicht-wollen« vor. Die Erhebung des »Inneren Teams« zum Thema Liebe und Partnersuche gibt Klarheit darüber, welche Anteile in uns *für* und welche *gegen* die Partnersuche sprechen. Warum ist das wichtig? Erstens, damit Sie sich nicht durch unbewusste, widersprüchliche Anteile schon am Anfang der Partnersuche selbst lahmlegen.

Zweitens, um bei der Kontaktaufnahme mit einem Mann nicht ungeprüft Botschaften loszulassen, die nur für einen Teil in Ihnen stimmen. Sie sind noch wütend auf Ihren Exfreund oder Exmann? Und möchten damit auch beim ersten Treffen nicht hinterm Berg halten, damit gleich klar ist, was Sie erwarten? Aber es gibt sicher auch eine souveräne Stimme in Ihnen, für die die vergangene Beziehung keine Rolle mehr spielt. Wen aus Ihrem »Inneren Team« lassen Sie sprechen, und welches Bild geben Sie nach außen ab?

Ziel der Methode ist eine »situationsgerechte Kommunikation«. Ein Bewerbungsgespräch erfordert andere Reaktionen als ein Rendezvous oder das vertrauliche Gespräch mit einer Freundin. Situationsgerecht zu kommunizieren bedeutet, dass wir manche Stimmen in einer bestimmten Situation auch einmal *nicht* zu Wort kommen lassen, sondern die Stimmen bewusst auswählen. Sie entscheiden, wer von Ihrem »Inneren Team« zu Wort kommt. Das aber setzt voraus, dass Sie sich selbst und Ihr »Inneres Team« kennen. Und dass Sie wissen, welche Ihrer Stimmen sich gerade in den Vordergrund spielt.

In der folgenden Aufstellung finden Sie typische »Spieler« auf der inneren Bühne zum Thema Partnersuche. Ich habe sie aus verschiedenen »Inneren Liebesteams« von Frauen aus Coachings zusammengestellt. Danach können Sie anhand einer Übung konkret Ihr eigenes »Inneres Liebesteam« herleiten.

Das typische »Innere Liebesteam«

Mit Ausnahme der Teamleiterin, die tatsächlich als einzelne Stimme steht, sind die Stimmen des »Inneren Liebesteams« in Gruppen zusammenzufassen. Hier finden Sie Beispiele für Stimmen aus den verschiedenen Gruppen.

- die Teamleiterin
  - Eine erwachsene Stimme, die gut die Teamleitung übernehmen kann und für kompetente Vertretung nach außen sorgt.

Die Gruppe der beschützenden Stimmen:
- die Türsteherin
  - Stimme, die darüber wacht, wer gefühlsmäßig Zutritt erhält.
  - Botschaft: Stopp! – Wenn du ein böser Mann bist.
  - Gefahr: Die Türsteherin schlägt oft recht wahllos um sich und verhindert manchmal, dass überhaupt noch Kontakte zustande kommen.

Die Gruppe der Amazonen:
- die stolze Single-Frau
- die abenteuerlustige Frau
- die Berufsamazone/die Businessfrau
  - In dieser Untergruppe sind oft mehrere Stimmen unterschiedlicher Färbung versammelt, die aber alle eine ähnliche Botschaft vertreten.
  - Botschaften: Uns geht es gut allein! (kämpferischer Unterton); Wer braucht schon Männer? Die machen doch nur Ärger! Ich schaff mein Leben auch allein.
  - Positiv: Diese starken Stimmen können Sie aktivieren, wenn Sie später in einem Strudel von »Ich-bin-so-verliebt-und-kann-nicht-mehr-ohne-ihn« untergehen. Diese Stimmen wissen: Sie können ohne ihn.
  - Gefahr: Die Amazonen sind häufig sehr kämpferisch und wenig fürsorglich. Meistens führen Sie sogar einen inneren Krieg gegen die – aus ihrer Sicht – »schwachen« Stimmen in uns.

Die Gruppe der schwachen, zarten und sehnsüchtigen Stimmen:
- das »beziehungsgebrannte« Kind
  - Jeder und jede von uns hat sich schon die Finger verbrannt in der Liebe. Diese Stimme müssen Sie gut einbinden, um überhaupt wieder grünes Licht für die Beziehungssuche zu bekommen.
  - Botschaft: Nie wieder!!

- die Prinzessin/die Liebessehnsüchtige/die zukünftige Mutter
  - Sind entweder zart im Hintergrund oder vehement an der Oberfläche, auf jeden Fall in ihrer Sehnsucht aber verletzlich. Die Prinzessin will gerettet werden. Die Liebessehnsüchtige will sich binden. Die Mutter Kinder bekommen.
  - Botschaft: Endlich den Richtigen finden, der mich glücklich macht!
- das verletzte Mädchen
  - Stimme, die in der Kindheit entstanden ist.
  - Botschaften/Fragen: Was stimmt nicht mit mir? Warum liebt mich keiner? Aussagen: Keiner hat mich lieb. Ich bin wertlos. Ich muss mich anstrengen, um Liebe zu bekommen
  - Gefahr: Die kindlich-verletzten Stimmen in uns bestimmen häufig aus dem Hintergrund, ob und wem wir uns überhaupt noch zuwenden. Manchmal führt das zu reiner Vermeidung und Selbstsabotage, manchmal suchen diese Stimmen auch mit schlafwandlerischer Sicherheit immer wieder Partner, mit denen das alte Liebesdrama wieder aufgeführt werden kann.

Die verletzten, zarten Stimmen dürfen begreifen, dass die erwachsene Frau in Ihnen sie davor schützt, noch mal verletzt zu werden. Und vor allem, dass Sie heute anders mit Kränkungen umgehen können. Die schwachen Stimmen müssen sorgsam geschützt und genährt werden. Die sehnsüchtigen Stimmen dürfen mit ihren Bedürfnissen in Ihnen da sein, würden aber Männer verschrecken, wenn Sie diese zu früh und zu eindeutig zeigen. Das muss man ihnen sagen und verständlich machen.

Die Gruppe der weisen Stimmen:
- die Ratgeberin
  - Eine Stimme in Ihnen, die immer schon da gewesen ist und intuitiv kluge Einsichten hat. Diese Stimme kann Sie auch traumwandlerisch sicher zu Ihrem Gefährten führen.

– Wie Sie ihre Botschaft hören: Werden Sie empfänglich für Ihre weise Stimme, indem Sie sich einfach Zeit nehmen. Schaffen Sie sich Mußestunden, in denen Sie im Wald oder an einem See spazieren gehen, Tagebuch schreiben, malen oder aufräumen und dabei die Gedanken schweifen lassen. Seien Sie offen für Überraschungen!

Das »Innere Liebesteam«

Die Grundfrage der Übung lautet:

Wenn ich an Beziehung und Partnerschaft denke,
dann meldet sich in mir ...
Sie können auch diese Variante probieren:
Wenn ich an Partnersuche und Partnerschaft denke,
meldet sich in mir ...

Lassen Sie sich durch die Auflistung anregen, schauen Sie, ob Sie diese, ähnliche oder weitere Stimmen in sich finden.

- Nehmen Sie die Stimmen wahr, die sich melden.
- Unterscheiden Sie die Stimmen, und wählen Sie zunächst eine aus.
- Halten Sie die hauptsächliche Botschaft in einem knackigen Satz fest.
- Geben Sie der Figur, die diesen Satz spricht, einen Namen.
- Spüren Sie eventuell im Körper nach, wo Sie diese Stimme besonders deutlich wahrnehmen.
- Wenden Sie sich der nächsten Stimme zu.
- Lassen Sie jede Stimme unzensiert ihre eigene Botschaft vertreten.
- Lassen Sie sich Zeit für leise und sonst verdeckte Stimmen. Welche Wünsche sind bisher untergegangen und werden selten frei ausgedrückt?
- Bedanken Sie sich bei Ihrem inneren Team, und beenden Sie die Übung.

Am wichtigsten ist es, jede Stimme für sich selbst sprechen zu lassen, unzensiert und frei. Häufig kommentieren Stimmen in uns bereits das, was andere sagen. »Ich will endlich einmal umsorgt werden«, sagt vielleicht die Stimme der »traditionellen Frau« in Ihnen. Worauf gleich eine andere Stimme entrüstet tönt: »Das wäre ja wohl noch schöner!« Diese Stimme ist aber nicht »die Entrüstete«, sondern sie ist nur entrüstet über die traditionelle Frau. Welche eigene Botschaft hat also diese entrüstete Gegenstimme, und wie heißt sie? Vielleicht ist es eine »unabhängige« oder »stolze Frau«, die sagt: »Ich habe es bis hierher auch allein geschafft und bin stolz drauf!«

Klüger lieben mit dem »Inneren Liebesteam«

Wenn Sie Ihr »Inneres Liebesteam« kennen, gibt es unterschiedliche Möglichkeiten, damit weiter umzugehen. Am besten hilft es, wie in der realen Welt immer wieder mal eine Teamsitzung einzuberufen, wenn Entscheidungen anstehen. Sollen wir eine Annonce schalten? Ist dieser Typ einer, den wir ein zweites Mal sehen wollen? Lassen Sie erst mal alle Stimmen zu Wort kommen. Dann müssen Sie als gute Teamleiterin Kompromisse zwischen den unterschiedlichen Bestrebungen und Bedürfnissen in sich herstellen. Je besser Sie Ihr »Inneres Liebesteam« kennen, umso besser können Sie bestimmen, wer in welcher Situation und mit welchen Botschaften »auf die Bühne« tritt, um zu sprechen.

Eine Art Teamentwicklung ist es, wenn Sie sich um bestimmte Stimmen, also Anteile in sich, besonders kümmern, zum Beispiel um die verletzlichen Stimmen. Ihre Bedürfnisse müssen Gehör bekommen und brauchen Ihre Fürsorge. Sorgen Sie für die kleine Prinzessin in sich und für das gekränkte Kind, indem Sie sich vor allem körperlich verwöhnen: mit einem heißen Bad, Massagen, allem, was wohltut. Eine Klientin von mir führte eine Zeit lang jeden Abend vor dem Schlafengehen einen Dialog mit ihrem verletzten inneren Mädchen. Mit der Zeit wurde sie insgesamt ruhiger und auch wieder selbstbewusster gegenüber Männern.

Das »Innere Liebesteam« der Karrierefrau

Eine besondere Variante des »Inneren Liebesteams« bildet sich häufig bei beruflich engagierten Frauen heraus. Bei ihnen ist in der Gruppe der Amazonen die »Berufsamazone« oder »Businessfrau« besonders aktiv. Und die sagt oft: »Erst die Arbeit, denn *die ist* das Vergnügen – und war da sonst noch was?« Manche karriereorientierten Frauen seufzen auch: »Ich würde ja gern eine Beziehung leben, aber wann?« Zwar gibt es bei einem Zwölf- oder Vierzehn-Stunden-Arbeitstag tatsächlich äußere Begrenzungen, die die Partnersuche erschweren. Doch der wirkliche Grund für das Dauer-Single-Leben der Karrierefrau liegt meistens im Inneren, und die ausufernden Arbeitsstunden sind bereits eine äußere Folge der inneren Zerrissenheit. Das ist der innere Zwiespalt zwischen männlichen und weiblichen Seiten und die Ambivalenz in Bezug auf Gefühle, Arbeit und Liebe. Um dies zu klären, ist innere Arbeit notwendig. Sonst läuft die Karrierefrau Gefahr, bei der Partnerwahl von einem Extrem ins andere zu fallen, und betont einmal die eine, die sehnsüchtige Stimme, dann wieder die andere, unabhängige Seite des aufgespaltenen Ichs. Und sie verlangt letztlich von Männern, dass diese ihre eigene Zwiespältigkeit auflösen sollen.

Karriereorientierte Frauen erleben häufig in sich die kulturelle Spaltung von männlich und weiblich. In unserer Gesellschaft werden leider sehr einseitige Bilder von Männlichkeit und Weiblichkeit vertreten, die diese Frauen vor die – falsche – Alternative stellen, entweder wie ein Mann zu handeln (allerdings ohne Unterstützung der »Ehefrau«) oder in einer weiblichen Rolle zu verharren, die ihnen zu eng ist. Es ist eine gesellschaftliche und eine persönliche Herausforderung, unsere Vorstellung von weiblicher Kraft und männlicher Stärke zu erweitern und mehr Vielfalt innerhalb der männlichen und weiblichen Rollenbilder zuzulassen.[26]

Arbeiten Sie also zunächst mit dem »Inneren Liebesteam«. Machen Sie den inneren Konflikt für sich sichtbar und hören Sie sich an: Wer und mit welchen Begründungen kämpft denn da so völlig einseitig für Karriere und Beruf? Wer und mit welchen

Begründungen sehnt sich nach Liebe? Und wie konnte es kommen, dass diese Stimmen lange Zeit überhaupt kein Gehör bei Ihnen gefunden haben?

Neben dieser inneren Arbeit können Sie auch einen ganz praktischen Schritt tun: Organisieren Sie Ihre Zeit und Energie anders als bisher. »Wie finde ich nach einem Zwölf-Stunden-Tag noch ausreichend Energie für die Partnersuche? Oder was muss ich lassen, damit genug Kraft übrig bleibt?« – Solche Fragen müssen Sie sich beantworten. Die folgende Übung gibt Ihnen Gelegenheit, zu schauen, wo Ihre Energie derzeit bleibt.

Die Verteilung der Lebensenergie

Malen Sie einen Kreis auf ein ausreichend großes Blatt Papier. Notieren Sie zunächst alle wichtigen Aktivitäten in Ihren Lebensbereichen auf einem separaten Zettel:

- Arbeitszeit (evtl. unterteilt in wichtige Aufgaben/Projekte, Administration, Sitzungen, Reisetätigkeit)
- Haushalt und andere Organisationstätigkeiten, Anreise zur Arbeit
- Essen und Schlaf
- Sport, Freizeitaktivitäten, Hobbys, Ehrenamt, kirchliche Aktivitäten
- Freundschaften, per Telefon, Besuche, Familienzeit (mit der Herkunftsfamilie)
- Ferienzeiten
- Partnersuche (auch Gedanken daran!)

Der Gesamtenergie-Kreis

- Fassen Sie die Aktivitäten jetzt so zusammen, dass etwa acht bis zehn übrig bleiben. Versehen Sie jede einzelne Aktivität außerdem mit einem positiven oder einem negativen Vorzeichen, je nachdem, ob Ihnen die Tätigkeit eher Energie spendet oder Sie Energie kostet.

- Ordnen Sie nun jede Aktivität – intuitiv! – eine Prozentzahl von 1 bis 100 zu. Wie viel Energie nimmt diese Tätigkeit in Ihrem Leben ein?

- Der Kreis auf dem Blatt stellt 100 Prozent Ihrer Lebensenergie dar. Teilen Sie jetzt den Kreis in entsprechende Tortenstücke gemäß den Prozentzahlen ein, und beschriften Sie die Tortenstücke, indem Sie die Tätigkeit hineinschreiben. Sie können außerdem noch mit zwei Farben arbeiten, eine für energiespendende Aktivitäten, die andere für Energiefresser. Seien Sie dabei nicht »vernünftig« und »rational«. Es kann sein, dass zeitlich wenig intensive Aktivitäten sehr viel Energie spenden oder eben kosten.

- Lassen Sie diese bildliche Darstellung auf sich wirken. Wie geht es Ihnen dabei? Sehen Sie Handlungsbedarf?

Mit den folgenden Tagesenergie-Kreisen bekommen Sie Anhaltspunkte, wie Sie konkret etwas verändern können.

Die Tagesenergie-Kreise

- Malen Sie zwei weitere Kreise und schreiben Sie am Außenrand die Ziffern einer Uhr daran.

- Gehen Sie einen typischen Tag durch. Welche Tätigkeiten nehmen real wie viel Zeit ein? Zeichnen Sie dies in dem ersten Kreis ein.

- Im zweiten Kreis geht es um die energetische Sicht: Zeichnen Sie ein, wie viel Energie/Raum die Tätigkeiten einnehmen. So kann Sie zum Beispiel eine Sitzung, die real nur eine Stunde dauert, gefühlsmäßig 25 Prozent Ihrer Tagesenergie kosten, weil Sie so genervt davon sind.

- Beantworten Sie sich mit Blick auf die Bilder: Woher kommt, wohin geht meine Energie? Was muss ich verändern, um Energie für die Partnersuche zu haben?

● Folgende Möglichkeiten haben Sie dabei:

– **Änderung der inneren Einstellung:** Gibt es unvermeidliche Dinge, die nun einmal sein müssen und denen Sie einfach gelassener begegnen könnten?

– **Veränderung von Abläufen:** Zwei Sitzungen in Folge, die Ihnen nie Zeit zum Mittagessen lassen, muss das wirklich sein? Auf welche Termine können Sie Einfluss in Ihrem Sinne nehmen?

– **Energiespritzen in den Tag einbauen und wahrnehmen:** Sich auf Schönes zu konzentrieren hilft, Stress sofort abzubauen. Wenn Sie über den Hof zur nächsten Sitzung gehen, hindert Sie niemand daran, an den Rosen zu riechen und die frische Luft zu genießen.

Realitätscheck: der Markt, der Marktwert, der Preis

Vielleicht sind Sie ja ganz anders. Aber die meisten Frauen, die ich kenne, reden mit ihren Freundinnen über Männer (mich selbst eingeschlossen, bis ich anfing, mich professionell mit dem Thema Partnersuche zu beschäftigen). Die wenigsten Frauen versuchen, von Männern Informationen über Männer zu erhalten oder sich in der Männerliteratur zu informieren. Wenn Sie Spaß daran haben, tun Sie es einfach einmal. Es wird Ihr Spektrum an Wissen über Ihr »Ziel«, den Mann an sich, erweitern.

Zum Beispiel Dietrich Schwanitz' Buch »Männer. Eine Spezies wird besichtigt« ist eigentlich eine Pflichtlektüre für die gebildete Single-Frau.[27] Und die Journalisten-Brüder Andreas und Stephan Lebert eröffnen mit ihrer »Anleitung zum Männlichsein« interessante Einblicke in männliche Nöte und Freuden.[28] Vielleicht haben Sie auch Brüder, Cousins oder gute männliche Freunde, von denen Sie erfahren, wie Männer denken, wenn sie an Frauen denken. Wobei natürlich klar ist, dass es »den Mann« so nicht gibt. Sie sollten daher mehrere Quellen anzapfen, dann wird sich Ihr Wissen vielleicht der Realität annähern.

Was Männer und Frauen in Deutschland über Beziehungen denken, erfasst die Internet-Single-Agentur Parship in einer jährlichen repräsentativen Umfrage. Die Umfrage erfasst Meinungen sowohl von Singles als auch von fest gebundenen Personen. Die wichtigsten sechs Botschaften habe ich aus der aktuellen Parship-Studie zusammengestellt.[29]

Was wollen Männer?

Erste Botschaft: Single-Männer wollen die verbindliche Beziehung
Die Mehrheit der Single-Männer, nämlich 60 Prozent streben als Lebensziel eine verbindliche, lebenslange Partnerschaft an.[30] Und über 70 Prozent der Männer wollen dies bereits in ihrer nächsten Partnerschaft verwirklichen. Die Sehnsüchte von Männern und Frauen decken sich in diesem Punkt weitgehend, wie die Umfrageergebnisse zeigen.

Zweite Botschaft: Single-Männer wollen auch – irgendwann – Kinder
In fünf Jahren sehen sich 46 Prozent der Männer, aber nur 39 Prozent der Frauen mit Kindern in einer festen Partnerschaft oder Ehe leben. Bei der Altersgruppe bis fünfunddreißig Jahre ist der Kinderwunsch bei Singles insgesamt noch ausgeprägter (55 Prozent). Allerdings ziehen sich Männer (und Frauen) etwas zurück, wenn sie vom Kinderwunsch in der nächsten Partnerschaft sprechen. Dort sind es plötzlich nur noch 21 Prozent Männer, für die Kinder auf der Wunschliste oben stehen (Frauen 23 Prozent).

Dritte Botschaft: Wenige Männer wollen schnell heiraten, viele, wenn Kinder kommen
Für Männer ist die Eheschließung eng mit dem Kinderthema verknüpft. Mehr Männer als Frauen denken, dass die Ehe das beste Lebensmodell ist, nämlich 66 Prozent der Männer gegen-

über 53 Prozent der Frauen. Insgesamt geben nicht viele Singles an, dass eine »schnelle Heirat« auf ihrer Wunschliste steht, aber unter den Heiratssprintern sind fünf Prozent Männer und nur drei Prozent Frauen.

Vierte Botschaft: Männer: »Suche: die hingebungsvolle, gleichwertige Partnerin«
Für Männer ist die gleichwertige Partnerin als Wunsch auf dem Vormarsch. Eine Partnerin, die »in allen Belangen gleichberechtigt ist«, wollen 37 Prozent der Männer. Bei der Altersgruppe der Fünfunddreißig- bis Sechzigjährigen sind es sogar über 50 Prozent, die dieser Aussage zustimmen. Dieser Trend wird auch durch eine andere Umfrage bestärkt, nämlich zur Heiratsorientierung. Nur noch jeder fünfte Mann heiratet heute sozial gesehen »nach unten«, also eine Frau mit weniger Bildung und Status, während dies vor einigen Jahrzehnten noch jeder zweite Mann tat.[31] Als Beziehungsideal streben Männer laut Single-Umfrage deutlicher Harmonie und Hingabe in Beziehungen an als Frauen. »Miteinander eins werden« bejahen immerhin 35 Prozent der Männer (Frauen 25 Prozent), und Hingabe als Glückszutat finden 52 Prozent der Männer unabdingbar für die Liebe gegenüber 42 Prozent der Frauen. Nur sieben Prozent der Männer wünschen sich eine Partnerin, an der sie sich »reiben … damit ich vorankomme« (Frauen zehn Prozent). Dafür dürfte es ruhig ein kleiner Jungbrunnen sein. Immerhin fast zehn Prozent der Männer wünschen sich eine Partnerin, »die mich selber jung hält« (Frauen drei Prozent).

Fünfte Botschaft: Mann und Frau: »Wünsche mir eine respektvolle Lebensgemeinschaft, in der viel gelacht wird«
Die Geschlechter sind sich einig, dass eine Beziehung möglich ist, wenn man gemeinsam daran arbeitet (beide 73 Prozent). Und sie sind sich darin einig, dass Respekt unbedingt dazugehört, Frauen bejahen dies noch mehr als Männer (97 Prozent gegenüber 89 Prozent). Dass man sich nicht gehen lässt, ist für 67 Prozent der

Frauen und 63 Prozent der Männer absolut wichtig. Stolz wollen Männer wie Frauen auf ihren Partner sein (70 Prozent). Das heißt, beide Geschlechter haben in diesem gesunden Sinn einen hohen Anspruch an den Partner! Und eins wollen auch beide Geschlechter: gemeinsam lachen. Fast 100 Prozent der Männer und Frauen stimmen hier zu.

Die zehn Geheimnisse der Männer auf der Jagd nach einer Frau

Weil statistische Aussagen über Männer immer nur einen begrenzten Wert besitzen, wenn Ihnen ein konkreter Mann gegenübersitzt, habe ich noch einige »Geheimnisse« zusammengefasst, die mir Männer über die Jahre anvertraut haben. Dabei beziehe ich mich auf Männer, die ich als »ganz normal« einstufen würde, also keine Super-Ausnahmemänner im positiven wie im negativen Sinne.

Die Aussagen enthalten Hinweise darauf, wie Sie sich einem Mann geschickt nähern können. Die zehn Geheimnisse sind:

1 Männer mögen es, um eine Frau zu werben, und lassen sich dabei gern einiges einfallen. Sie mögen es, wenn Frauen für andere Männer schwer zu haben sind, aber für sie selbst erreichbar bleiben (»Ich bin gut genug für sie, und meine Bemühungen sind erfolgreich, aber andere Männer kriegen sie nicht«).

2 Männern erscheint eine Frau kostbarer, wenn sie sich um sie bemüht haben oder bemühen mussten, ähnlich wie in einem guten Spiel.

3 Männer wissen es, wenn sie sich selbst unfair oder »schweinisch« verhalten – und verstehen häufig nicht, warum Frauen so etwas mit sich machen lassen.

4 Männer haben ein gutes Gespür für die Würde einer Frau und wann die Frau ihre eigene Würde verrät, zum Beispiel, um dem Mann zu gefallen – das finden Männer furchtbar.

5 Männer mögen Frauen, die sich in ihrem Körper wohlfühlen, allein und im Zusammensein mit dem Mann. Das ist wichtiger als Modelmaße.

6 Männer mögen Frauen, mit denen sie sich auf einer Ebene unterhalten können. Sie mögen Frauen mit Selbstbewusstsein und einem eigenen Leben, inklusive wirtschaftlicher Unabhängigkeit, weil die Männer dann nicht zum Vaterersatz mutieren müssen.

7 Männer fühlen sich außerdem gern gebraucht, in ihrer Kompetenz gesehen, bestätigt und ein klein wenig bewundert (mit diesem Widerspruch der männlichen Seele zwischen Punkt 6 und 7 klug umzugehen, ist Teil des Spiels, das wir Liebeswerbung nennen).

8 Männer können und wollen sich binden. Sie möchten jedoch gern selbst bestimmen, wann sie dies tun. Für Männer knüpft sich zum Beispiel das Thema Heiraten oft an Kinder, also an eine konkrete Lebensplanung.

9 Männer merken besonders, wie viel ihnen an einer Frau liegt, wenn die Frau *nicht da ist*. Ihnen wird klar, was ihnen ohne die Frau im Leben fehlen würde. Nicht selten entschließen sich Männer in solchen Momenten, die Frau zu heiraten – damit sie bleibt.

10 Männer sagen, dass sie es mögen, wenn Frauen die Initiative ergreifen, auch sexuell. Und dann entscheiden sie sich für eine andere Frau als Partnerin.

Der letzte Punkt führt häufig zu Diskussionen. Mögen Männer nun eine Frau, die die Initiative ergreift? Einerseits ja, andererseits – kommt es drauf an, wie. »Es gibt eine starke und würdevolle Art, wie eine Frau zum Beispiel einen Mann nach einem Treffen fragen kann«, vertraute mir ein Mann an. »Danach aber sollte sie ruhig wieder dem Mann die Initiative überlassen. Wenn er sie interessant findet, wird er sie ohnehin fragen.« Mehr Männer, als Sie vielleicht denken, sind nach meiner Erfahrung sexuell konservativ, wenn es um die Partnerwahl geht. Männer schlussfolgern, dass eine sexuell aktive Frau sich so auch bei anderen Männern verhält. Und solche Frauen wählen Männer nur in den seltensten Fällen zur festen Partnerin an ihrer Seite.

Ein zweiter interessanter Widerspruch sind Aussagen von Männern darüber, wie sie sich die Frau idealerweise beim Kennenlernen wünschen. Für alle Männer steht dabei nämlich einerseits ganz oben auf der Liste »Natürlichkeit«, »dass sie authentisch ist«, »dass sie nicht versucht, anders zu sein, als sie ist«. Andererseits finden Männer Frauen nicht attraktiv, die entweder arrogant und zickig erscheinen (»ihr konnte man nichts recht machen«), oder aber Frauen, die sehr offensichtlich auf eine Beziehung aus sind (»die wirkte so sehr auf der Suche«). Männer wünschen sich also die »authentisch völlig souveräne Frau«. Aber Sie als Frau auf der Suche nach einem Mann wissen sicher sehr gut, dass Sie sich nicht immer souverän fühlen. Was also tun? Vielleicht doch ein wenig schauspielern? Männer würden kategorisch ablehnen, dass sich eine Frau gemäß irgendwelcher Beziehungsbücher oder Ratschläge von Mentorinnen verhalten soll. Daher sollten Sie so klug sein, dies nicht zu erwähnen. Aber wie ich aus meiner Coaching-Praxis weiß, ist es sicherlich hilfreich, wenn Sie ein wenig auswählen, wer aus dem »Inneren Liebesteam« in heiklen Situationen spricht.

Vielleicht führen Sie zu den Geheimnissen der Männer selbst einmal Ihre private Forschung durch. Was wünschen sich Männer? Und was strahlen Sie selbst aus Sicht eines Mannes eigentlich aus? Wie wirken Sie? So sammeln Sie Hinweise darauf, wie Ihre Wünsche und Ihr Verhalten eigentlich zu dem passten, was Sie dort draußen suchen: den Mann ohne Haken.

Was meine Vision kostet

Einen tollen Mann werden Sie nur dann in Ihr Leben ziehen und eine wundervolle Beziehung nur dann haben, wenn Sie selbst bereit und fähig sind, etwas in die Beziehung einzubringen. Und wenn Sie den Preis zahlen, der mit der Beziehung verbunden ist. Es kann sein, dass Sie sich für eine neue Partnerschaft von etwas verabschieden müssen. Von einer Meinung (»Auf dem Land könnte ich nie leben«), von einer Gewohnheit (»Ich muss jeden Tag mit meiner Mutter telefonieren«) oder auch von einer Macke

(»Ich bin halt temperamentvoll und muss stundenlange Wutanfälle haben«). Sie geben etwas auf, weil Sie viel dafür gewinnen: Liebe. Sie zahlen einen Preis, und zwar gern, weil Sie etwas Wertvolles bekommen: den Mann Ihres Lebens.

Sie können natürlich auch so bleiben, wie Sie sind, mit allen Macken und Ecken. Und Sie können darauf bestehen, dass der andere Sie eben so nehmen muss, wie Sie sind. Doch es geht gar nicht um schwarz oder weiß. Es geht nicht darum, dass Sie sich entweder total umkrempeln sollen, um zu jemandem zu passen. Oder absolut so bleiben sollen, wie Sie sind. Sie können sich nur darüber klarwerden, wo eigentlich der Haken bei *Ihnen* liegt und ob Sie bei sich selbst anfangen können, das größte Hindernis abzubauen. Denn sonst werden Sie alle Beschwerden über Ihr derzeitiges Single-Leben – nicht geliebt, zu wenig Zärtlichkeit, zu wenig Aufregung oder Sicherheit – in nur wenig veränderter Form auch in der nächsten Partnerschaft wiederfinden. Sie nehmen sich immer mit, wohin Sie auch gehen.

Was gebe ich in die Beziehung?

Vermutlich haben Sie sehr viel zu geben. Und darauf können Sie auch schon während der Partnersuche Ihr Augenmerk richten, anstatt nur Ihre sogenannten Fehler zu verbessern. In der »Positiven Psychologie« (nicht zu verwechseln mit dem »positiven Denken«) fragen sich Psychologen seit einigen Jahren: Was ist eigentlich gut an Menschen? Welche Stärken haben sie? Was macht uns gesund und widerstandsfähig gegen Schicksalsschläge? Was bedeuten Glück, Zufriedenheit, Sinn und Liebe? Und was können wir dazu beitragen, diese Zustände für uns, in unseren Beziehungen und in der Gesellschaft mehr zu leben? Der Ansatz der Positiven Psychologie erscheint eigentlich so simpel, so offensichtlich, doch er ist wahrhaft revolutionär. Bis vor etwa fünfzehn Jahren haben sich Psychologen und vor allem Therapeuten ausschließlich mit Defiziten, Schwächen und Krankheiten von Menschen beschäftigt. Bei der Positiven Psychologie geht es dagegen um die gesunden Anteile des Menschen.[32] Die sind auch nicht immer »leicht zu haben«, aber lohnenswert – und sie sind bis zu einem gewissen Maß trainierbar, ausbaufähig.[33] Was also sind Ihre Stärken? Worin sind Sie besonders gut, wenn es um den »psychologischen Marktwert« geht (siehe Seiten 26 f.)?

Meine psychologische Aussteuer – das bringe ich in eine Beziehung ein

Machen Sie Inventur: Welche positiven Haltungen und Verhaltensweisen bringen Sie mit? Hier eine Auswahl von Stärken, die in Beziehungen besonders zählen:

- Gelassenheit
- Humor
- Großzügigkeit
- empfänglich sein, Liebe annehmen können
- jemanden so sein lassen können, wie er ist
- Kritik vom Partner gut annehmen können, sich nicht verteidigen müssen
- Neugier, vom Leben lernen wollen
- unkompliziert sein im Alltag
- flexibel sein, sich Veränderungen leicht anpassen

- Offenheit
- positive Grundhaltung, das sehen, was gut ist
- Dankbarkeit
- Durchhaltevermögen
- Schönheit sehen, Positives aussprechen können, Komplimente machen, loben
- allein sein können
- selbstfürsorglich sein, für seine eigenen Bedürfnisse sorgen
- Unterstützung geben, wenn der andere einen braucht

Das Gute an unseren Stärken ist, dass sie unsere Schwächen, tatsächliche oder solche, die wir dafür halten, kompensieren können. Ulrike zum Beispiel, mit der ich eine Zeit gearbeitet habe, hielt es für eine Schwäche, dass sie »empfindlich« ist. Rein körperlich ist Ulrike ein zarter Typ, sehr schlank, blond, mit heller Haut und auch das, was man im übertragenen Sinn »dünnhäutig« nennt. Sie friert leicht, muss regelmäßig essen, ausreichend schlafen. »Das hat mir vor meiner Beziehung zu meinem Mann Gedanken gemacht. Will mich Sensibelchen jemand, ist ein Mann davon nicht schnell genervt? So habe ich es jedenfalls schon erlebt.« Aber Ulrike bringt einige andere Eigenschaften mit, die in einer Beziehung zählen und ihre Sensibilität mehr als wettmachen. Erstens sorgt Ulrike sehr gut für sich selbst. So erwartet sie nicht von ihrem heutigen Mann, Harald, dass der für ihre Empfindlichkeiten zuständig ist. Und darüber hinaus ist sie fürsorglich mit ihm.

Tatsächlich genießt Ulrikes Mann diesen fürsorglichen Zug an seiner Frau sehr. Er ist mehr der robuste Typ, der seine körperlichen Bedürfnisse auch schnell mal vergisst und übergeht. »Seit Ulrike in meinem Leben ist, geht es mir eindeutig besser«, schmunzelt er. Vor allem aber schätzt Harald an Ulrike das, was er ihren »guten Charakter« nennt. Ulrike ist zum Beispiel flexibel und sieht immer etwas Positives an einer Situation, auch wenn es mal nicht so läuft wie vorgesehen. »Nach unserem ersten gemeinsamen Urlaub«, erinnert sich Harald, »da dachte ich nur, ›wow, das ist ja alles so unkompliziert mit ihr‹.« Ulrikes Zartheit liebt er sogar sehr und zahlt deswegen gern den Preis, »dass sie halt schon bei 18 Grad einen Fleece-Pulli überzieht«, wie Harald lachend sagt. Und Ulrike lacht mit. Denn Humor gehört auch zu ihrem »guten Charakter«.

Den Scheinwerfer der Aufmerksamkeit auf unsere Stärken zu lenken, kann helfen, aus dem Gedankenkarussell des »Suchens« auszusteigen. Ich suche jemanden, der so und so ist, der das und das hat, was ich brauche. Stattdessen können Sie umdenken. Vielleicht fühlt sich ein Mann zu Ihnen hingezogen, der genau *Sie* sucht, weil Sie so sind, wie Sie sind!

Wenn Sie sich die Frage stellen, was Sie in einer Beziehung zu geben haben, ist die Antwort ganz einfach: sich selbst.

Die Du-darfst-Strategie der Selbstveränderung

Was ist nun aber mit unseren Schwächen? Müssen wir da nicht eventuell auch etwas tun, um attraktiver zu werden? Der Ansatz, attraktiver werden zu wollen, womöglich für einen Mann, hilft allerdings den wenigsten Frauen. Denn damit ist für viele die Idee verbunden, dass mit ihnen derzeit etwas »nicht stimmt«, womit wir scheinbar unseren Wert, unsere Daseinsberechtigung in Frage stellen. Doch tatsächlich gelingt Veränderung nur auf der Basis von Wertschätzung und Verständnis. Und diese grundlegende Wertschätzung müssen Sie zuerst für sich selbst aufbringen. Um dann präzise zu schauen, was sich denn ändern kann und soll, damit Sie Ihr Ziel, eine Liebe ohne Haken, auch erreichen können.

Denn manchmal ist es an der Zeit, etwas zu verändern. Vielleicht steht schon lange ein beruflicher Wechsel an. Vielleicht hängen Sie immer noch in einer Besser-als-nichts-Affäre fest. Oder vielleicht hat sich im Laufe der Jahre zu viel Tätigkeits- oder Kummerspeck angesammelt. Wenn Sie merken, dass Sie sich nicht mehr wohl in Ihrem Leben fühlen, dann ist es Zeit, diese Zustände in Angriff zu nehmen. Und zwar nicht, um jemand anderem zu gefallen, sondern um sich in Ihrer eigenen Haut wieder wohlzufühlen.

Hanna machte genau das. Nach einer schwierigen Trennung von ihrem Mann mit Ende zwanzig war sie von einem Tag auf den anderen als alleinerziehende Mutter berufstätig und ständig gefordert. Wenn Sie abends nach Hause kam, war sie zu erschöpft für Aktivitäten, stattdessen aß sie mit ihrem Kind eine ordentliche Mahlzeit. Und sie aß auch gern mal etwas zwischendurch. Sport und Bewegung waren mangels Zeit gestrichen. Hanna nahm zu, erst fünf, dann zehn, schließlich zwanzig Kilogramm. Und dann begannen die gesundheitlichen Probleme. Der Blutdruck schoss in die Höhe, und ihre Knie machten bei jeder Treppe Schwierigkeiten. Hanna war erst fünfunddreißig! Da entschloss sie sich zur Umkehr. »Ich wollte mich einfach nicht mehr so unwohl in meinem Körper fühlen«, sagt sie rückblickend, »es

 **Der liebevolle Blick – andere Frauen und sich selbst wertschätzen**

Die Bereitschaft zu Veränderung beruht auf grundsätzlicher Wertschätzung. Wie wertschätzend schauen Sie auf sich selbst? Oder wie kritisch? Manchmal ist unser Blick auf andere Menschen, besonders auf Frauen, ein guter Spiegel für den Grad der eigenen Wertschätzung. Und die lässt sich erhöhen.

Die Übung hat ihre Wurzel in den Weisheitstraditionen der Welt und hat dort unterschiedliche Namen.[34] Es geht um den »liebevollen Blick«. Die Technik ist einfach und kann entweder über mehrere Minuten als Meditation oder im Alltag jederzeit angewendet werden.

- Setzen Sie sich bequem und aufrecht hin. Stellen Sie etwas Schönes in Ihr Blickfeld, zum Beispiel eine Blume oder eine Kerze.
- Denken Sie jetzt an eine Frau, die Sie mögen und schätzen.
- Denken Sie an all die schönen und positiven Aspekte dieser Frau.
- Sagen Sie innerlich zu ihr: Möge das Schöne mehr werden in deinem Leben, mögest du wachsen, möge es dir gutgehen …
- Stellen Sie sich ein warmes Licht über dieser Frau vor oder eine Farbe, die Ihnen wohltut.
- Setzen Sie dann sich selbst an die Stelle der Frau, die Sie eben liebevoll und wohlwollend angeschaut haben – wiederholen Sie die Übung mit sich selbst.
- Welche Erfahrungen machen Sie dabei?

Variante im Alltag:
Sehen Sie überall im Alltag Frauen mit dem »liebevollen Blick« an. Im Supermarkt, auf dem Gehweg, im Büro. Sehen Sie das Einzigartige, das Schöne, das Witzige an Frauen. Das finden Sie schwer? Fällt Ihnen zuerst auf, dass diese Frau keine schönen Beine hat, jene zu viel Bauch, die andere Fältchen? Ändern Sie Ihren Blick, schauen Sie liebevoll. Dann sehen Sie die tollen Haare, den Schwung beim Gehen, die Art zu Lächeln … Und werfen vielleicht auch bald sich selbst einen anerkennenden Blick im nächsten Schaufenster zu.[39]

waren nicht rein ästhetische Gründe, die waren mir ehrlich gesagt ziemlich wurscht.« Ihre Tochter war jetzt zehn Jahre und konnte auch mal allein zu Hause sein. Mit regelmäßigem Schwimmen und Radfahren und einer Ernährungsumstellung kurbelte Hanna ihren trägen Stoffwechsel wieder an. Ein halbes Jahr später war sie fünfzehn Kilo leichter, viel beweglicher, und sie fühlte sich so fit wie mit Mitte zwanzig. Sie hatte sich auf Trab gebracht, und jetzt kam auch Bewegung in ihr Liebesleben. Zum ersten Mal seit zehn Jahren war Hanna wieder richtig verliebt! »Das viele Gewicht war wie ein Schutzpanzer, der Männer und Gefühle ferngehalten hat«, weiß Hanna. Zwar ist es mit diesem Mann dann nichts geworden, aber Hanna blieb sich treu und machte weiter ihren Sport. Anderthalb Jahre später klopfte ein weiterer Verehrer an ihre Haustür – und blieb in ihrem Leben.

Das Ziel gelassen anvisieren – wie man richtig sucht

Bewusste Partnersuche ist eine Aktivität, die zumindest eine Zeit lang Bereitschaft zur inneren Arbeit an sich selbst und andere Ressourcen kostet. Das Schwierigste daran ist, dass Sie sich das Ergebnis, also das Schöne, das Sie durch die Liebe bekommen werden, nur schwer real vorstellen können. Die ganz besondere Herausforderung besteht darin, Energie aufzuwenden und für etwas Platz zu schaffen, obwohl Sie noch nicht davon profitieren. Im Gegenteil müssen Sie sogar Zeit und Geld investieren (für Anzeigen, Internetsuche oder Unternehmungen), von den Nerven, die es Sie kostet, einmal ganz zu schweigen.

Um über diese Durststrecke zu kommen, kann es helfen, wenn Sie sich intensiv mit den Vorteilen einer Beziehung beschäftigen, darüber Phantasien pflegen und sich das Träumen erlauben. Und dazu müssen Sie vor allem die unbewussten Anteile in Ihrer Seele aktivieren. Denn unser Bauchgefühl – das Unbewusste – lenkt uns sehr stark in der Liebe.

Wie Ihre Vision lebendig wird – und Sie sich intuitiv leiten lassen

Worte haben einen großen Einfluss darauf, was wir suchen und finden. Seien Sie daher achtsam, wie Sie Ihre Vision formulieren. Martha, die nach ihrer Trennungsgeschichte (siehe Seiten 67 f.) erst einmal gar nicht an eine weitere Beziehung dachte, hatte nur einen einzigen Leitsatz, falls doch wieder ein Mann auftauchen sollte: »Ich will keinen Anfänger mehr«, sagte sie sich. Und das bezog sich aufs Tanzen. Martha hatte immer leidenschaftlich gern getanzt, Tango und andere Paartänze. Mit ihrem wesentlich jüngeren letzten Mann hatte sie in Anfängerkursen alles gemeinsam aufbauen müssen. Doch damit war es jetzt vorbei, fand Martha. Wenn überhaupt wieder ein Partner kommen sollte, sagte sie sich, »dann einer, mit dem ich nicht wieder von vorn anfangen muss. Auf dem Parkett nicht und im Leben auch nicht. Beide Partner müssen die Schritte kennen in dem Tanz, sonst klappt es nicht.« Martha traf ihn schließlich, diesen Tänzer des Lebens. Ihr Satz führte sie direkt auf die Tanzfläche einer Party zu einem Mann, den sie unter anderen Umständen vielleicht übersehen hätte.

Auch die Vision zu schärfen und die eigenen Ansprüche hochzuhalten, kann wichtig sein. Wir können unsere Liebesvision erreichen, mit allem, was uns an Qualitäten daran wichtig ist. Hier müssen wir keine Abstriche machen. Aber wir können nicht sämtliche Details und auch noch die Verpackung bestimmen. Und das müssen wir auch nicht, um glücklich zu werden. Wenn Sie sich zu sehr auf äußere Details in Ihrer Liebesvision fokussieren, zum Beispiel wie ein Mann aussehen muss oder welchen Beruf, welche Position er hat, dann werden Sie den Richtigen womöglich glatt übersehen.

Konzentrieren Sie sich also bei Ihrer Suche nach einem Partner auf die *Qualitäten*, die Sie im Zusammensein mit diesem Mann erleben wollen, wie Sie es in der Übung »Neun Werte und drei Stoppsignale« gemacht haben (siehe Seiten 85 f.). Jetzt geht es darum, diese Wünsche in Ihrem Unterbewusstsein fest zu verankern. Sehr gut geht das über Bilder. Es eignet sich jedes Bild dafür, das Sie anspricht, von der Kunstpostkarte bis zum Werbefoto. Ich selbst fand zum Beispiel ein solches Bild in der Werbung, bevor ich meinen Mann kennenlernte. Dort sah man ein lachendes Paar gemeinsam beim Essen. Das Gesicht der Frau war im Vordergrund zu sehen, und sie war so versunken in ihr Lachen, dass sie die Augen geschlossen hatte. Der Mann saß neben ihr und schaute voll Zärtlichkeit und Freude auf seine lachende Frau. Dieses Bild symbolisierte für mich die Qualität »wachsende Lebensfreude im Alltag«, die ich mir für meine Beziehung unbedingt wünschte. Bis heute habe ich dieses Bild vor Augen. Und das Schönste ist – heute erlebe ich genau diese Situation häufig im Alltag mit meinem Mann!

Gestalten Sie nun Ihr eigenes Bild der Liebe. Die folgende Übung gibt eine Anregung dazu.

Meine Liebesvision

Sammeln Sie in den folgenden Wochen Bilder, Gegenstände und Musiktitel, die Ihrer Liebesvision Ausdruck verleihen. Hören Sie Musikstücke, die für Sie besonders Ihre Liebessehnsucht ausdrücken, und solche, die für glückliche Liebe stehen. Gestalten Sie aus den Bildern eine Collage, oder stellen Sie einzelne Fotos sichtbar in Ihrer Wohnung auf. Wechseln Sie die Bilder immer wieder einmal, wenn neue Aspekte wichtig werden. Vertrauen Sie Ihrer Intuition.

Suchen Sie auch bewusst nach positiven Beispielen von glücklichen Beziehungen, sowohl in Ihrem Bekanntenkreis als auch in Zeitschriften. Bleiben Sie nicht hängen an Nachrichten, die nur Ihre negativen Vorurteile bestärken, wie »Ach wieder ein älterer Mann, der sich eine junge Geliebte nimmt«. Wenn Sie Klatschgeschichten lesen, dann wählen Sie die positiven aus! Prominente Paare, die schon lange zusammen sind und auch über den persönlichen Einsatz für ihre Liebe geredet haben, gibt es einige.

Es ist im Vorfeld Ihrer aktiven Partnersuche wichtig, das Ziel zu stärken, ihm Nahrung zu geben. Und ganz gezielt nach positiven Beispielen zu suchen. Denn Aufmerksamkeit lenkt unsere Wahrnehmung, und diese beeinflusst wiederum unsere Informationsverarbeitung. Sie können in einen Teufelskreis von negativen Wahrnehmungen über Liebe und Partnersuche eintreten oder in einen »Engelskreis«. Positive Bilder geben Ihnen Kraft, Ihrer Vision zu vertrauen und Ihre Ziele anzugehen.

Das Liebesziel intensiv erleben

Eine Übung, die wir im Coaching in unterschiedlichen Kontexten anwenden, wenn es um eine herausfordernde Vision geht, ist »das Ziel erleben«. Es kann hilfreich sein, wenn Sie diese Übung in Begleitung einer guten Freundin oder eines Coachs machen. Es geht aber auch allein.

● Nehmen Sie sich eine Viertelstunde Zeit. Entspannen Sie sich, schließen Sie die Augen.

● Stellen Sie sich jetzt vor Ihrem inneren Auge Ihre Liebesvision, Ihr Liebesziel vor, das Realität geworden ist! Sie sind mit dem wundervollen Mann zusammen, von dem Sie immer geträumt haben!

● Wie ist die Situation genau? Was können Sie sehen, hören, riechen? Wie fühlt sich Ihr Körper an? Was ist besonders deutlich?

● Welche Jahreszeit herrscht in diesem Bild, in welcher Situation sind Sie zusammen?

● Speichern Sie diese Erfahrung ganz genau ab. Dann atmen Sie ein paar Mal tief ein und aus, um wieder in der Gegenwart anzukommen.

Wenn es Ihnen gut gelingt, sich mit Ihrem zukünftigen Partner zu sehen, können Sie ihn auch (innerlich) fragen, wann und wo Sie sich getroffen haben. So zapfen Sie Ihre eigene Intuition darüber an, wohin Sie gehen könnten, um eine Begegnung möglich zu machen.

Die Vision darf sich ändern

Manchmal ist die Frage noch offen, was die passende Vision, das passende Ziel für *unsere* Liebe sein kann. Muss es wirklich die langfristige Dauerbeziehung mit Zusammenleben oder eine Ehe sein? Manche Frauen kommen mit den Jahren zu einer anderen Auffassung. So sagt die Künstlerin Sabrina von sich: »Mit Anfang vierzig wurde mir klar, dass ich für eine traditionell gelebte, enge Beziehung mit einem Mann nicht geeignet bin. Das war vielleicht mein Idealbild mit fünfundzwanzig, aber es passt nicht mehr zu mir. Ich möchte zum Beispiel nicht mit einem Mann in einer Wohnung zusammenleben, das weiß ich heute.« Das bedeutet natürlich nicht, dass Sabrina überhaupt keine Beziehung haben kann. Es bedeutet nur, dass sie ihre Vision von der Liebe an ihre eigenen Möglichkeiten angepasst hat.

Wie unterschiedlich Liebe aufgefasst werden kann, beschreibt Eva Jaeggi in ihrem Buch »Liebe lieber ungewöhnlich«[36]. Auch jenseits vom Prinzessinnentraum und dem Prinzen gibt es Beziehungen, in denen sich zwei Menschen lieben. In einer platonischen Freundschaftsliebe, in einer Fernbeziehung, in einer »Daueraffäre«, in der einer der beiden immer Abstand hält, aber dennoch langfristig mit dem anderen zusammenbleibt.

Manchmal merken Frauen in der Phase der Visionsklärung, dass sie derzeit gar keine Beziehung eingehen möchten oder können. Jeanne widmete sich nach dem Beginn ihres Coachings bei mir erst einmal der beruflichen Neuorientierung. Es war deutlich geworden, dass dort einiges im Argen lag. Jeanne war beruflich unzufrieden und durch eine ehemalige Beziehung mit einem Kollegen blockiert. Nach der Einarbeitungsphase in ihrer neuen Firma will sie sich wieder ihrer Liebesvision widmen.

Ihre Liebesvision ist nichts Statisches und nicht in Blei gegossen. Eine Vision ist immer auch eine Momentaufnahme von dem, was jetzt für Sie stimmt. Teile Ihrer Liebesvision können sich auch noch ändern, wenn Sie den richtigen Mann getroffen haben. Dann wird Ihnen plötzlich bewusst, was wirklich für Sie zählt.

Verblüffend hat sich die Liebesvision einer Frau verändert, mit der ich einmal bei einer Veranstaltung ins Gespräch kam. Sie sagte, ihr sei klar geworden, dass sie sich einfach jemanden wünsche, der sie freudig begrüßt, wenn sie abends von der Arbeit kommt, und der hin und wieder mit ihr spazieren geht. Ansonsten wünsche sie sich Ihre Ruhe. Sie kaufte sich einen Hund!

Neue Wünsche

Haben Sie in den bisherigen Übungen neue Wünsche entdeckt, die unbedingt erfüllt sein müssen? Konnten Sie andere Ansprüche loslassen? Prüfen Sie, was Sie in der Übung »Neun Werte und Stoppsignale« (siehe Seite 85 f.) ausgewählt haben, ergänzen Sie Ihre Liebesvision immer wieder einmal, und streichen Sie Aussagen, Wünsche und Bedingungen, die nicht mehr so wichtig sind.

Kairos – vom glücklichen Zeitpunkt in der Partnersuche

Wie finde ich den richtigen Mann? Diese Frage stellen sich viele Frauen. Doch genauso wichtig sind die Fragen: Was braucht es dazu? Woher nehme ich die Energie und den Mut, um mich auf den Weg zu machen? Wann ist der richtige Zeitpunkt?

In der griechischen Philosophie unterscheidet man bei dem Begriff der Zeit zwischen der chronologisch fortlaufenden Zeit »chronos« und dem richtigen oder glücklichen Zeitpunkt »kairos«. Vielleicht entscheidet nur ein einziger glücklicher Moment darüber, ob Sie Ihrem Mann fürs Leben begegnen. Ob Sie zu diesem Fest, zu jener beruflichen Veranstaltung gehen oder nicht. Das hat etwas mit dem richtigen Zeitpunkt zu tun. Und der tritt ein, wenn sich Ihre Energie unbewusst und bewusst so bündelt, dass Sie die »richtige« Entscheidung zum »richtigen« Zeitpunkt auch treffen. Eine Klientin von mir fand heraus, dass sie ihrem späteren Mann bereits drei Monate vor dem tatsächlichen Kennenlernen hätte begegnen können. Und zwar auf einer beruflichen Fortbildung, die sie absagte, weil sie »zu viel zu tun« und mit dem Veranstalter noch einen Konflikt offen hatte. Nun hat das Schicksal ihr und ihrem Mann eine zweite Chance gegeben, und wer weiß, wozu das »Verpassen« beim ersten Mal gut war. Aber dies zeigt auch, dass der richtige Mann für Sie da draußen schon herumläuft und Sie vielleicht nur zu beschäftigt, nicht richtig fokussiert oder verärgert über irgendjemanden sind, der Ihnen genau diesen wundervollen Partner vorstellen würde.

Es ist also eine Frage der Energie und des Fokus. Wenn wir bereit sind für eine Beziehung, richten wir unbewusst unsere Antennen anders aus. Wir bekommen eine andere Ausstrahlung. Wir werden auf andere Menschen aufmerksam.

Das kann besonders gut aus einer entspannten, selbstbewussten Situation heraus entstehen, wenn Sie »aufgeräumt« haben mit der Vergangenheit, sich wohlfühlen, bereit für eine Beziehung sind, aber nicht auf der Suche. Die Energie, sich für einen Partner zu öffnen, kann aber auch aus einschneidenden, weniger angenehmen Lebensereignissen kommen: dem gescheiterten Karrieresprung, dem Ende einer Beziehung, der Hochzeit der letzten Freundin aus Ihrem Single-Kreis oder – wie bei mir – dem Tod des Vaters. Irgendein Ereignis, nach dem Sie sagen: Jetzt reicht es aber! Mit dem Alleinsein, mit dem Single-Leben, mit den unglücklichen Beziehungen. Mobilisieren Sie also Ihr Unterbewusstsein, richten Sie es aus wie einen Radar. Die Übung dazu (siehe Seite 119) mag Ihnen vielleicht etwas seltsam vorkommen, weil Sie dabei quasi in die Zukunft sehen werden. Tatsächlich sagt sie aber vor allem viel über Ihre derzeitige Zuversicht bei der Partnersuche aus.

Die richtige Haltung, um den Richtigen zu finden

Alle erfolgreich suchenden Singles haben nach meiner Beobachtung eines gemeinsam, und das ist ihre *Haltung*, mit der sie gesucht und gefunden haben. Diese innere Einstellung strahlt nach außen

 **Wie weit ist mein zukünftiger Partner noch von mir entfernt?**

Setzen Sie sich bequem an einen ruhigen Ort, an dem Sie für etwa fünfzehn Minuten ungestört sind.

- Schließen Sie die Augen, und konzentrieren Sie sich auf Ihren Körper und Ihren Atem. Beeinflussen Sie nichts, sondern lassen Sie den Atem kommen und gehen. Spüren Sie das Energiefeld um Ihren Körper herum. Beleben Sie es durch Ihren Atem.
- Lassen Sie Ihre Gedanken ziehen wie Wolken am Himmel.
- Denken Sie jetzt an Ihren zukünftigen Partner. Irgendwo auf der Welt existiert er bereits, er wohnt irgendwo, arbeitet, hat Freunde, Bekannte und Hobbys.
- Dehnen Sie jetzt in Ihrer Vorstellung mit jedem Einatmen die Energie um Ihren Körper herum immer weiter aus. So lange, bis Sie in Kontakt mit diesem Mann, Ihrem zukünftigen Partner sind. Falls Ihnen das nicht gelingt, können Sie auch mit jedem Ausatmen den Partner in Gedanken näher zu sich heranholen, bis er bei Ihnen im Raum ist.
- Beantworten Sie sich jetzt intuitiv die Frage: Wie lange wird es noch dauern, bis du in meinem Leben bist? Wie weit bist du noch von mir entfernt?
- Öffnen Sie die Augen, und beenden Sie die Übung, indem Sie sich recken und strecken.

Wie nah oder wie weit entfernt von Ihnen erscheint Ihr zukünftiger Partner? Haben Sie Kontakt aufnehmen können? Seien Sie nicht entmutigt, wenn es Ihnen nicht gelingt, den Partner zu spüren. Diese Übung ist immer eine Momentaufnahme, und wenn Sie erschöpft sind, können Sie eventuell keine Verbindung spüren.

Nutzen Sie diese Übung immer wieder dazu, um sich zu bekräftigen, dass Ihr zukünftiger Partner bereits existiert! Vielleicht bekommen Sie auch intuitiv eine »Botschaft« von diesem Partner – das heißt von Ihrem eigenen Inneren –, was Sie tun können, um ihm zu begegnen.

und macht einen großen Unterschied auf dem Markt der einsamen Herzen – sie macht anziehend. Ich nenne diese Haltung »suchen, ohne zu suchen«.

Diese Haltung setzt sich aus folgenden vier Faktoren zusammen:

- innere Bereitschaft, sich auf Liebe einzulassen (bewusst oder unbewusst)
- glücklich sein mit dem Leben, wie es ist
- Vergangenes hinter sich lassen
- Zuversicht und Gelassenheit bei der Verfolgung des Ziels

Wie wichtig die richtige Haltung ist, bestätigte mir Daniel, der seine Frau Sina mit fünfunddreißig Jahren kennengelernt hat. »Es war eine Frage der *inneren Bereitschaft*, die den Unterschied zu früheren Partnersuchaktionen bewirkt hat«, meint er rückblickend. Bei Daniel entwickelte sich diese Bereitschaft für eine tiefe Partnerschaft damals eher unbewusst. »Es war ein langsamer Prozess in meinem Leben, aber im Nachhinein kann ich ihn sehr deutlich sehen«, sagt er. Und er bestätigt auch den zweiten Punkt auf der Liste der erfolgreich Suchenden, das Glück im Augenblick. »Es war damals eine ganz neue Zufriedenheit in meinem Leben. Ich habe aufgehört, so viel zu grübeln, und Dinge umgesetzt, die ich schon immer tun wollte, auch beruflich.« Auf dieser Grundlage stand die Suche nach der Traumfrau nicht explizit auf Daniels Programm. Aber als er Sina kennenlernte, war er doch sofort offen dafür, die Begegnung weiterzuverfolgen. Denn Sina lebte in einer ähnlichen Situation und hatte eine ganz ähnliche Ausstrahlung wie er. Daniels und Sinas »Rezept« dafür, den richtigen Partner zu finden, ist deshalb, nicht das Single-Leben und die Suche zum Fokus zu machen, sondern das *Leben* an sich. »Das gibt dann diese Ausstrahlung, die vielleicht auch erfolgreiche Menschen haben. Sie wirken unabhängig und sind begeistert von dem, was sie tun«, meint Daniel. »Wenn man so lebt, sucht man nicht, und gerade das macht anziehend.«

Es ist die Haltung, die alle sehnsüchtig Suchenden so beneidenswert finden: nicht zu suchen – und gerade dann zu finden.

Aber die innere Bereitschaft ist dennoch notwendig, um Liebe zu finden. Das ist das Paradoxe.

Tatsächlich besteht zwischen der inneren Bereitschaft für eine neue Beziehung und der Fähigkeit, mit der jetzigen Lebenssituation glücklich zu sein, eine interessante Spannung. Fast scheint es sich um Gegensätze zu handeln. Entweder bin ich glücklich, wie es ist, oder ich will jemanden kennenlernen. Das Paradox, suchen, ohne zu suchen, lässt sich am ehesten in einem Bild darstellen, und ich vergleiche die Partnersuche dabei mit einer Zen-Disziplin, dem Bogenschießen.[37] Die Bereitschaft, eine neue Liebe zu finden, lässt Sie den Bogen spannen, denn dazu brauchen Sie Energie. Das Glück, das Sie in Ihrer jetzigen Lebenssituation empfinden, führt zu ruhigen Händen und zur *richtigen* Spannung des Bogens. Wenn Sie den Bogen überspannen – zu viel »Bereitschaft« haben –, dann bricht der Bogen oder der Pfeil fliegt am Ziel vorbei. Wenn Sie gar keine Spannung – Bereitschaft – haben, fliegt der Pfeil erst gar nicht los.

Manchen Frauen (und Männern) quillt die Bereitschaft aus allen Knopflöchern. Sie sind so bereit, dass sie dem Pfeil am liebsten hinterherlaufen würden, damit er sein Ziel findet. Sie wollen das Glück zwingen. Das aber geht nicht. Sie können das Spiel der Liebe nur spielen, nie »gewinnen«.

Von der Liebe gefunden werden

Es gibt auch Ausnahmen von der Regel, dass man glücklich sein und in sich ruhen muss, um Liebe zu finden. Es gibt Menschen, die in tiefen Lebenskrisen von einem Partner »gefunden werden«. Dieser Partner kann mit dem tiefen Blick der Liebe den Kern dieses Menschen sehen und lieben, unabhängig von der Fassade, die gerade zu zerbröckeln scheint. Ulrike, heute neununddreißig, erlebte das in einer Lebenskrise mit Mitte zwanzig. »Mein erster Berufseinstieg war eine völlige Katastrophe«, erinnert sie sich. »Tatsächlich hatte ich eine Berufsausbildung gewählt, die nicht zu mir passte, aber das wusste ich in dem Alter einfach noch nicht. So war für mich die Situation nur schrecklich und ich in meinen Augen ein Versager. Ich nahm fünf Kilo ab und konnte nicht mehr richtig schlafen. Die Beziehung zu meinem damaligen Freund, die schon vorher nicht so toll war, ging auseinander. Und dann geschah da dieses Wunder«, erinnert sich Ulrike mit einem Lächeln. »Eine Freundin stellte mir einen Arbeitskollegen vor, von dem sie meinte, wir müssten uns unbedingt einmal kennenlernen, weil wir uns sicher gut verstehen würden. Beim ersten Treffen war ich weder besonders offen für diesen Kontakt noch besonders beeindruckt von ihm. Ich war viel zu blockiert und außerdem überzeugt, dass ich sowieso eine Zumutung für andere bin«, meint Ulrike. »Aber in der Gegenwart dieses Mannes habe ich mich mehr und mehr entspannt. Die Gespräche waren so wohltuend, seine Wärme, sein Humor taten mir so gut. Und das Wichtigste war«, betont sie, »dass dieser Mann auch schon einmal eine ähnliche Lebenskrise durchgemacht hatte. Ich konnte ihm davon erzählen, ohne dass er davor zurückgeschreckt ist. Er blieb ganz ruhig und zuversichtlich. Das war unglaublich wohltuend. Wir verliebten uns ineinander und erlebten drei wundervolle Monate.« Die Beziehung war nicht von Dauer, weil ihr neuer Freund bereits vor ihrem Kennenlernen geplant hatte, zurück in seine Heimat, die Schweiz, zu gehen. Umziehen kam für Ulrike in ihrer Lebenskrise nicht in Frage, und auch der Freund wollte nicht die Verantwortung für so einen Schritt übernehmen, da er sich selbst wieder neu orientieren musste, auch beruflich. »Aber die Erinnerung an diese Liebe ist uns beiden geblieben«, sagt Ulrike. Rückblickend sagt sie, dass ihr dieser Mann mit seiner Liebe eine Art Anker zugeworfen hat. »Er kam wie ein Engel in mein Leben, der mir zu sagen schien: Das Leben ist doch schön, und du bist wundervoll, halt durch.« Diese Erfahrung zählt für Ulrike bis heute mehr als die Tatsache, dass die Beziehung nicht weitergegangen ist.

Liebe heilt, diese Erfahrung kann jeder Mensch machen, unabhängig davon, ob er gerade auf der Suche nach der Liebe ist oder von ihr gefunden wird, wie Ulrike.

 **Die Liebesformel: vom Traumpartner zum Mann meines Lebens**

Diese Übung ist die Quintessenz aus diesem Kapitel »Vision«.

- Formulieren Sie aus Ihren drei Bedürfnissen und drei Wünschen (siehe Seite 85) einen Satz, der Ihre persönliche Liebesformel für ein Ritual wird. Wichtig ist, dass Sie Ihre Vision in der Gegenwart formulieren, so, als ob sie bereits eingetreten wäre. Also nicht: »Ich wünsche mir eine Partnerschaft«, sondern: »Ich lebe in einer Partnerschaft«.

- Sie können dazu folgenden Satz verwenden:
  - »Ich lebe mit einem Partner/meinem Mann, der ...«

- Wenn Ihnen dieser Satz Unbehagen bereitet und Ihr Inneres »das stimmt doch gar nicht« meckert, probieren Sie folgende Varianten:
  - »Ich finde/treffe jetzt mit Leichtigkeit (m)einen Mann, der ...«
  - »Ich bin offen und bereit, meinen richtigen Partner jetzt zu treffen. Ich weiß, dass es ihn bereits gibt.«

- Ergänzen Sie Satz in Ihren persönlichen Worten mit den Qualitäten (siehe Seite 86), die Sie suchen. Sie können mehrere kurze Sätze formulieren oder die Worte mit »und der ...« verbinden. Die Sätze sollten einprägsam und nicht zu lang sein.

- Als zweiten Teil ergänzen Sie, was Sie in die Beziehung geben:
  - »Dazu gebe ich ...«
  - »Und ich werde ... tun«
  - »Mein Beitrag ist ...«

- Abschließend (oder auch als Einleitung) können Sie bekräftigen, dass diese Begegnung positiv vom Schicksal geführt ist und nicht von Ihnen persönlich forciert oder manipuliert wird. Zum Beispiel mit der Formel:
  - »Das Schicksal/gute Mächte/der göttliche Wille ... führt uns zusammen, zum Besten und zum Wohle aller.«

Feilen Sie so lange an der Formulierung, bis Sie beim Lesen *Zuversicht* spüren, denn das ist das Wichtigste bei Ihrer Visions-arbeit[38].

Um Ihrer Vision Kraft zu geben, führen Sie dieses Ritual als Medita-tion einundzwanzig oder zweiundvierzig Tage lang jeden Morgen oder Abend durch. Aber sprechen Sie sonst nicht darüber. Behalten Sie Ihre Konzentration und Kraft bei sich. Nach Ablauf des Rituals denken Sie nicht weiter bewusst über Ihre Liebesformel nach, sie läuft nur noch mit »wie nebenbei«.

Sie können die Liebesformel auch im Alltag bei sich tragen, etwa in Scheckkartengröße. Dazu drucken Sie die Sätze auf ein Stück far-biges Papier, das Sie zur Haltbarkeit in einem Copyshop in Plastik einschweißen lassen.

Kühnheit

Sich für eine Liebe, für das Leben mit einem Mann zu öffnen, ist ein großes Wagnis, ein Risiko, ein Abenteuer oder wie immer Sie es nennen mögen. Die Motivation dazu entsteht weitgehend unbewusst, aber Sie können auch bewusst etwas dazu beitragen, vor allem, indem Sie die Hürden wegräumen, den Ballast der Vergangenheit und falsche Erwartungen an die Zukunft.

Paare, die sich voller Leichtigkeit und Selbstverständlichkeit gefunden haben, ohne zu suchen, bringen eine ganz bestimmte Haltung für diese Begegnung mit. Sie leben ihr eigenes Leben mit Freude und Leidenschaft und haben mit der Vergangenheit auf-geräumt. Daraus ergibt sich die Mischung aus »bereit« sein, also offen, aber nicht auf der »Suche« im Sinne von bedürftig. Bereit-schaft ist das Ticket, das Sie zu Ihrer Beziehungsreise mitbringen müssen. Die Beziehung dann einzugehen und mit all ihren Kon-sequenzen zu führen, ist der Preis, den wir zahlen müssen, damit die Liebe auch real bestehen kann.

Die Bereitschaft für eine Liebe kann aus Zufriedenheit mit dem eigenen Leben, aber auch aus einem Schmerz kommen, einem Wendepunkt im Leben. Misserfolge, Trauer und Ärger können Ihnen die Energie geben, wirklich etwas zu ändern und Ihrem Single-Leben ein Ende zu bereiten.

Ein kühnes Ziel!

Checkliste zur Kühnheit

Fragen, über die Sie aus diesem Teil des Coaching-Programms jetzt mehr wissen:

- Ich kenne meinen persönlichen Liebesmythos. Ich weiß (besser), was mich bisher unbewusst gesteuert hat.
- Ich habe eine Idee davon, welche gesellschaftlichen und kulturellen Bilder der Liebe mich beeinflussen.
- Ich weiß, was ich mir wirklich von einer Beziehung wünsche. Ich habe aufgeschrieben, was jetzt für mich wichtig und wertvoll ist.
- Ich kenne die drei Stopp-Signale und die drei Bedingungen im Kontakt mit Männern.
- Ich kenne meine (widersprüchlichen) Stimmen aus meinem »Inneren Liebesteam« und bin eine gute Teamleiterin.
- Ich weiß, was bisher »mein Typ« war, und kann erkennen, ob das auch in Zukunft der richtige Mann für mich sein wird.
- Ich habe eine Idee, wie ich offener werde für Männer jenseits meines »Typs«.
- Ich weiß, was ich in einer Beziehung zu geben habe, und bin bereit, »den Preis« zu zahlen.
- Meine Vision ist wirklich ein Ansporn für mich.
- Ich habe die richtige Motivation – genug Gelassenheit und genug Spannung –, und es ist der richtige Zeitpunkt für meine Partnersuche.

Klugheit

Der Weg zum Gipfel der Liebe

Losgehen und ankommen

Jetzt geht es los, und Sie treten äußerlich in Aktion – innerlich waren Sie ja schon sehr aktiv! Im Coaching-Programm kommt nun der Teil, bei dem Sie handeln werden. Sie haben bisher Ihre Situation (Realität) analysiert, Optionen entwickelt und Ihre Ziele immer wieder neu ausgerichtet und geschärft. Sie haben eine Vision gefunden, die Sie inspiriert. Bleibt nur noch der letzte Schritt, das »Wollen«: Was will und werde ich tun? In den nächsten Wochen und Monaten werden Sie Männer treffen und kennenlernen! Und Sie werden sich Fragen stellen: Was soll ich nur tun, wenn er anruft? Was kann ich tun, damit er anruft? Wie erreiche ich, dass ich nicht in Panik verfalle, sobald mir jemand zu nahekommt? Wie gehe ich mit Problemen um, die bei der Partnersuche entstehen?

Mit folgenden Fragen werden Sie sich in diesem Teil des Coaching-Programms beschäftigen:

- Bin ich bereit, mich für meine Vision von Partnerschaft, für meine Ziele, voll und ganz einzusetzen?
- Wie handle ich gemäß meinen Zielen, ohne mich zu sabotieren?
- Wovon hängt der Verlauf der Begegnung mit einem Mann ab?
- In welchen Phasen verläuft eine »Liebeswerbung«?
- Was sind die wichtigsten »Themen«, die ein Mann und eine Frau gefühlsmäßig meistern müssen, um sich nahezukommen und zusammenzubleiben?
- Welches sind meine schwierigen Punkte bei diesen Themen, an denen ich früher immer ausgestiegen bin?
- Was ist mein »perfektes Problem«?
- Wie mache ich es einem Mann möglich, aber nicht zu leicht, mich kennenzulernen?
- Wie sieht die männliche und weibliche Rollenverteilung aus, und wie gehe ich damit um?
- Wie behalte ich meinen Humor in dem Single-Zirkus?
- Wie »bleibe ich bei mir« während der Partnersuche?
- Was tue ich, wenn ich den Richtigen gefunden habe?

Überprüfen Sie im Laufe dieser nächsten Kapitel, ob neue Optionen für Ihren GROW-Coachingplan hinzukommen. Überlegen Sie, welche dieser Optionen Sie konkret umsetzen möchten, das entspricht dem Punkt »Wollen« in der Tabelle. Legen Sie Ihr Arbeitsbuch bereit!

Die Liebeswerbung: Tanz statt K(r)ampf

Anna schimpfte. Sie war achtunddreißig und – wieder einmal – Single. Diese Männer! Alle überhaupt nicht mehr bindungsfähig. Keiner will noch eine verbindliche Beziehung. Und immer lief es nach dem gleichen Schema: Es prickelte, sie eroberte den Mann im Sturm, aus dem Flirt wurde schnell eine Affäre, und dann, wenn sie bereit war für eine Beziehung, zogen sich die Männer nach und nach zurück. Je mehr sie darauf bestand, die Beziehung zu klären, und Gespräche führen wollte, umso fadenscheiniger wurden die Ausreden ihrer Lover.

Für Marion gab es keine Regeln in der Liebe. Marion machte ihre Regeln selbst. »Natürlich ergreife ich die Initiative, wenn mir ein Mann gefällt. Schließlich bin ich eine emanzipierte Frau«, sagt die Mittvierzigerin und hangelt sich so von einem aufregenden Flirt zum nächsten. Feste Beziehung Fehlanzeige.

Theresa wusste nicht so recht weiter mit den Männern. Warum lernte sie niemanden kennen? Sie wirke zu schüchtern, sagten ihr ihre Freunde. »Unnahbar«, fand sie ein Freund, der sie in der Disco stehen sah, »dich würde ich nie ansprechen.« Und zwar nicht, weil er sie nicht hübsch oder interessant fand. Theresa war eine dieser Frauen, die ihr Licht unter den Scheffel stellen, beruflich kompetent, aber im Privatleben unsicher. Nun war sie dreißig und eine der letzten Singles in ihrem Bekanntenkreis. »Ich weiß irgendwie gar nicht richtig, wie ich das anstellen soll mit den Männern«, gestand sie mir am Anfang unserer Coaching-Arbeit und fragte nach einem Buch über nonverbale Kommunikation.

Romeo und Julia kennen ihre Texte nicht mehr

Zwischen den Geschlechtern herrscht Ratlosigkeit. Bei der schönsten Sache der Welt, der Liebeswerbung von Mann und Frau, sind Romeo und Julia im 21. Jahrhundert die Texte ausgegangen. Oder Julia spricht chinesisch, und Romeo hat keinen Übersetzer.[39] Und auf der Bühne passieren ständig irgendwelche Pannen. Der Regisseur ist verzweifelt. Romeo will ihr die Tür aufhalten, und Julia patzt ihn an: »Das kann ich selber! Was denkst du dir eigentlich!« Zwei Szenen weiter schmollt Julia, weil Romeo die Rechnung im Restaurant nicht bezahlt. Er will halbe-halbe machen. Julia will eine feste Beziehung, Romeo nimmt Sex als Vorschusszahlung dankend an und verschwindet dann zum Hinterausgang. Dann wieder will Romeo Julia heiraten, und die versaut die Verlobungsszene mit dem Satz: »Heiraten? Das ist doch total out.« – »Aus, aus!«, schreit der Regisseur. »Was ist das denn für ein Mist! Leute, das ist doch kein Trauerspiel, was wir hier proben. Das soll eine neue Liebeskomödie werden! So klappt das doch nie. Schaut euch eure Texte noch mal an, ja? Und tut nicht so, als wenn ihr vom Mars und von der Venus wärt.«

Romeo und Julia von heute sind nicht nur vom Mars und von der Venus, sondern sie leben anscheinend in unterschiedlichen Planetensystemen. Oder leben sie doch auf dem gleichen Planeten und wissen nur nicht, wie die Regeln der Anziehung dort funktionieren?

Ein bisschen Dating oder worum geht es eigentlich?

Es gibt viele Bücher mit Tipps und Tricks zum »Dating«, oft ein Sammelsurium aus Ratschlägen. Aber Partnersuchenden von heute ist oft nicht einmal mehr das Ziel ihrer Reise klar, geschweige denn die Prinzipien zwischen Mann und Frau. Worum geht es eigentlich? Fahren wir nach München oder Hamburg? Leben wir ein bisschen zusammen oder wie? Sind wir ein bisschen verheiratet oder ist das alles offen, egal, nur ein Lebensabschnitt? Ich nenne es im Folgenden die »Liebeswerbung«, nach der amerikanischen Psychologin Judith Sills[40], wenn ich davon spreche, wie Männer und Frauen zusammenfinden.

Die Liebeswerbung ist vergleichbar mit einem Paartanz. Einer bewegt den rechten Fuß nach vorn und einer den linken zurück. Wenn beide rechts nach vorne gehen, also aktiv werden, knallen sie an den Schienbeinen zusammen, und einer wird sich abrupt zurückziehen. Wenn beide zurückgehen, also keiner etwas tut, um dem anderen nahezukommen, können die Partner nicht zusammen tanzen. Wenn einer immer nach vorn stürmt, muss der andere sich zurückziehen. Wenn Sie sich zurückhalten, werden Sie anziehend für Ihren Tanzpartner, und er folgt Ihnen nach.

Liebesphasen und Liebesrollen

Die Liebe ist eine Himmelsmacht, und sie folgt keinen logischen Gesetzen. Aber ein paar *psychologische* Gesetze gibt es doch. Unsere Oma kannte die meistens noch. Sie nannte es zwar nicht so, aber im Prinzip ging es auch bei Oma immer schon um das Timing in der Liebe und die Rolle der Frau: Lass dir mal ein bisschen Zeit mit dem jungen Mann, mein Kind. Und mach dich ein bisschen rar, mein Mädchen. Wir nennen das heute so:

- die Phasen der Liebeswerbung
- die (Geschlechter-)Rollen in der Liebeswerbung

Omas Weisheiten sind heute sogar wissenschaftlich bestätigt. Dr. Judith Sills hat die »Phasen der Liebeswerbung« aus ihrer jahrelangen Praxis mit Singles und Paaren entwickelt[41]. Ich habe diese Phasen der Liebeswerbung an die Situation der deutschen Singles angepasst und mit den »Liebesrollen« verbunden. Das Modell der Liebesphasen und Liebesrollen wird Ihnen helfen, Antworten auf die Fragen zu finden, welches Verhalten denn nun »richtig« sei. Soll ich aktiv sein, den ersten Schritt machen und sagen, wo's langgeht? Oder etwa lieb und nachgiebig sein? Soll ich vom Heiraten sprechen oder nicht? Will ich das überhaupt, und wozu soll das gut sein für eine moderne Frau?

Dabei gibt es zwar keine endgültigen Rezepte. Aber es gibt doch so etwas wie Wegweiser in der Wildnis der Liebeslandschaft. Schilder, die im Nebel auftauchen und auf denen steht: Jetzt befinden Sie sich ungefähr *hier*. Es kann Ihnen klar werden, was der nächste Wanderabschnitt wohl so bereithält, für Sie und den Mann, den Sie treffen. Beginnen wir mit den Phasen in der Liebeswerbung: das Timing der Liebe.

Die Phasen der Liebeswerbung

Jeanne verstand die Welt nicht mehr. Hendrik, der Mann, mit dem Sie nach drei Monaten Beziehung zusammenzog, weil es einfach die große Liebe war, hat mit ihr nur drei Monate später Schluss gemacht. Nach einer Dienstreise – einfach so. Sie kam nach Hause, und er sagte ihr: Ich kann nicht mehr, ich liebe dich nicht mehr. Ich weiß auch nicht, warum. Jeanne tat, was sie immer getan hat – sie kämpfte. War noch aufmerksamer, noch verständnisvoller, noch aufregender. Wollte verstehen, ergründen, warum Hendriks Liebe erkaltet war. Wollte sich ändern, tat alles, um Hendrik zu halten. Der aber ging.

Alexandra und Tim hatten den Liebesturbo eingelegt. Nach drei Minuten wussten sie, »dass sie *es* füreinander waren«, nach drei Monaten war Alexandra schwanger. Nach sechs Monaten wurde geheiratet, da brauten sich schon die ersten Wolken am Liebeshimmel zusammen. »Das sind die Hormone«, dachte Tim. »Er ändert sich schon noch«, dachte Alexandra. Ein Jahr später lief die Scheidung.

Wie können denn Paare, die sich von Anfang an so sicher waren, bloß so schiefliegen? Alles eine Frage des Timings. Vom ersten »Hallo« bis zum finalen »Ja, ich will« gibt es typische Schritte, die Männer und Frauen aufeinander zu und wieder voneinander weg gehen, wenn sie sich binden. Und es gibt typische Themen, die sie dabei miteinander hinkriegen müssen, um zum Ziel einer Liebeswerbung zu kommen, nämlich einen Lebenspartner, einen (Ehe-)Mann zu finden.

Die Phasen der Liebeswerbung entsprechen der *inneren* Logik, wenn sich zwischen Mann und Frau etwas anbahnt, festigt und sie sich schließlich binden. Sie heißen[42]:

I.   Wahl
II.   Verführung
III. Umschwung
IV.   Beziehung (mit Plateau und Verhandlung)
V.   Bindung (Heirat/Bindungsritual)

In jeder Phase wird es etwas geben, das Ihnen oder Ihrem Partner leicht oder eben auch verdammt schwerfällt, je nach Beziehungstyp (siehe Seiten 48 ff.). Deshalb können Sie über die Logik der Liebesphasen besser erkennen, warum Sie bisher vielleicht an einer bestimmten Stelle immer wieder aus der Kurve geflogen sind und plötzlich feststellten: Die Sache hat schon wieder einen Haken. Das liegt nicht immer an dem Mann. Manchmal liegt es am Timing. Und an den Themen, die zu einem Zeitpunkt akut werden. Diese Themen werden im Folgenden beschrieben.

I. Wahl

Thema	Jemand anderen wahrnehmen als potenziellen Partner und überhaupt zulassen, dass Kontakt hergestellt wird.
Schwierigkeit	Die Motive, sich für die Wahl zu öffnen, sind völlig unterschiedlich: Flirtlust und Abenteuer, Trennung überwinden, Liebeswünsche, Baby-/Familienwunsch, emotionale/finanzielle Sicherheit. Sie können nicht wissen, ob jemand wirklich »bereit« ist.
Zeitpunkt/Dauer	von einer Sekunde bis »tausendmal berührt und tausendmal ist nichts passiert«
Bindungsthemen	• sich öffnen können • nicht zu viel Angst vor Verletzung, Zurückweisung oder Versagen haben

Wenn Sie Schwierigkeiten damit haben, überhaupt jemanden kennenzulernen, oder Ihnen Freundinnen schon einmal gesagt haben, dass Sie »zu hohe Ansprüche« hätten oder unnahbar wirken, kann das ein Problem dieser allerersten Phase sein. Kann es sein, dass Sie zu früh bereits an das »Ende« denken? Malen Sie sich bei dem karierten Jackett des Verehrers bereits den geschmacklosen Hochzeitsanzug aus? Entspannen Sie sich. Es geht bei der Wahl noch nicht um allzu viel. Sie haben noch genug Zeit, die Notbremse zu ziehen.

Wenn Sie hingegen gern in die Wahl eintreten würden, aber nicht wissen wie, dann kann Ihnen ein Flirtkurs helfen (Adressen finden Sie im Anhang, Seite 217). Außerdem finden Sie Anregungen im Kapitel »Kennenlernen – die Qual der Wahl«, ab Seite 146.

In den nächsten zwei Phasen – Verführung und Umschwung – entscheidet sich, ob aus Freundschaft mehr wird.

II. Verführung

Thema	Überschreitung der Intimitätsgrenze, emotional und durch Körperlichkeit, wie weit auch immer. Es wird klar: Wir sind nicht nur Freunde.
Schwierigkeit	geprägt von Projektionen, Wünschen, Ängsten – Wolke sieben, rosarote Brille
Zeitpunkt/Dauer	erstes bis viertes Treffen oder (viel) später
Bindungsthemen	• Intimität herstellen • krieg ihn rum (aber denk noch nicht an die Folgen) • verschreck ihn nicht (mit zu frühen Bindungswünschen)

Manche Paare bezeichnen sich nach der ersten körperlichen Intimität als »Paar«, andere erst wesentlich später. Hier gibt es manchmal auch Unterschiede zwischen Männern und Frauen. Seien Sie daher gewarnt, wenn Sie mit Verführung als »Bindungsmittel« arbeiten wollen.

III. Umschwung

Thema	Desillusionierungen, erste Konflikte, »du bist ganz anders, als ich dachte«, das Tempo der Liebeswerbung wird langsamer.
Schwierigkeit	Erste Bindungsängste und andere Konflikte kommen an die Oberfläche.
Zeitpunkt/Dauer	nach drei bis sechs Monaten (bei Fernbeziehungen oft später oder ganz schnell), dauert ein Wochenende oder ein paar Monate
Bindungsthemen	• Wie viel Nähe und Distanz wollen wir zulassen? • Ach du Schreck: Binde dich nicht! • Ach du Schreck: Wie krieg ich ihn? (Oder auch: Den will ich doch nicht! – Er hat einen Haken!) • Eventuell auch die Erkenntnis: Wir passen nicht zueinander. Schluss!

Wenn Sie sich klassischerweise immer nach drei bis sechs Monaten trennen oder der Partner sich trennt, kann das folgende Gründe haben:

Möglicherweise ist Ihre Wahl so ungenau, dass Sie immer erst zu diesem Zeitpunkt merken, dass es wirklich nur ein Frosch war, kein Prinz. Sie verschließen vorher die Augen vor allen Warnzeichen. Schärfen Sie Ihre Intuition. Springen Sie nicht auf jede Rose an, die Ihnen ein Durchschnittscasanova als Verlockung unter die Nase hält.

Zweites mögliches Problem: Sie können mit Bindungsproblemen nicht klug genug umgehen, entweder mit Ihren eigenen oder mit seinen. Falls sich Ihr Partner nach drei oder sechs Monaten mal in den Hobbykeller zurückzieht (ein ganzes Wochenende, ohne anzurufen), rücken Sie ihm *nicht* auf die Pelle. Geben Sie ihm Raum, auch wenn es schwerfällt. Rückzug bedeutet nicht automatisch Zurückweisung. Distanz erhöht jetzt die Anziehung. Wenn Sie selbst Abstand brauchen, nehmen Sie ihn sich ohne schlechtes Gewissen. Und dann wird der Frosch wieder ganz von selbst zum Prinzen.

Das dritte Problem ist die »Drehtür«. Das ist der sich wiederholende Kreislauf aus: Wahl, Verführung, Umschwung, Schluss machen und wieder von vorn, mit altem oder neuem Partner. Die Bindungsangst wird ausgelebt und nicht bewältigt. Um den Kreislauf zu beenden, müssen Sie sich Ihrer Bindungsangst stellen.

IV. Beziehung

Jetzt erst ist das vorher verliebte Paar wirklich ein Liebespaar. Es gibt vorübergehende Stabilität, emotionale Nähe, stärkere Verbindlichkeit. Alle wissen, dass Sie beide ein Paar sind, und zweifeln bis auf weiteres nicht mehr an dem Fortbestand der Beziehung. Diese Phase lässt sich noch einmal in die Stadien Plateau und Verhandlung unterteilen.

IV. a Plateau

Thema	Alles ist plötzlich wunderschön, wir sind ein »festes Paar« und einander sicher und treu (falls vereinbart).
Schwierigkeit	Manchmal Zusammenziehen oder sogar schon Heirat zu diesem Zeitpunkt. Doch es ist noch nicht alles verhandelt.
Zeitpunkt/Dauer	vom dritten oder sechsten Monat an für einige Monate
Bindungsthemen	• mehr Nähe zulassen können, Ausschließlichkeit zugestehen • Herausforderung für Distanz- und Wechsel-Typen, die bald mehr Abstand/Wechsel brauchen, evtl. durch Streits • Nähe-Typen blühen jetzt auf, wollen die nachfolgende Verhandlung aber ungern eingehen, um die Harmonie nicht zu stören.

IV. b Verhandlung

Thema	Es kommt alles auf den Tisch, was geregelt werden muss: • Macht/Kontrolle (zum Beispiel Auskunft über verbrachte Zeit) • Sexualität • Bedürfnis nach Zeit für sich allein, Hobbys, Freunden • Wohnort/Wohnform • Zukunft: Themen wie Kinder, Heiraten werden jetzt ernsthaft verhandelt, nicht nur schwärmerisch angesprochen.
Schwierigkeit	Streitkultur entwickeln; wenn einer von beiden jetzt sehr viel Druck macht oder schneller zu Entscheidungen kommen will als der andere, kommt es jetzt zur vorzeitigen Trennung (zum Beispiel Ultimatum: Kinder ja/nein, Heiraten ja/nein).
Zeitpunkt/Dauer	sechster bis achtzehnter Monat oder länger
Bindungsthemen	• Regelung von Distanz und Nähe immer wieder flexibel gestalten, so dass sich beide wohlfühlen • Nähe-Typen müssen Konfrontation aushalten und auch auf Entscheidungen warten können. • Distanz-Typen dürfen die Harmonie nicht zu oft stören.

Manche Paare glauben, dass es in einer harmonischen Beziehung doch nicht so viele Konflikte geben dürfe. Und die Verhandlungen um so wichtige Themen wie Kinder, Zusammenleben oder Heiraten dürften nicht so schwierig sein, darüber muss man sich doch schon vorher einig sein. Doch genau das sind die klassischen Themen der Verhandlungsphase, sie müssen rechtzeitig besprochen werden, und das Paar muss grundsätzlich eine Einigung erzielen. Ob ein Paar dauerhaft glücklich wird, hängt davon ab, ob es lernt, sich konstruktiv auseinanderzusetzen, sich zu streiten und sich zu einigen.

V. Bindung

Thema	Finden einer gemeinsamen, dauerhaften Lebensform (Wohnung, Kinder, Heirat oder *beide* wollen bewusst ohne Trauschein leben); Entfristen des »Zeitvertrags« der Liebe; Ende der Vorläufigkeit
Schwierigkeit	Heiraten wir oder nicht? Diese Frage löst tiefe Bindungsängste aus und aktiviert alle Familienthemen (Ehe der Eltern etc.). Die Vermeidungsfalle: Entscheidungen sind nicht nötig, es ist doch auch gut so, ein Trauschein ist nur ein Stück Papier. Das verpuffte Ultimatum: Einer von beiden hat einen Heiratswunsch geäußert, dann tun aber beide so, als ob nichts gewesen sei.
Zeitpunkt/Dauer	nach zwölf bis achtzehn Monaten oder viel später
Bindungsthemen	• Endgültigkeit mit Lebendigkeit vereinen, das heißt Dauer- und Wechsel-Elemente ausgleichen • Wechsel-Typen kriegen jetzt häufig »kalte Füße«, Dauer-Typen lassen sich eventuell hängen: Es ist ja alles fest.

Erst mit dem letzten Schritt, dem endgültigen Ja, mit einem Ritual Ihrer Wahl, ist die Liebeswerbung vollständig abgeschlossen. Im Sinne der Liebeswerbung bedeutet Bindung nicht nur, sich erst mal nicht mehr zu trennen (durch Zusammenziehen), sondern den vorläufigen Liebesvertrag dauerhaft zu »entfristen«. Es bedeutet, offen auszusprechen, auch vor anderen, dass man zusammengehört und zusammenbleiben will. Diese Entscheidung zu treffen, ist ein innerer Prozess, der bei fast jedem Menschen noch einmal gewaltige Bindungsängste wachruft. Selbst bei denen, die zuerst dafür waren!

Natürlich ist es auch möglich, zu heiraten, ohne diese innere Wandlung vollzogen zu haben. Und das ist ein Problem. Denn dann ist das Thema Bindung in der Liebeswerbung nicht vollzogen. Man könnte von einer Ehe ohne Bindung sprechen. Aber auch das umgekehrte Phänomen, vorläufige Bindung ohne Eheritual stellt häufig ein Problem dar (mehr dazu ab Seite 208). Nicht für alle Menschen ist die Ehe natürlich die richtige Lebensform. Wie es bei Ihnen ist, sollten Sie für sich herausfinden, bevor Sie sich auf die Suche nach dem richtigen Mann machen. Und seien Sie offen für Überraschungen. Manchmal ändert sich das noch einmal, wenn Sie ihn treffen!

Meine Themen in den Liebesphasen – wo ist mein Haken?

Gehen Sie Ihre Analyse früherer Beziehungen (siehe Seiten 52 ff.) einmal anhand der Liebesphasen-Themen durch. Gibt es Gemeinsamkeiten, oder war es jedes Mal ein anderes Thema? Steigen Sie oder der damalige Partner eher in frühen Phasen aus, oder ist es die endgültige Bindung, die Ihnen die Angst macht?

Die Rollen in der Liebeswerbung

Grundsätzlich beruht die Liebeswerbung teils auf sozialen Regeln, teils auf biologischen Grundlagen.[43] Sie ist ein Tanz der Anziehung zwischen Mann und Frau, der zur Liebe führen soll, kein Kampf. Und auch als Krampf war die ganze Sache nie gedacht, eher als Spiel. In diesem Spiel spielen Männer und Frauen ihre Rollen, die sich unterscheiden, aber auch vertauscht sein können. So wie es ganz individuelle Unterschiede zwischen Menschen gibt, unabhängig vom Geschlecht. Und doch gibt es besonders in den frühen Phasen der Liebeswerbung auch generelle Unterschiede zwischen Männern und Frauen, wie man aus der Verhaltensforschung weiß (und wie es John Gray in seinen Büchern auch über die Liebeswerbung hinaus vertritt[44]). Die wichtigsten Unterschiede zwischen Männern und Frauen sind[45]:

- Frauen flirten – Männer werben (wenn sie es ernster meinen).
- Männer sind bei Affären nicht wählerisch.
- Frauen bevorzugen (etwas) überlegene Männer für eine feste Beziehung und »besondere« Männer für Affären.

139

- Männer zieren sich anfangs häufig vor einer »festen« Beziehung (oder möchten doch zumindest nicht darüber sprechen).
- Frauen prüfen Männer, wenn sie eine Beziehung eingehen. Und Männer erwarten das auch.
- Am Ende wollen beide das Gleiche: Liebe – und da zählt der Charakter.

Männer und Frauen unterscheiden sich also vor allem zu Beginn einer Beziehung, aber sie ähneln sich, wenn es darum geht, eine feste Bindung einzugehen. Bezogen auf die Liebesphasen (vgl. Seite 133 ff.) sieht die männliche und weibliche Rollenverteilung in etwa so aus wie in der Tabelle (siehe rechts) dargestellt. Da in der Liebeswerbung tatsächlich zwei Rollen vorherrschend sind, habe ich mich auf diese Bezeichnungen beschränkt: der »Herausforderer« und die »Umworbene«. Man kann neutral auch vom männlichen und weiblichen Prinzip sprechen, und beides kann im Rollentausch von Männern wie von Frauen gelebt werden.

Der Preis, den Frauen für die »Männerrolle« zahlen

Aus meiner jahrelangen Erfahrung kann ich sagen, dass Frauen, die eine feste Beziehung suchen, besser damit fahren, wenn sie sich umwerben lassen. Es gibt natürlich schüchterne Männer, die sich nie in die Rolle des Herausforderers trauen und sich lieber ansprechen lassen und die trotzdem sehr gute Partner sind. Aber auch da braucht es meistens nur einen ersten Schritt der Frau, damit der Tanz beginnt.

Was aber, wenn Ihnen die Rolle des männlichen Pols, der aktive, der werbende, der verfolgende Part besser liegt? Natürlich können Sie dabei bleiben. Es kann aber sein, dass Sie anders wirken als gedacht: nicht wie eine selbstbewusste Frau, sondern »leicht zu haben«. Eine Frau, die aktiv ist und den Mann nicht werben lässt, setzt für Männer das Signal: Flirtprogramm, Affäre. Das gefällt manchem Mann, keine Frage, aber es wird ihn kaum dazu bringen, mehr zu investieren. Er kommt aus seinem Takt. Und er

Die Rollenverteilung in den Liebesphasen

Phase	Männliches Prinzip/ Herausforderer	Weibliches Prinzip/ Umworbene
I. Wahl	• achtet auf Signale, die ihn ansprechen • achtet auf Bereitschaftssignal zum »*Tanz*«	• wirkt durch Äußeres und Ausstrahlung • signalisiert Bereitschaft oder verweigert sie
II. Verführung	• bahnt Gespräch an, fragt nach »nächstem Treffen« • wirbt, stellt seine Vorzüge dar • versucht, sie »rumzukriegen«	• reagiert • akzeptiert oder lehnt ab • lässt sich umwerben • signalisiert: bereit oder nicht
III. Umschwung	• fühlt sich plötzlich eingeengt, hat einen Makel entdeckt, weiß nicht so recht • zieht sich zurück	• fühlt sich vom Thron gestoßen/verletzt • lässt Rückzug gewähren oder bedrängt oder ist zurückhaltend, aber setzt Grenzen
IV. Beziehung IV. a Plateau	• genießt • gegenwartsbezogen • wird eventuell etwas »faul« im Werben	• genießt • schmiedet Zukunftspläne • denkt/fühlt, so bleibt es
IV. b Verhandlung	Je nach Kommunikationsstil: • schweigt, regelt, fordert • braucht immer wieder Rückzugsräume	Je nach Kommunikationsstil: • fordert, nörgelt • zieht und setzt Grenzen • gewährt Zeit
V. Bindung	Je nach Bindungsstil: • zögert, weiß nicht so recht • wozu ist das nötig? • drängt, wirbt, will »Nägel mit Köpfen«	Je nach Bindungsstil: • bekommt »kalte Füße« • drängt auf klare Entscheidungen

Meine liebste Liebesrolle – männlich oder weiblich?

Welche Rollen bevorzugen Sie in welcher Liebesphase? Bleiben Sie bei einer Rolle oder wechseln Sie?

Es gibt Frauen, die männliches Werbungsverhalten bevorzugen, weil sie sich dann sicherer fühlen. Die Frage ist nur, ob Ihnen als Frau klar ist, wie Sie nach außen wirken, und welchen Preis Sie dafür zu zahlen bereit sind. Manche Frauen wollen aktiv sein wie ein Mann, der Mann soll dann aber gleichzeitig in die Rolle des Werbenden gehen, wenn die Frau es wünscht. Das sind widersprüchliche Botschaften. Sie müssen im Verlauf Ihrer Treffen mit Männern schauen, ob diese Strategie erfolgreich ist.

denkt sich vielleicht: So wie bei mir, so ist sie auch mit anderen. Eine Frau, die den Mann nicht testet, macht ihn misstrauisch. Zwar hat er es im Allgemeinen gern leicht. Aber wenn eine Frau, bei der er es ernst meint, es ihm zu leicht macht, ist sie bei dem Tauglichkeitstest als Partnerin an seiner Seite durchgefallen.

Ginger Rogers' Kunst beim Liebeswalzer

Dass Romeo und Julia überhaupt noch ein gemeinsames Stück hinkriegen, ist fast ein Wunder. Und ohne die Frauen geht es nicht. Die weibliche Rolle in der Liebeswerbung ist ein großes Kunststück. Die Frau verbindet klare Signale, die den Mann ermutigen näherzukommen, mit dem Anschein, nichts zu tun. Sie spricht nicht von Bindung, aber stellt sie her. Sie ködert den Mann, aber er fühlt sich als Eroberer.

Es ist wie beim Tanzen. Und ein Paar der alten Schule kann dafür Vorbild sein. Fred Astaire und Ginger Rogers waren ein phänomenales Tanzpaar, wobei Fred Astaire als führender Tanzpartner häufig im Vordergrund der Aufmerksamkeit stand. Bis in der Frauenbewegung einmal der schöne Satz geprägt wurde:

»Ginger Rogers kann alles, was Fred Astaire kann – nur rückwärts und auf Stöckelschuhen.«[46] Genau so ist es!

Brauchen Frauen von heute also Tanzunterricht für die Liebeswerbung? Möchten Sie gerne wissen, mit welchen Tricks man als Frau elegant durch den Wiener Walzer kommt beim Ball der Herzen? Ein paar Regeln könnten nicht schaden. Oder?

Braucht man »Regeln« beim Kennenlernen?

Seit zehn Jahren wird unter Single-Frauen über ein Buch gesprochen, an dem sich die Geister scheiden wie an keinem zweiten: »Die Kunst den Mann fürs Leben zu finden« (engl. Titel: »The Rules« = Die Regeln) von Ellen Fein und Sherrie Schneider. Für manche Frauen ist es Kult, andere finden es blöd, wieder andere reichen es hinter vorgehaltener Hand weiter und zischen der Freundin zu: Schau mal rein, ich dachte auch erst, es ist doof, aber es wirkt wohl irgendwie.

Das Buch ist sozusagen die ultra-orthodoxe Version des weiblichen Rollenverhaltens bei der Liebeswerbung, und das mit starkem US-amerikanischem Einschlag. In dem Buch erklären Fein und Schneider relativ simple Verhaltens-»Regeln«, mit denen Frauen garantiert den Mann fürs Leben finden *und* ihn vor den Traualtar bekommen sollen. Und zwar einen Mann, der der Frau die Wünsche von den Lippen abliest und ganz verrückt nach ihr ist. Zusammengefasst sagen die »Regeln« etwa: Machen Sie sich rar, kleiden Sie sich feminin, seien Sie freundlich, aber distanziert. Lassen Sie den Mann den aktiven Part in der Werbung übernehmen. Halten Sie sich zurück, beim Telefonieren, bei den Themen Heiraten und Kinderkriegen und auch beim Sex. Dann wird er Sie wollen und schließlich auch heiraten.

Feministinnen schäumten vor Wut über die altbacken wirkenden Tipps »aus den fünfziger Jahren«. Intellektuelle Karrierefrauen wollten den simplen »Regeln« nicht so recht über den Weg trauen. Das sollte funktionieren? Aber der Verkaufserfolg der »Regel«-Bücher weltweit zeigt, dass die Autorinnen zumindest einen Bedarf getroffen haben: Tanzunterricht für Frauen auf dem Ball der Herzen und Befriedigung für die Sehnsucht der starken Frau nach dem Happy End. Und auch Frauen in Deutschland erlebten manch überraschende Wirkungen der »Regeln«.

Die »Regeln« fußen im Prinzip auf den biologisch-kulturellen Rollen der Partnerwahl, die ich beschrieben habe. Und deshalb funktionieren sie für Frauen, die sich vorher sehr anders verhalten haben. Frauen, die eine feste Bindung und Ehe suchen, können so am Anfang einer Beziehung die Spreu vom Weizen trennen und die Anziehung für einen Mann erhöhen, wenn er sich bereits für sie interessiert. Sieht man von den kulturellen Besonderheiten für den US-Singlemarkt einmal ab, bergen die »Regeln« also zumindest einige Hinweise für Single-Frauen über dreißig. Und zwar für den Punkt, der am wirksamsten ist, nämlich das Verhalten. Allerdings gelten sie tatsächlich nur für die ersten Phasen der Liebeswerbung, etwa bis zum »Plateau«, der Phase, in der Sie sich zum ersten Mal richtig wie ein Paar fühlen. Wie Sie eine wirklich partnerschaftliche Beziehung mit einem Mann aufbauen, dafür taugen die »Regeln« nicht.

Probieren geht über studieren

In der Liebeswerbung zwischen Mann und Frau plädiere ich für einen pragmatischen Ansatz. Wenn Ihre Verhaltensweisen – egal ob männliche oder weibliche Rolle in der Liebeswerbung – im Sinne Ihrer Ziele funktionieren, fein. Wenn nicht, ist es doch vielleicht eine Idee, mit anderem Verhalten zu experimentieren. Statt eine Grundsatzdiskussion darüber zu führen, ob dieses Verhalten für Frauen »von Natur aus« so gegeben sei, können Sie einfach die Wirkung ausprobieren. Falls Sie bisher den männlichen Part hatten, lassen Sie es einmal langsamer angehen, lassen sich jetzt umwerben, geben nicht sofort alles von sich preis, ergreifen weniger die Initiative als früher. Behalten Sie immer auch ein Maß an Unabhängigkeit. Mischen Sie sich nicht so schnell in das Leben des Mannes ein. Lassen Sie ihn zuerst von Bindung sprechen.

Werden Sie nicht Therapeutin oder Mama für den Mann und auch nicht sein hilfloses Kind. Spielen Sie ein wenig mit dem »weiblichen«, das heißt souveränen Rollenverhalten, und nehmen Sie Teile davon als neue Optionen in Ihr Coaching-Programm auf. Und dann schauen Sie auf die Resultate.

Wenn Sie zu Beginn einer Beziehung in der Rolle der »Umworbenen« sind, werden Sie einen schönen Nebeneffekt erleben: Es fühlt sich einfach wunderbar an!

Sie sind kostbar – machen Sie sich rar

Unsere Großmütter und manchmal auch Mütter hatten mit vielen ihrer Lebensweisheiten recht und wussten oft mehr als wir Frauen heute: Lass dich nicht zu schnell einfangen (lass den Mann werben). Sei aber auch nicht zu wählerisch (hab keine unrealistisch hohen, widersprüchlichen Erwartungen). Weibliche Klugheit – männlicher Mut. Das sind die ergänzenden Tanzschritte in der Liebeswerbung.

»Mach dich rar«, hat Marthas Mutter ihr als »Gebrauchsanweisung« für Männer mit auf den Lebensweg gegeben. »Das hat dazu geführt«, resümiert Martha, »dass Beziehungen sich bei mir eher langsam entwickelt haben und nicht so überstürzt gestartet sind. Dadurch hatte ich immer ausreichend Zeit, den Mann zu prüfen. Und ich habe dann einfach auch keine schlechten Männer gehabt, mit denen ich eine Beziehung eingegangen bin.« Natürlich heißt das nicht, dass Martha niemals in ihrem Leben gelitten hätte. Beziehungen verändern sich und gehen auch vorbei. Das Ende ihrer Ehe war für Martha eine sehr schmerzhafte Erfahrung (siehe Seite 67 f.). Aber den Anfang, den hat sie auch mit ihrem neuen Lebenspartner wieder sehr gut hinbekommen.

Martha hat den Spruch ihrer Mutter nicht zur starren Regel werden lassen, sondern als Haltung verinnerlicht. »Mach dich rar«, das heißt: Du *bist* rar! Kostbar. Prüfe den Mann. Vertraue nicht blind. Und lass dich dann ganz ein, wenn es der Richtige ist.

Kennenlernen – die Qual der Wahl

Für viele Frauen beginnt das Problem, den »richtigen Mann« zu finden, schon damit, *überhaupt* jemanden kennenzulernen. Vorbei die Zeiten, als Sie während der Ausbildung mit Ihren Kollegen nach der Arbeit noch auf ein Bier ausgegangen sind und sich zwanglos näherkamen. Vorbei die Zeiten von Studentenkneipen mit schlechter Luft, dafür aber hohem Kuppel-Faktor. Heute sind die Wochentage – mit Kindern oder ohne – angefüllt mit arbeiten, einkaufen, den Haushalt erledigen, sich um die Kinder kümmern, vielleicht noch etwas fürs Büro erledigen, am Abend noch ein Stündchen fernsehen und dann ab ins Bett. Samstags sind alle Dinge nachzuholen, die Sie während der Woche nicht geschafft haben. Einmal in der Woche raffen Sie sich zum Sport auf, im Frauen-Fitnessstudio oder beim Yogakurs. Sonntag treffen Sie sich vielleicht mit einer Freundin mit oder ohne Kinder. In Gedanken sind Sie schon wieder beim Montag. Sie fragen sich zu Recht, wie Sie bei so einem Wochenablauf ein männliches Wesen, geschweige denn »den Richtigen« kennenlernen sollen.

Wenn Sie sich in dieser Beschreibung wiederfinden, empfehle ich Ihnen als Schritt eins, Ihre Motivation unter die Lupe zu nehmen und Ihr Liebesziel noch einmal auf seine Anziehungskraft zu überprüfen. Gehen Sie die Checklisten auf den Seiten 83 und 85 f. noch einmal durch, und seien Sie ehrlich zu sich: Sind Sie sicher, dass Sie wirklich jemanden kennenlernen möchten? Manchmal verbergen sich nämlich hinter einem Wochenablauf, der ein Kennenlernen unmöglich macht, Ihre Angst und Ihr eigener Widerstand gegenüber der Partnersuche.

Nachdem Sie dies geklärt – und sich für die Partnersuche entschieden – haben, geht es jetzt ganz pragmatisch darum, Ihre Strategien zu erweitern. Wie können Sie zum Beispiel Ihren Wochenablauf ohne Aufwand, aber wirkungsvoll verändern, um mehr Männern zu begegnen? Und wann fangen Sie an, gezielt und zeitsparend mit Hilfe professioneller Angebote auf Partnersuche zu gehen?

Wie lerne ich jemanden kennen?

Häufig finden Menschen das Kennenlernen per Zufall romantischer und besser als die Variante per Annonce oder Partnerschaftsinstitut. Diese Einstellung entspricht unserem romantischen Beziehungsideal. Der Funke soll überspringen, ohne dass Absicht im Spiel war. Doch sind gerade die gezielten Formen der Partnersuche wichtig für Single-Frauen, die im Berufsleben eingebunden sind oder als alleinerziehende Mütter wenig andere Kontakte pflegen können. Jede Art des Kennenlernens hat ganz spezifische Vorteile und Nachteile. In der Tabelle auf Seite 148 sehen Sie diese aufgelistet mit Tipps, was Sie tun können, damit aus Zufall oder Chance das große Glück wird.

Die größte Hürde bei den arrangierten Formen der Partnersuche liegt häufig in Ihnen selbst und dem Mann, dem Sie begegnen. Vielleicht sind Sie etwas zu verkrampft beim ersten Treffen. Zu hohe Erwartungen auf beiden Seiten, dass es jetzt »funken« muss, blockieren den Gesprächsfluss. Doch die Lockerheit lässt sich auch üben. Mit der Zeit stellt sich etwas mehr Gelassenheit ein, vor allem, wenn Sie sich vor jedem Treffen sagen: Der muss es überhaupt nicht sein.

Annoncen, Internet, Partnerinstitut und verkuppelnde Freunde stellen auf jeden Fall eine wichtige Ergänzung zum »Prinzip Zufall« dar. Und zwar schon allein deshalb, weil Sie dort Ihr Bedürfnis, zu suchen, aktiv befriedigen können und daher offen und gelassen den »Zufall« abwarten können. Damit nehmen Sie die Haltung »suchen, ohne zu suchen« ein (siehe Seite 120 f.). Dem Thema Partnersuche per Vermittlung ist ein eigenes Kapitel gewidmet. Schauen Sie zunächst einmal, was Sie im Alltag tun können, um mehr Männer kennenzulernen.

Wie Sie im Alltag mehr Männer kennenlernen

Die folgenden vier Strategien mögen nicht alle für Sie passen – lassen Sie sich jedoch von den Vorschlägen anregen, vielleicht kommen Sie ja selbst auf neue Ideen!

Vor- und Nachteile der verschiedenen Arten des Kennenlernens

Art des Kennenlernens	Vorteil	Nachteil	Was Sie tun können
per Zufall, im Alltag, Beruf oder in der Freizeit	• Absichtslosigkeit • keine Erwartung • sich geben, wie man ist • den anderen unkritisch anschauen • das Beste an dem anderen mit der Zeit entdecken • realistische Situation, um den anderen zu erleben	• nicht steuerbar, wann es passiert • unklar, ob der andere frei ist oder bindungswillig • bei Zufallsbekanntschaften ohne regelmäßigen Ort muss einer der beiden schnell für Wiedersehen sorgen	• eine Haltung der Offenheit entwickeln: alles kann, nichts muss passieren • sich umwerben lassen • Kontakt unverfänglich über den gemeinsamen Ort/das Thema herstellen
Kennenlernen per Annonce/Internet/Institut	• jemanden kennenlernen, der auch eine Beziehung wünscht • sich nicht rechtfertigen müssen für eigenen Beziehungswunsch • Aufmerksamkeit zu bekommen stärkt das Selbstwertgefühl	• Wunsch nach Beziehung beim anderen nicht immer vorhanden • Erwartungsdruck, übertrieben kritische Wahrnehmung: Will ich so einen wirklich?? • zu optimistisch sein, nur weil das Gegenüber bereit ist für eine Beziehung	• Annoncentext sorgfältig und realistisch entwerfen • gute Vorauswahl der Kandidaten • niedrige Erwartungen beim ersten Treffen • Humor und Leichtigkeit in die Situation bringen • offene Wahrnehmung
bekannt gemacht oder »verkuppelt« werden	• wenn keiner davon weiß: wie ein Kennenlernen per Zufall • wenn Sie davon wissen: wie bei »Annonce«	• Erwartungsdruck durch die Freunde • Abwehr bei Ihnen: »Wie könnt ihr mir *so einen* vorschlagen?«	• Freunde bitten, den Mann nicht zu informieren, damit er zwanglos in die Rolle des Werbenden gehen kann • offenbleiben für den »zweiten Blick«

1. Sag es den Leuten

Wie suchen Sie eine Wohnung? Sie hocken zu Hause und denken sich: Der richtige Vermieter wird schon kommen und mir die passende Wohnung anbieten? Vermutlich nicht. Sie suchen aktiv in den Annoncen und werden natürlich allen Ihren Freunden und Bekannten Bescheid sagen. Nun erscheint Ihnen das im Fall der Partnersuche vielleicht etwas peinlich. Wirksam ist es trotzdem. Sehr viele Paare lernen sich auf Festen und Essenseinladungen bei Freunden kennen. Wählen Sie diese Freunde aber sorgsam aus, Sie sollten kein »Suche Partner«-Schild um den Hals tragen. Und natürlich hängt es vom Grad Ihrer Bekanntschaft ab, wie deutlich Sie Ihr Partnergesuch plazieren können. Vor allem sollten Sie wohlmeinende Freunde bitten, Sie nicht offensiv anzupreisen. Wenn sie es arrangieren, dass zwei Menschen sich in einem ungezwungenen Umfeld treffen, ist das genug.

2. Feste feiern, wie sie fallen

Selbst Einladungen auszusprechen ist die nächste Variante. Das muss nicht das finanziell ruinöse Megaevent oder das aufwendige Sieben-Gänge-Menü sein. Ein regelmäßiges Spaghettiessen, ein Sonntagsbrunch, zu dem alle Gäste etwas mitbringen, sowohl Speisen als auch andere Gäste, sind preiswerte und lustige Alternativen. Für Alleinerziehende wird so eine Einladung eben ein wuseliges Nebeneinander von Paaren, Singles und Kindern.

3. Der Alltag und Kommissar Zufall

Aber auch alle Alltagsaktivitäten wie der Morgenkaffee beim Bäcker oder der Wochenendeinkauf können zur Partnersuche genutzt werden. An der Wursttheke im Supermarkt oder am Käsestand im Bioladen kommt man einfach viel lockerer ins Gespräch als auf der Single-Party. »Mensch, hast du schon mal diesen Brie probiert?« – »Nee, aber der sieht gut aus. Na ja, für eine Person lohnt sich so ein großes Stück aber gar nicht.« (Ach,

149

sieh mal an, »... für eine Person ...«). Mit den folgenden Verhaltensweisen können Sie dem Zufall auf die Sprünge helfen:

- Behalten Sie bestimmte Muster (Zeiten und Orte) für einige Zeit bei, damit Sie Männer mit ähnlichem Rhythmus treffen; zum Beispiel immer um 7.30 Uhr joggen, immer beim gleichen Bäcker den Morgenkaffee trinken, immer nach der Kita noch eine Runde im Park drehen etc.
- Variieren Sie von Zeit zu Zeit Ihr Muster, um neue Männer kennenzulernen.
- Seien Sie freundlich, nett und offen, machen Sie es einem Mann möglich, Sie anzusprechen (mehr zum Thema »Flirten« ab Seite 156).

Der liebevolle Blick – sich Männer interessant gucken

Eine der wirkungsvollsten Techniken, um mehr Männer kennenzulernen, besteht darin, den Blick auf Männer generell zu verändern. Ihnen begegnen potenzielle Partner nämlich jetzt schon Tag für Tag, aber Sie bemerken diese Prachtexemplare womöglich nicht.

Bei der Visionssuche hatte ich Sie angeregt, einmal liebevoll auf andere Frauen zu schauen und auch auf sich selbst (siehe Seite 112). Tun Sie dies jetzt einmal mit Männern, und zwar im Alltag.

- Beobachten Sie Männer an der Kasse im Supermarkt, im Auto an der Ampel, im Beruf oder woanders. Suchen Sie bei jedem Mann nach etwas Positivem. Was finden Sie? Etwas am Aussehen? Die nette Art, wie er lächelt? Die ernsthafte und zuverlässige Art, wie er Dinge erledigt?

Je schwerer Ihnen das fällt, umso wichtiger ist diese Übung für Sie!

4. Sich engagieren

Menschen lernen sich kennen, weil sie etwas zueinanderzieht, weil es etwas Verbindendes gibt. Das ist häufig ein gemeinsames

Interesse, eine Leidenschaft für eine dritte Sache. Sich zu engagieren bringt Segen, für die Sache, für einen selbst und für die mögliche Partnerwahl. Egal, ob es die Schule der Kinder ist, ein Berufsverband oder eine Internetcommunity. Wer sich engagiert, wirkt anziehend. Nicht die Suche nach dem Partner steht im Vordergrund, sondern die Sache. Das macht das Kennenlernen leichter. Gute Gelegenheiten, jemanden auf gleicher Wellenlänge zu finden, sind Fortbildungen jeder Art, Kongresse und andere Orte beruflicher Bildung. Oder machen Sie doch mal eine Studienreise nach Turkmenistan statt einer Single-Reise, wenn Sie wirklich ein Fan von turkmenischer Kunst sind. Eine günstigere Variante wäre ein Kurs bei der Volkshochschule. Dort haben sich schon mehr Paare gefunden, als Sie ahnen. Ich kenne eins persönlich.

Sophies Geschichte

Der liebevolle Blick kann auch bei bereits bekannten Männern wirken: Sophie *erkannte* Ihren Mann erst als »den Richtigen«, als sie ihren Blick änderte.

Sophie hatte die Nase voll. Von Männern, vom Kennenlernen, von diesem ganzen Affentanz. Sie war zweiundvierzig und kannte so ungefähr alle Formen von Fehlschlägen mit Männern. Um ihren Liebeskummer und Frust zu überwinden, entschloss Sie sich, wieder einmal zu tanzen, und besuchte einen Fitness-Dancing-Kurs. Dort traf Sie Rafael, siebenundvierzig und Betriebswirt. Er war Single, und ihm war Sophie früher schon einmal als nette und hübsche Frau aufgefallen, aber irgendwie hatte sich kein Kontakt ergeben. Sophie sagt dazu heute, dass sie wohl ihrerseits »keinen Blick für einen Mann wie Rafael« hatte. Ohne Hintergedanken fragte Rafael Sophie nach dem Tanzen, ob sie auf ein Bier mitkommen wolle, und die beiden verbrachten einen fröhlichen Abend. Nette Frau, dachte Rafael, und lud Sophie spontan zu einem Segeltörn am folgenden Samstag ein.

Jetzt wurde es für Sophie schwierig. Beim Segeln mit ihrem Vater war ihr früher immer schlecht geworden … »Aber das ist ja Vergangenheit«, dachte sie, »warum soll ich es nicht einfach einmal probieren!« Und so sagte sie zu. Der Samstag war sonnig und der Wind perfekt. Rafael entpuppte sich als ein toller Segler, die Stimmung war super und Sophie kein bisschen grün im Gesicht. Gern nahm sie Rafaels Hand, als sie lachend am Ende der Fahrt aus dem Boot stieg.

Doch fielen Rosen vom Himmel? Zuckten Blitze der Leidenschaft? Nichts dergleichen, sagen beide übereinstimmend, wenn sie heute zurückblicken. Doch einen Tag nach dem Segeltörn ging Sophie mit ihrem Onkel an dem gleichen See spazieren und erzählte von der Bootsfahrt am Vortag. Der Onkel erkannte sofort das romantische Potenzial der Geschichte und ermunterte Sophie, doch einmal bei Rafael per SMS anzufragen, ob er zufällig auch auf dem See sei an diesem Tag. Er war. »Wo seid ihr?«, funkte Rafael an Sophie zurück – »ich komme!« Und dann sah sie ihn, mit einem Arm die Segel dirigierend, die Haare im Fahrtwind wehend, auf sich zufahren. Jetzt wurde es romantisch! Sophie und Rafael erinnern sich an diesen Sonntag als Wendepunkt ihrer Begegnung, als Anfang ihrer Liebe.

Dann ging es schnell. Eine gute Freundin von Sophie heiratete im gleichen Sommer. »Da wusste ich einfach, was jetzt dran ist in meinem Leben«, sagt Sophie. Und auch für Rafael war es an der Zeit, Nägel mit Köpfen zu machen. In der Weihnachtszeit machte er Sophie einen Heiratsantrag. Vier Monate später, an ihrem dreiundvierzigsten Geburtstag ging Sophie mit Rafael aufs Standesamt.

So wird aus Zufall Glück

Was können Sie als Single-Frau aus dieser schönen Geschichte herauslesen und für sich erkennen? Beruht dieses Treffen nur auf Zufall? Braucht man eben einfach »Glück«, um »den Richtigen« zu treffen? Hier sind in Kurzform die Elemente, durch die bei dieser Liebesgeschichte aus Zufall Glück wurde. Und zwar waren Sophies Einstellung und Verhalten entscheidend:

- *Ein starker Impuls, mit der Vergangenheit Schluss zu machen*
Sophie hatte die Nase voll von ihren ganzen bisherigen Männergeschichten. Das gab ihr einen starken inneren Impuls, Abstand davon zu nehmen und sich danach anders zu verhalten als früher.

- *Sich selbst etwas Gutes tun*
Sophies Entscheidung, zum Fitness-Dance zu gehen, beruhte nicht auf der Erwartung, jemanden kennenzulernen, sondern sie wollte lediglich etwas für sich selbst tun. Diese innere Haltung gibt Frauen häufig eine gelassene Ausstrahlung, die paradoxerweise dazu führt, dass sie genau dann jemanden kennenlernen. Es ist die Haltung »suchen, ohne zu suchen«.

- *Initiative mit Maß*
Es war Rafael, der die ersten Einladungen zum Bier und zum Segeltörn aussprach. Das entspricht der weiblichen Rolle, sich umwerben zu lassen. Die SMS an Rafael ist eine »Initiative mit Maß« – und das kann sehr hilfreich sein.

- *Absichtslosigkeit beim ersten und zweiten Treffen*
Weder Sophie noch Rafael dachten sich viel bei ihrem ersten oder zweiten Treffen. Diese Absichtslosigkeit ist der große Vorteil, wenn Sie einen Mann außerhalb von Kontaktanzeigen oder anderen arrangierten Treffen kennenlernen. Wichtig ist nicht, *wann* es funkt, sondern *dass* es irgendwann funkt. Die beiden kannten sich vom Sehen schon einige Jahre!

- *Mit der Familienvergangenheit im Reinen sein*
Wer im Rückspiegel immer in die Vergangenheit schaut, verpasst die Gegenwart. Hätte Sophie an ihrer schlechten Erinnerung an die Segeltörns mit ihrem Vater festgehalten, wäre ihr womöglich der Mann ihres Lebens buchstäblich davongesegelt!

- *Etwas Aufregendes zusammen erleben*
Ein richtiger Romantik-Katalysator sind gemeinsame Unternehmungen. Das kann natürlich auch eine angeregte Diskussion nach einem Film oder einer Ausstellung sein. Je mehr Adrenalin im Spiel ist, umso besser, haben Forscher herausgefunden.[47]

153

Partnersuche per Annonce, Internet und Institut

Wenn sich der Zufall im Alltag zu viel Zeit lässt oder die freien Partner in Ihrer Altersklasse rarer werden, sollten Sie unbedingt auch auf die klassischen und neuen Varianten der Partnersuche zurückgreifen: Annonce, Internet und eventuell auf das so schön altmodisch klingende »Eheinstitut«.

Für welche Möglichkeit Sie sich auch entscheiden: Es müssen bestimmte Voraussetzungen auf Ihrer Seite gegeben sein. Ihre Einstellung, Ihre Vision und Ihre Selbstpräsentation, das »Markenzeichen«, müssen stimmen. Erst wenn Sie die Vorarbeit der ersten beiden Schritte des Coaching-Programms erledigt haben – die Vergangenheit loslassen und die Vision schärfen –, lohnt es sich überhaupt, Zeit und Geld in Annoncen und Ähnliches zu investieren. Als Grundlage und Orientierung für Annoncen stelle ich Ihnen im Folgenden die drei wichtigsten Strategien vor, die vielleicht schon reichen, um erfolgreich jemanden kennenzulernen. Auch die größten Fettnäpfchen rund um das Thema »spirituelle Interessen« werde ich Ihnen aufzeigen. Welche der drei folgenden Strategien für Sie die richtige ist, hängt von Ihrer Persönlichkeit und auch ein wenig von Ihrer derzeitigen Lebenssituation ab. Wenn Sie noch mehr darüber wissen wollen, besorgen Sie sich einen Ratgeber zum Thema Annoncen und Internetpartnersuche, im Anhang finden Sie empfehlenswerte Titel (siehe Seite 217).

Die anspruchsvolle Strategie

Als nächsten und hoffentlich letzten Mann ihres Lebens wollte Marianne nur den Besten! Sie überlegte, was mit ihrem Expartner nicht funktioniert hatte, und kam zu dem Ergebnis, dass ihr idealer Partner so ziemlich das genaue Gegenteil davon sein müsste. Sie listete diese Punkte auf und entwarf ihre Annonce. Sie begann mit »Du bist…«, dann folgte die Beschreibung der Eigenschaften, von denen Marianne sicher war, dass ein Mann sie mitbringen müsste, um mit ihr eine erfolgreiche Beziehung zu führen. Dazu gehörte für sie als alleinerziehende Mutter natürlich auch das Thema Kind. Sie beschrieb das mit der Anforderung: »Für dich sind Kinder eine Bereicherung.« Beim ersten Telefonat mit den ausgewählten Bewerbern stellte sie klar, dass sie Mutter eines einjährigen Kindes war. Nur ein einziger von zehn Männern hatte damit ein Problem. Die anderen hatten das bereits aus der Formulierung herausgelesen und angenommen, dass Marianne sich entweder sehr bald ein Kind wünschte oder schon eines hatte. Ein weiterer Punkt für Marianne war, dass sie sich einen umgänglichen, freundlichen, netten Mann wünschte. Und das sollte nicht nur der Mann von sich selbst denken, sondern es auch beweisen können. Daher formulierte sie: »Deine Freunde und Bekannten würden dich als netten, sympathischen Typen beschreiben.« Das könnte wohl ein Eigenbrötler, Choleriker oder Egozentriker nicht von sich behaupten. Schließlich schrieb Marianne über sich nur einen kurzen Satz: »... und du kannst dir kaum vorstellen, dass du ausgerechnet über eine Annonce eine Frau findest, die all das auch mitbringt.«

Hohe Anforderungen – hoher Einsatz – hoher Lohn. Das ist das Prinzip der anspruchsvollen Strategie. Als Frau werfen Sie mit den hohen Anforderungen quasi einen Fehdehandschuh in die Kampfarena. Männer, die sich trauen, diesen Handschuh aufzuheben, haben Mumm. Männer, die auf diese Annonce antworten, haben ein grundlegendes Selbstbewusstsein und wünschen sich eine ebensolche Frau. Die Chance, dass Sie mit solchen Männern eine gute Beziehung führen können, ist hoch. Und auch für Marianne hat das geklappt. Ihre Ausbeute war: fünfzig Antworten, zehn Telefonate, fünf Treffen, eine Heirat.

Allerdings gibt es eine Bedingung für diese Strategie – und die liegt in Ihnen selbst. Wenn Sie nicht wirklich davon überzeugt sind, dass Sie den Einsatz des besten Mannes wert sind, können Sie diese Strategie nicht anwenden. Dafür müssen Sie nicht »die perfekte Frau« sein, nur im guten Sinne anspruchsvoll. Sie müssen es sich wert sein. Sie müssen an sich glauben. Und außerdem muss sich diese Strategie der Suche für Sie stimmig anfühlen.

Die »Wie nebenbei«- und die Flirtstrategie

Auch Annoncen, die freundlich, aber relativ allgemein gehalten sind, können durchaus erfolgreich sein.[48] Denn viele Männer schrecken allzu detaillierte Wunschlisten von Frauen ab. »Wie nebenbei« eine Annonce aufzusetzen, in der Sie sich als freundliche Frau beschreiben, die ganz einfach einen netten Mann sucht, wird Ihnen jedenfalls auch jene Männer zur Auswahl bringen, die sich nicht für Mr. Universum halten, aber vielleicht doch wundervolle Partner sein können.

Eine Variante der Wie-nebenbei-Strategie ist es, Ihre »ernsten« Absichten erst einmal ganz hintanzustellen und sogar zu verschleiern. Wenn Sie Wörter wie »flirten«, »Spaß« oder Ähnliches in Ihrer Annonce verwenden, tun Sie so, als ob Sie keine ernsten Absichten hätten. Die »Flirtstrategie« ist sozusagen ein niedrigschwelliges Angebot für Männer, sich Ihnen ganz unverbindlich zu nähern und dann zu schauen, was passiert. Dann müssen Sie allerdings damit rechnen, zunächst einmal einen Haufen Antworten zu erhalten, in denen sich alles findet, was so auf dem Single-Markt unterwegs ist. Sie werden auch eindeutig sexuelle Aufforderungen bekommen und viele Reaktionen, die von uninteressant über ganz nett bis hin zu spannend klingen. Ihre Auswahl für die ersten Treffen muss daher rigoros sein, und auch danach müssen Sie ganz klare Grenzen setzen.

Die Markenzeichen-Strategie

Als umgekehrte Variante der anspruchsvollen Strategie, in der Sie genau den Mann mit all seinen gewünschten Eigenschaften beschreiben, geben Sie mit dem »Markenzeichen« zu erkennen, wer *Sie* sind. Und zwar so auffällig, dass genau der richtige Mann auf Sie aufmerksam wird. Das Ziel der Markenzeichen-Strategie ist nicht Masse, sondern Klasse. Sie können Formulierungen mit Ihrem Markenzeichen in Zeitungsannoncen oder in Internetprofilen einsetzen oder wo immer Sie sich bei der Partnersuche präsentieren. Die Markenzeichen-Strategie wurde von der Marketingspezialistin Rachel Greenwald von der Güterwelt auf die Partnersuche übertragen.[49] Mit Ihrem Markenzeichen können Sie zudem mehr Selbstbewusstsein entwickeln: »So bin ich – und dazu stehe ich!«

Entwickeln Sie Ihr Markenzeichen

Um Ihr »Markenzeichen« zu entwickeln, sammeln Sie so viele Adjektive oder kurze Wortkombinationen, die Sie beschreiben, wie Ihnen einfallen (zum Beispiel kornblumenblaue Augen, wassersportbegeistert). Und zwar in folgenden Kategorien:

a) Ihr Aussehen

b) Ihr Charakter

c) Ihre Hobbys, Ihre Herkunft oder etwas Besonderes an Ihnen

Wählen Sie dann aus den Listen a, b und c jeweils ein Adjektiv bzw. eine Wortkombinationen aus. Die Auswahl treffen Sie nach folgenden Kriterien:

● Es sollte Sie wirklich charakterisieren – also weder unter- noch übertreiben.

● In der Auswahl sollten unterschiedliche Facetten von Ihnen zum Ausdruck kommen.

● Es sollte etwas sein, das Sie von anderen Frauen möglichst unterscheidet und das für einen potenziellen Partner interessant ist.

Bilden Sie dann mit den ausgewählten Begriffen Sätze, die Interesse wecken.

So kann zum Beispiel die Formulierung »lachende Augen« Lebensfreude ausdrücken. Oder Formulierungen wie »fröhliche Exzentrikerin mit kornblumenblauen Augen und Vorliebe für New York« weisen auf die eigenwilligen und außergewöhnlichen Seiten Ihrer Persönlichkeit hin.

Von unbeabsichtigten Botschaften und wie man sie vermeidet

Besonders bei den Themen »Seelenpartner«, »Yoga«, »Vegetarierin« und »spirituelle Interessen« ist Vorsicht geboten bei der Formulierung. Es ist überhaupt kein Problem, dass Sie solche Interessen haben, sondern Teil Ihres Lebens. Aber zwei Dinge sollten Sie bedenken, wenn es um das Ziel geht, den richtigen Mann zu finden. Kommuniziere ich, was ich wirklich will? Und wer wird mit dieser Annonce auf mich aufmerksam?

Wenn Sie mit solchen Formulierungen in einem esoterischen Blatt inserieren, heben Sie sich nicht von der Masse ab. In einer seriösen Tages- oder Wochenzeitung können diese Begriffe dagegen auf Männer regelrecht abschreckend wirken. Denn entweder hatte ein Mann bisher wenig Berührung mit dieser Materie, dann hat er nur vage oder negative Phantasien darüber. Oder er hatte bereits Kontakt zu Frauen mit esoterischen Interessen und hat dabei eventuell schlechte Erfahrungen gesammelt. Der beste Fall wäre natürlich, dass der Mann ähnliche Interessen hat wie Sie und genau das sucht. Der wird Sie aber auch finden, wenn Sie Ihre Interessen etwas weiter umschreiben. Für ihn können Sie zum Beispiel ein Signal setzen, indem Sie einen speziellen Autor oder bestimmte Musik als eine Art Erkennungszeichen nennen.

- Bei Mozarts Opern (oder Ihr Komponist/Sänger …) und Büchern von (Ihr Autor) tanke ich auf …
- Ein Buch von (Ihr Autor) liegt immer griffbereit auf meinem Nachttisch …

Oder Sie kombinieren ein »spirituelles« Schlagwort mit dem Gegensatz zu dem oft assoziierten Vorurteil:

- Bodenständige, spirituell interessierte Frau …
- Ich meditiere regelmäßig, um immer wieder auf die Erde zu kommen …

Oder Sie umschreiben Ihre Neigungen mit dem, was Ihnen daran wichtig ist:

- Frau mit Sinn für die Frage nach dem Sinn des Lebens …
- Frau mit leichtem Herzen und Tiefgang bei den Fragen des Lebens …
- Ich freue mich am Leben und interessiere mich dafür, was »wesentlich« ist …
- Regelmäßig zur Ruhe zu kommen ist mir wichtig und gibt mir Power für mein Leben …

Experimentieren Sie doch einmal mit unterschiedlichen Profilen in zeitlichen Abständen und schauen Sie, welche Männer antworten. Mit der »unspirituellen Variante« einer Annonce hat schon manche spirituelle Frau einen passenden Mann gefunden. Annoncen sind eine Verpackung, die neugierig machen soll. Nehmen Sie das Ganze nicht zu ernst. Es geht erst einmal nur um die Wahl eines Mannes für ein erstes Treffen. Und wenn Ihre Vision stark in Ihnen wirkt und ausstrahlt, dann findet der Richtige Sie auch mit ein wenig Verpackung.

Partnersuche 2.0 – Fischen im Internet

Einen Mann treffen, ohne aus dem Haus zu gehen. Millionen Partner zur Auswahl zu haben, obwohl Sie auf dem Dorf leben. Die große Liebe finden, obwohl man gerade im Jogginganzug und mit Gurkenmaske auf dem Gesicht vor dem Bildschirm sitzt und im Nebenzimmer das Kind schreit. Das alles ist inzwischen für jeden möglich oder jedenfalls nicht mehr unmöglich. Liebe per Mausklick heißt die Devise.

Die Internetpartnersuche hat mehrere Vorteile. Sie sparen eine Menge Zeit und Geld beim Kennenlernen anderer Singles, und Sie vergrößern Ihren örtlichen Radius erheblich. Außerdem ist beim Flirt im Internet die erste Hemmschwelle niedriger als im normalen Leben, weiß Psychologin Lisa Fischbach, die als Coach bei der Internetagentur ElitePartner Partnersuchende auch zum Thema Flirten berät. »Bei einem Internetkontakt«, erklärt die Psychologin, »geht alles etwas langsamer, und Sie können in Ruhe eine Vorauswahl treffen.« Denn anders als in »freier Wildbahn« wissen Sie aus dem Profil des Partners bereits wichtige Dinge, bevor Sie ihn kennenlernen. Zweitens können Sie sich bei Anfragen und Antworten Zeit lassen und sitzen sich nicht direkt gegenüber. Und Sie wissen drittens, dass der andere ebenfalls bereit ist und sucht. »Das macht die Kontaktaufnahme auch für schüchterne Single-Frauen und -Männer leichter«, weiß Psychologin Fischbach aus Gesprächen.

Vor allem sind es wohl der Zeitvorteil und die Ortsunabhängigkeit, wodurch sich die Partnersuche im Internet in den letzten drei Jahren fest etabliert hat. Laut einer repräsentativen Studie haben rund 40 Prozent der Singles in Deutschland und immerhin 30 Prozent aller Deutschen (offensichtlich auch die Liierten) schon einmal ein Internetangebot für die Partnersuche wahrgenommen.[50] Und ein Viertel der liierten Personen, die bereits eine Online-Agentur genutzt haben, geben an, darüber den Partner fürs Leben gefunden zu haben.

Bei den Angeboten gibt es eine klare Zweiteilung. Zum einen gibt es Anbieter, die eher auf unverbindliche Beziehungen und ein sehr breites Publikum ausgerichtet sind: Online-Dating und Single-Börsen. Dazu gehören Flirt- und Kontaktportale, die Kontaktanbahnung für gemeinsame Freizeitaktivitäten anbieten und Chats, also »Gespräche« online. Manche dieser Portale bieten parallel auch Dienste für die ernsthaft suchenden Singles an, meist ohne Kosten oder mit sehr niedrigen Gebühren (was wiederum eher Personen anlockt, die sich die Partnersuche nichts kosten lassen wollen – oder können). Außerdem gibt es spezielle Agenturen für mehr oder weniger rein sexuelle Bekanntschaftswünsche.

Als zweites großes Segment treten daneben die Online-Partnervermittlungen auf. Diese Anbieter wollen ganz gezielt nur Singles ansprechen, die an einer dauerhaften Partnerschaft interessiert und auch bereit sind, dafür zu zahlen. Bei den Online-Partnervermittlungen werden die Mitglieder einander – zunächst anonym – direkt gegenseitig vorgestellt. Sie bekommen also Partnervorschläge wie bei einer klassischen Partnervermittlung. Es gibt derzeit auf dem deutschen Markt vier etablierte Anbieter in diesem Segment: Parship, be2, Elite-Partner sowie Der zweite Frühling (dzf) für Singles über vierzig. Alle vier Agenturen haben einen geschützten und nur für Mitglieder zugänglichen Bereich, so dass Profile ausschließlich von anderen Mitgliedern eingesehen werden können. Außerdem gibt es je nach Anbieter die Möglichkeit, ein Profil zunächst ohne Foto einzustellen und das Bild erst auf gezielte Nachfrage eines Mannes, der selbst auch Mitglied sein muss, für diesen freizuschalten. Diese Möglichkeit zur Anonymität ist besonders für Frauen wichtig, die in ihrem Beruf öffentlich auftreten, ob im großen oder im kleinen Rahmen. Nicht nur die Spitzenpolitikerin, auch die Lehrerin an einer öffentlichen Schule möchte zu Recht nicht, dass ihr Foto für Kollegen oder Eltern ihrer Schüler in einer Online-Partnerbörse ohne weiteres einsehbar ist.

Darüber hinaus wird bei diesen kostenpflichtigen Anbietern auf der Grundlage eines Tests ein schriftliches Persönlichkeitsprofil erstellt, und darauf aufbauend bekommen Sie Empfehlungen, wer besonders gut zu Ihnen passen könnte. Dieses »Matching-Verfahren« (engl. matching = Abgleich, Abstimmung) ist ein besonderer Vorteil der Online-Partnervermittlungen, mit dem die Agenturen werben. Doch wie aussagekräftig sind diese Persönlichkeitstests, und was wird dabei erfasst?

Die Aussagekraft der Persönlichkeitstests bei Partnerbörsen

Die Zusammenstellung und die theoretische Basis der Tests sind je nach Agentur unterschiedlich, aber bei allen Internet-Partnervermittlungen wurden die Testverfahren von qualifizierten Wissenschaftlerteams entworfen. Bei Parship wurde der Test bereits einmal überarbeitet und an das Antwortverhalten der Mitglieder angepasst.[51] Die Tests erfassen die Persönlichkeit sowie Verhalten und Neigungen, die in Beziehungen besonders entscheidend sind. Zum Beispiel, wie viel Nähe oder Distanz Sie in einer Liebesbeziehung wünschen und aushalten. Manche der erfassten Eigenschaften sind sogenannte stabile Merkmale der Persönlichkeit. Diese lassen sich nicht so leicht verändern, und das wollen wir meistens auch gar nicht, weil sie eben ausmachen, wer wir sind. Aber auch konkretes Verhalten im Alltag wird mit den Testverfahren der Online-Agenturen erfasst. Dabei geht es um Verhaltensweisen, in denen sich Ihre Persönlichkeit zeigt, zum Beispiel, wie wichtig Ihnen Aktivitäten außer Haus sind versus die ruhigen Abende, auf dem Sofa. Auch die Toleranz für Frustration gehört dazu. Bin ich eine Mimose oder eine Eiche? Kommt darauf an, sagen Sie? Das stimmt. Manche der abgefragten Eigenschaften sind eben gerade nicht in Stein gemeißelt, und das zeigt der Test dann auch. Daher sollten Sie den Test nicht in einer persönlichen Extremsituation ausfüllen, wie zum Beispiel direkt nach einem Trauerfall.

Matching-Points der Tests – Spiel, Satz und Liebe?

Nachdem Sie den Test ausgefüllt haben, schicken die Agenturen Ihnen automatisch Partnervorschläge mit Profilen von Männern zu, mit denen Sie laut Test eine hohe Übereinstimmung haben. Was bedeutet das? Das heißt zunächst einfach, dass hier ein Mann ist, mit dem Sie theoretisch gut harmonieren könnten. Ob Sie sich wirklich verlieben werden, darüber sagt das Matching natürlich nichts aus. Über Tendenzen, ob es im Alltag klappen könnte, wenn es gefunkt hat, schon eher. Denn gerade bei den »stabilen Merkmalen« einer Persönlichkeit sind Schwankungen weniger zu erwarten. Bei einem Übereinstimmungsgrad von 50 Prozent oder weniger ist es dann fraglich, ob die Anpassung geleistet werden könnte, so die Psychologin Dr. Reingard Kess von Parship. Und natürlich spielt die Bereitschaft der Partner, sich zu verändern, eine große Rolle. »Wenn zwei Personen theoretisch 80 Prozent übereinstimmen, aber in den anderen 20 Prozent überhaupt keine Kompromissfähigkeit zeigen, dann kann es schwieriger werden als bei zwei Menschen, die nur zu 55 Prozent übereinstimmen, aber sehr kompromissbereit sind«, weiß die Psychologin.

Risiken der Onlinesuche

Das Internet bietet besonders für beruflich engagierte und zeitlich eingespannte Frauen (und wer wäre das heutzutage nicht?) eine Möglichkeit, Single-Männer überhaupt kennenzulernen. Doch die Partnersuche im Internet birgt auch Risiken. Durch E-Mails kann schnell das Gefühl von Vertrautheit entstehen, das aber eben nicht durch den direkten Kontakt, durch die »Chemie«, bestätigt wird. Bevor Sie sich in ein »Internet-Phantom« verlieben, sollten Sie nach nicht allzu langer Zeit auch ein direktes Treffen herbeiführen (bzw. vom Mann initiieren lassen). Außerdem entsteht der trügerische Eindruck, dass es mit einem Mal fast unbegrenzt viele Partner zur Auswahl gibt. Das kann zu einer gewissen Beliebigkeit und Wahllosigkeit bei Ihnen selbst oder bei den Männern führen. Und schnell wird jemand wieder »weggeklickt«. Wählen Sie daher präzise aus, und bleiben Sie lange genug am Ball, um zu sehen, ob aus der Sache etwas werden kann.

Du bist mir lieb und teuer: Partnersuche per Institut

Wenn für Sie die Onlinesuche aus welchem Grund auch immer nicht in Frage kommt und Sie das Geld dafür haben, ist eine etablierte Heiratsvermittlung eine Alternative. Diese Vermittlungen sind mit Abstand die teuerste Variante der gezielten Partnersuche. Die Institute stufen ihre Honorare meistens nach Alter und Geschlecht etwas ab, jedoch müssen Sie mit Summen zwischen zwei- und achttausend Euro für einen etwa zwölfmonatigen Vertrag rechnen. Dafür stellen Ihnen die Institute »handverlesene« Kandidaten vor. Seriöse Heiratsvermittler führen ausführliche Aufnahmegespräche von mindestens zwei Stunden Dauer (oder auch zwei Treffen von anderthalb Stunden) mit jedem Bewerber. Dabei werden sowohl psychologische Aspekte abgefragt als auch die partnerschaftliche Vorgeschichte sowie die heutigen Werte, Interessen und die Lebenssituation. Aufgrund der hohen Honorare schleicht sich in die Heiratsvermittlung kein Mann »nur mal so« ein, um seinen Marktwert zu testen.

Natürlich sollten Sie von vornherein die schwarzen Schafe der Branche meiden, am besten, indem Sie beim Gesamtverband der deutschen Ehe- und Partnervermittlungsinstitute nachfragen (Adresse siehe Seite 217) und die Vertragsbedingungen gründlich durchlesen. Außerdem müssen Sie sich vergewissern, dass in dem Institut auch genügend Partner in der passenden Altersklasse und Interessenslage Mitglied sind. Lassen Sie sich vor Vertragsabschluss reale Profile mit Bildern von Mitgliedern vorlegen. Denn in der kleineren Auswahl liegt das große Handicap der traditionellen Heiratsvermittler. Zwar ist die Qualität der Kandidaten häufig hoch, die Anzahl der Suchenden aber natürlicherweise kleiner als bei allen anderen Möglichkeiten der gezielten Partnersuche. Keine Partneragentur – auch nicht die seriösen – kann Ihnen deshalb garantieren, dass Sie jemanden über diesen Weg finden werden. Sie können lediglich die Chancen erhöhen und sich die schlimmsten Reinfälle ersparen, denen Sie bei Annoncen und per Internet mit Sicherheit begegnen werden. Was dann gar nicht so selten passiert, ist Folgendes: Eine Frau meldet sich bei einem Eheinstitut an, bezahlt die Gebühr und trifft ein paar Wochen später den Mann ihres Lebens – beim Bäcker.

Das Abenteuer beginnt ...

Da ist ja einer! Einer, der mir gefällt. Er hat mich angesprochen. Er hat auf meine Annonce geantwortet. Er hat mein Profil im Internet angeklickt. Jetzt sehe ich ihn zum ersten Mal. Ist er der Richtige? Ja, der ist es! O nein, doch nicht. Oder doch?

Durch die Konfrontation mit der Realität, mit realen Männern, können wir viel besser fühlen, was für uns wichtig ist und stimmt. Und auch, was nicht stimmt, obwohl wir dachten, dass es wichtig sei. Dass der Mann unbedingt studiert haben muss oder nicht studiert haben darf. Dass er Geld haben sollte oder sich lieber als Lebenskünstler durchs Leben schlägt. Dass er unbedingt älter, nicht zu alt oder jünger sein müsste. In realen Begegnungen – gerade mit vermeintlichen Traummännern! – wird uns manchmal schlagartig klar, dass sich unsere Vision von der Liebe anders erfüllt, als wir dachten. Deshalb ist jede Begegnung mit einem Mann in der Kennenlernphase so wertvoll. Jeder falsche Mann gibt uns Hinweise darauf, wie der richtige sein wird. Und Sie werden nach mehreren »falschen« Männern den richtigen besser wahrnehmen und schätzen können. Deshalb gibt es auf dem Weg der Liebe auch keine falschen Begegnungen, nur ein Dazulernen. Damit das Lernen jedoch nicht unnötig schmerzhaft wird, gibt es die Regeln der Klugheit beim Kennenlernen.

Das erste Abtasten – am besten mit Intuition und Verstand

Sie treten nun in das erste Stadium der Liebesphasen ein, die »Wahl« (vgl. Seite 133). Hier entscheidet sich, wen Sie überhaupt zulassen zu einem ersten Kaffeetrinken oder Spaziergang und wen Sie durch körperliche Signale oder einen Mausklick ermuntern, sich Ihnen vorzustellen. Sie können zu wählerisch, aber auch zu wahllos sein. Bei der Wahl gehen Sie sowohl intuitiv als auch bewusst vor. Auch wenn Sie dem romantischen Ideal anhängen, ist es wichtig, den Verstand nicht ganz abzuschalten. Natürlich gibt es die Liebe auf den ersten Blick oder zumindest die schnelle Verliebtheit, die sich auch in einer Beziehung bestätigt. Der Paartherapeut Jürg Willi fand heraus, dass spontane Verliebtheit besser ist als ihr Ruf unter den strengen Paartherapeuten.[52] Ein Viertel der Befragten, die in einer Beziehung lebten, hatten sich sehr schnell in ihren Partner verliebt, 13 Prozent davon sogar auf den ersten Blick. Und sie waren genauso glücklich in ihren Beziehungen wie die »langsam Verliebten«. Andererseits hat der überwiegende Teil der Paare es eben erst später gewusst.

Auch wenn die Intuition wichtig ist, liegt man damit nicht immer richtig. Und ein fataler Fehler wäre es, erste Verliebtheit für den sicheren Vorboten von Liebe zu halten. Viele Enttäuschungen von Single-Frauen rühren daher, dass sie nach der ersten Phase der Liebeswerbung, der Wahl, gleich gedanklich mit ihrem Liebsten in die gemeinsame Wohnung einziehen. »Ich war mir doch so sicher …«, klagen sie nachher, wenn sich alles schnell erledigt hat. Wieder der Falsche, wieder einer mit Haken! Und diese Enttäuschung erzeugt oft genau jene Resignation, die dann so wenig hilfreich für die weitere Suche ist. Mit dem Wissen um die Liebesphasen können Sie Verliebtheit genießen und als genau das annehmen, was sie ist: ein tolles Geschenk des Himmels für den Augenblick. Nicht mehr und nicht weniger. Ob daraus Liebe wird, entscheidet sich in den weiteren Liebesphasen. Es kann sein, es kann aber auch nicht sein. Das gilt es abzuwarten.

Trotzdem ist es in der ersten Phase des Kennenlernens auch wichtig, spontan und offen zu bleiben. Zu viel Kopfeinsatz verhindert womöglich, dass Sie überhaupt in Aktion treten. Wenn Sie aus einem Stapel Zuschriften auf eine Annonce 99 Prozent wieder aussortieren, dann ist die »Türsteherin« in Ihrem »Inneren Liebesteam« einfach zu wählerisch.

Flirten – das schwere »leichte« Spiel mit den Blicken

Würden Sie in ein Auto ohne Bremse einsteigen? Sicher nicht. Und genau so fühlt sich für viele Frauen auch ein Flirt an, einfach zu unsicher und gefährlich. »Für das Flirten brauchen wir Gaspedal und Bremse«, so Lisa Fischbach über die Mechanismen des Flirtens. »Das wichtigste Mittel beim Flirt ist der Augenkontakt. Mit wiederholten Blicken, zwei, drei Sekunden hinschauen, wieder wegschauen und wieder hinschauen, nimmt eine Frau Kontakt auf. Mit einem Lächeln und einer offenen Körpersprache signalisieren Frauen dem Mann dann, dass er näherkommen und sie ansprechen kann«, sagt die Psychologin, die auch Seminare zum Thema Flirten anbietet.[53] »Aber viele Frauen wissen nicht genau, wie sie das Spiel dann auch wieder herunterfahren oder beenden können, wenn es ihnen reicht, und fühlen sich deshalb unwohl. Die Konsequenz ist, dass Frauen entweder gar nicht mehr flirten oder in Gesprächen festhängen, die ihnen widerstreben und den Spaß verderben.« Das »Bremspedal« beim Flirten besteht aus simplen körperlichen Signalen, konnten Verhaltensforscher bei flirtenden Paaren ganz klar beobachten. Lisa Fischbach fasst die Möglichkeiten der Frau so zusammen: »Zunächst gibt es körperliche Signale, die dem Mann signalisieren, dass der Kontakt nicht mehr weitergehen soll. Den Blick nicht mehr erwidern oder zur Seite gucken, den Körper wegdrehen, die ›kalte Schulter‹ zeigen, schließlich weniger oder nicht mehr antworten. Und dann ist es auch völlig legitim, einem Mann mit freundlichen, aber bestimmten Worten zu sagen, dass das Spiel jetzt zu Ende ist.« Die Flirt-Spezialistin ermuntert Frauen zum klaren Nein: »Es war nett, sich mit Ihnen ein wenig zu unterhalten, aber ich suche heute Abend nicht den Mann meines Lebens und würde jetzt gern wieder ein wenig allein sein.« So deutlich muss es ein Mann manchmal hören, der sich bereits Hoffnungen auf einen netten Abend und mehr gemacht hatte. »Beim Nein freundlich zu bleiben, ist nur möglich, wenn die Frau vorher nicht zu weit über ihre eigene Grenze gegangen ist«, so Lisa Fischbach. Und das freundliche Nein ist auch eine nette Geste gegenüber dem Flirtpartner, damit der nicht völlig den Mut verliert.

Flirten kann nur, wer sich nicht fürchtet. Flirten kann nur, wer das Spiel kennt und die Regeln mitbestimmt. Also auch Grenzen setzen kann und Unverschämtheiten unterbindet. Oder so spielt, dass es dazu gar nicht kommt. Hier kann ein Flirtkurs wirklich hilfreich sein. Denn es geht beim Flirten um die positive Lebenserfahrung dabei, weniger darum, gleich jemanden oder gar den Richtigen zu finden. Auch glücklich verheiratete Frauen und Männer flirten schließlich, denn es macht Spaß und lädt die Batterien der männlichen und weiblichen Identität auf.

Sich sehen lassen – Leben ohne Tarnkappe

Christiane Weinreich arbeitet in Berlin als Trainerin und Coach für Medientraining. Sie erlebe oft, sagt die erfahrene Medienfrau, dass gerade Frauen Schwierigkeiten hätten, »angeschaut zu werden«, zum Beispiel bei einer Präsentation oder in einer anderen öffentlichen Situation. »Und darum geht es meiner Meinung nach auch, wenn eine Frau auf Partnersuche ist. Das ist in gewisser Weise ja wie eine Präsentation von sich selbst.« Christiane Weinreich leitet Frauen dazu an, präsent zu sein und gesehen zu werden, statt nach Aufmerksamkeit und Bestätigung des Publikums zu suchen. »Das gilt bei einer Vorstandspräsentation, wenn zehn Männer aufmerksam und kritisch auf die Präsentierende schauen, genauso wie im Biomarkt um die Ecke, wenn da dieser nette Mann herüberschaut.« Häufig empfiehlt Christiane Weinreich ihren Klientinnen Körperübungen. »Präsenz im Körper zu spüren, zu atmen, anzukommen, zu sein.« Um so einfache Dinge gehe es dabei, sagt die Medientrainerin, wissend, dass genau das so schwierig für Frauen ist.

Diese Erfahrungen kann ich aus meiner Einzelarbeit mit Klientinnen nur bestätigen. Manche Frauen berichten, dass sie sich wie »eingerostet« fühlen, wenn es um das Flirten geht. Andere finden es »anbiedernd«. Bei wieder anderen gerät der Flirt gleich zur missverständlichen »Attacke« auf Männer. Sie wollen »keine Zeit verlieren« und »kommen gleich zur Sache«, verbal und auch anders. Und das führt selten zu den gewünschten Ergebnissen, sondern zu neuen Enttäuschungen.

Präsent sein – sich anschauen lassen

Um flirten zu können, müssen Sie wissen, wie Sie bremsen können. Aber vor allem müssen Sie es aushalten, angeschaut zu werden. Dazu brauchen Sie ein Gefühl von Stärke und Souveränität. Zwei Techniken können Ihnen dabei helfen.

1. Einen Moment der Stärke ankern

Erinnern Sie sich an einen Moment, in dem Sie sich einmal sehr stark, souverän und freudig gefühlt haben. Vielleicht bei einer Geburtstagsrede vor den versammelten Gästen. Oder nach einer Wanderung auf einem Berggipfel. Wenn Sie dieses Gefühl in Ihr Gedächtnis gerufen haben und körperlich spüren, dann setzen Sie einen »Körperanker«. Dazu greifen Sie einfach mit einer Hand an eine unauffällige und gut erreichbare Stelle Ihres Körpers, zum Beispiel das andere Handgelenk, und drücken dort einen Moment. Dadurch verbindet Ihr Körper ab jetzt das Hochgefühl mit dieser Körperberührung. Aktivieren Sie den Körperanker und dieses Hochgefühl öfter, dann wird sich die Verbindung festigen, und das Gefühl wird abrufbar, wenn Sie es brauchen.

2. Sich souverän atmen

In dem Moment, in dem Sie einem attraktiven Mann begegnen, müssen Sie präsent sein können. Dazu können Sie Ihren Körperanker für Stärke aktivieren, oder Sie setzen die folgende Atemübung ein:

- Nehmen Sie Ihren Körper wahr, vom Kopf bis zu den Füßen, mit dem Schwerpunkt im Becken. Spüren Sie Ihre Füße fest verwurzelt im Boden, die Knie sind dabei locker (wenn Sie sitzen, spüren Sie das Gesäß deutlicher, und Hals und Nacken sollten locker sein).

- Ihr Gesicht ist weich und offen, die Mundwinkel weisen zu einem leichten Lächeln nach oben. Der Atem fließt leicht ein und aus.

- Spüren Sie jetzt den Raum um Ihren Körper. Diesen Bereich direkt um uns nennt man die Kinesphäre. Dieser Raum geht ganz um Sie herum, hüllt Ihren gesamten Körper ein.

- Spüren und »beatmen« Sie Ihre Kinesphäre, die sich dadurch belebt und vielleicht auch ausweitet.

- Entscheiden Sie bewusst, wen Sie wie weit in Ihre Kinesphäre eindringen lassen. Mit wie viel Nähe und Distanz zu Fremden – auch einem aufregenden – fühlen Sie sich wohl?

Seien Sie präsent in Ihrer Kinesphäre, wann immer Sie einem Mann begegnen.

Schüchterne Männer ermutigen

Mit zunehmendem Alter werden Männer zurückhaltender dabei, auf fremde Frauen zuzugehen, vor allem auf Frauen gleichen Alters. Zu groß erscheint das Risiko eines Korbs. Manchmal ist auch fehlendes Selbstbewusstsein eines Mannes der Grund, warum er nicht aktiv wird. Er fragt sich dann: Wie komme ich dazu, so eine tolle Frau anzusprechen? Und er ist häufig eher geplättet als erfreut, wenn genau diese Frau ihn anspricht. Bei Männern mit einem generellen Selbstwertproblem ist Vorsicht geboten. Wenn Sie aktiv werden, ist der Mann einerseits dankbar, andererseits zweifelnd, warum ihm dieses Gute widerfährt. Wenn der Mann also nach einer Initiative von Ihnen nicht bald selbst aktiv wird, müssen Sie ihn abhaken. Er ist entweder nicht interessiert oder nicht bereit, oder er fühlt sich Ihnen nicht ebenbürtig. Indem Sie die Rolle der »Umworbenen« einnehmen, trennen Sie früh die Spreu vom Weizen.

Ein Mann, der allerdings einfach nur schüchtern oder etwas ungeübt im Flirten ist, wird Ihnen dankbar sein, wenn Sie einen ersten deutlichen Schritt in seine Richtung machen. Und nach diesem ersten Schritt wird er aktiv – und bewegt sich auf Sie zu oder wieder weg. Bei schüchternen Männern müssen Sie also zur List greifen und den Hund zum Jagen tragen.

Die weibliche Jägerin

Wie können Sie zur weiblichen Jägerin werden, ohne sich Männern »wie ein Kerl« zu nähern? Hier sind einige Möglichkeiten, mit denen andere Frauen gute Erfahrungen gemacht haben:

- Mit Blicken spielen, aktiv zu einem Mann hinüberschauen, ihn fixieren, wieder wegschauen und ihn dann anlächeln (also flirten – und zwar deutlich genug).

- »Promenieren« – durch einen Raum immer wieder auf und ab gehen (zum Beispiel bei Ausstellungen, Partys, Empfängen) und dabei freundlich aussehen.

- Männliches Rollenverhalten, beispielsweise Ihnen bei etwas behilflich zu sein, stimulieren und einladen. – »Könnten Sie mir bitte einmal mit ... helfen? Dürfte ich einmal Ihr Handy benutzen, mein Akku ist gerade leer. Wissen Sie, wo es hier ... gibt? Kennen Sie sich aus ...?«

- E-Mail-Adressen austauschen. Dazu vielleicht bei einer Veranstaltung eine E-Mail-Liste der Teilnehmer anregen, »damit man sich in Verbindung setzen kann«, mit Blick und Lächeln zu ihm.

- Zettel mit Visitenkarte zustecken. »Ich habe jetzt keine Zeit mehr zu bleiben, vielleicht haben Sie Lust, mich einmal anzurufen?« Und dann geheimnisvoll lächelnd verschwinden.

- Eine vom Mann überreichte Visitenkarten zurückgeben – mit strahlendem Lächeln und der Bitte, dass er sich *Ihre* Nummer notiert. (Wenn er fragt, warum, sagen Sie nichts, lächeln Sie nur weiter und signalisieren ihm damit, dass Sie sich freuen würden, wenn er zuerst anruft – und dass er anrufen muss, wenn er Sie wiedersehen will. Oder Sie sagen schelmisch: »Ach, das hat schon meine Großmutter gesagt: ›Ruf nicht fremde Männer an, mein Kind.‹«)

- Ihn auf die Veranstaltung oder den Anlass, zu dem Sie gerade da sind, ansprechen. »Kennen Sie den Künstler? Wie gefällt Ihnen das Konzert bis jetzt? Was halten Sie von diesem Redner?«

- Ein nächstes Treffen vereinbaren, zu einem rein sachlichen Zweck. (»Können wir uns zu diesem Thema noch einmal treffen? Ich glaube, Sie könnten mir da sehr weiterhelfen.«) Zu so einem Treffen kommen Sie dann *nicht* in engen Stretchjeans, tief dekolletiert und sonstwie aufgeputzt, sondern ganz normal angezogen und auf den Gesprächsgegenstand konzentriert. Warten Sie dann auf seine weitere Initiative.

- Eine Gelegenheit nutzen, um sich – auch frech – in ein Gespräch einzumischen: »Entschuldigung, wenn ich da mal etwas einwerfen darf ...« So sind schon Ehen entstanden – ich kenne solch ein Paar persönlich!

Jedem Anfang wohnt ein Zauber inne ...

Jede Liebe hat einen Mythos. Jede Liebe braucht einen Mythos. Und manchmal braucht man nicht einmal miteinander zu reden, um jemanden kennenzulernen. Bei Martha und ihrem Lebenspartner war es Liebe auf den ersten Tanz. Es war kurz vor Mitternacht auf einem Fest, als Marthas jetziger Freund zu ihr auf der Tanzfläche hinübertanzte. »Er war erst mal rein äußerlich nicht so mein Typ und ich selbst auch überhaupt nicht auf Männersuche«, stellt Martha nüchtern fest. Aber dann war da dieser Tanz und Wolfhard ein wundervoller Tänzer. »Und ich hatte für mich mal diesen Satz festgelegt: ›Ich will keinen Anfänger mehr‹. Das bezog sich ja gerade aufs Tanzen.« Schon nach dem zweiten Lied, erinnert sich Martha, war ihr so heiß, dass sie sich ein Getränk holen musste. Dann ging die Begegnung auf der Tanzfläche weiter. »Ich bin mir sicher«, sagt Martha, »dass unsere Beziehung sich vielleicht gar nicht entwickelt hätte, wenn wir uns sitzend bei einer Unterhaltung begegnet wären.«

Anders ist der »Zauber« der ersten Begegnung, wenn das erste Treffen nicht auf »Zufall« beruhte, sondern willentlich herbeigeführt wurde. Je »romantischer« Ihre Vorstellungen von Liebe sind, umso eher werden Sie sich vielleicht ernüchtert fühlen. Vor einem ersten Treffen mit einem Mann, den sie per Annonce kennengelernt haben, würden manche Frauen am liebsten Reißaus nehmen. Die Annonce zu schalten, war ja noch ganz okay, aber dann? Ist das nicht alles sehr künstlich, zögern gestandene Geschäftsfrauen plötzlich? Und alleinerziehende Mütter, die die schwierigsten Herausforderungen des Alltags meistern, scheitern plötzlich an der Frage: »Was ziehe ich bloß an?«

Wie das erste Treffen gelingt: den Ball flach halten

Dinge die uns wichtig sind, fühlen sich selten leicht an. Das erste Treffen mit einem potenziellen Liebeskandidaten ist häufig so eine bedeutsame Angelegenheit, ähnlich wie ein Bewerbungsgespräch für einen wichtigen Job oder einen lukrativen Auftrag. Und dann gibt es diese Verkrampfung, dieses Abchecken, die schnellen (Vor-) Urteile, die Enttäuschungen. Jedes Kennenlernen hat eben seine Tücken. Und bewusst herbeigeführte Treffen stehen leider verstärkt unter diesem Druck der Erwartungen. Doch es geht auch anders, wenn Sie sich ganz bewusst anders einstellen.

Marianne, die mir ihre Geschichte von der anspruchsvollen Annonce erzählte (siehe Seite 154), handelte beim ersten Treffen klugerweise immer nach dem Prinzip der Leichtigkeitsstrategie. Eine wirklich bewährte Haltung bei einem ersten Treffen ist nämlich, niedrige Erwartungen an *diese Begegnung* zu haben. Die Erwartungen an den schließlich Auserwählten dürfen ruhig hoch bleiben. Aber Sie dürfen eben nicht erwarten, dass der Mann, der da vor Ihnen sitzt, der Auserwählte ist. »Beim ersten Treffen geht es nicht darum, herauszufinden, ob es ›der Richtige‹ ist, sondern nur darum, ob ich mich mit jemandem wohlfühle«, betont Psychologin Dr. Reingard Kess von Parship, die per Internet viele Fragen rund um das erste Treffen beantwortet. »Wenn ich mich dann mit jemandem mehrmals treffe und mich immer wohlfühle, dann kann daraus ja mehr werden.«

Tabuthemen für das erste Treffen, selbst wenn es der Mann anspricht, sind: große Lebensplanung, Kinder, Heiraten. Auf Themen wie sexuelle Vorlieben sollten Sie sich sowieso nicht einlassen. Geben Sie solche Fragen zurück mit dem Hinweis, dass Sie so etwas jetzt wirklich noch nicht besprechen möchten. Machen aber auch Sie nicht das erste Treffen zum Kreuzverhör. Von Männern höre ich manchmal Geschichten über erste Gespräche mit Frauen, neben denen die Anamnese beim Psychoanalytiker als zwangloses Geplänkel erscheint.

Sich von uncharmanten Tölpeln nicht ins Bockshorn jagen lassen

Als Single-Frau brauchen Sie manchmal starke Nerven. Manches Vorkommnis fällt ja noch in die Kategorie »nervig, aber harmlos«. Männer reden häufig zu viel bei ersten Treffen, weil sie nervös sind oder versuchen, interessant zu wirken. Anders sieht es aus, wenn Sie es mit wirklich unhöflichen, nervigen oder unverschämten Männern zu tun haben. Ob es gerade an der sprichwörtlich etwas ruppigen Art der Berliner liegt, dass ich häufiger Geschichten wie die folgende höre? Beim ersten Treffen und noch bevor er guten Tag gesagt hat, ruft ein Mann beim Anblick einer Frau aus: »Wat, sooo kleen sind se? Nee, so ne kleene Frau will ick nich!« Was soll eine Frau da entgegnen? »Angenehm, mein Name ist Meier«?

Bei uncharmanten Romeos heißt es einfach, das Ganze nicht persönlich zu nehmen. Mit einer Reihe von mehr oder weniger nervigen Fehltritten von Männern bei den ersten Treffen werden Sie rechnen müssen. Männer sind außerdem wahrlich keine Meister darin, sich aus einem Kontakt zurückzuziehen, wenn sie kein Interesse mehr haben. Meistens melden sie sich einfach nicht mehr und tauchen unter. Haken Sie solche Erlebnisse ab, und denken Sie daran, dass es nicht an Ihnen liegt. Wenn sich allerdings sehr viele Ihrer Begegnungen innerhalb der ersten drei Monate in Luft auflösen, sollten Sie vielleicht einmal prüfen, ob Ihr Verhalten in dieser Bewährungszeit der Liebe dazu beiträgt.

Liebe auf Bewährung: die ersten neunzig Tage

Es ist so weit. Sie haben ein zweites, drittes Treffen mit jemandem gehabt. Und Sie sind hin und weg! Oder doch zumindest ziemlich interessiert und er auch. Was Sie jetzt fühlen, ist Verliebtheit oder starke Anziehung. Sie glauben, sich schon ewig zu kennen! Sie haben sich so viel zu erzählen. Sie sind sich sehr nah. Vor drei Wochen waren Sie noch Single, jetzt denken Sie schon daran, zusammenzuziehen. Psychologen nennen diesen Zustand ernüchternd Pseudo-Intimität. Darunter versteht man den Eindruck, einem anderen Menschen bereits sehr nah zu sein, obwohl die Verbindung im Alltag noch lange nicht tragfähig ist. Dass Sie sich mit Menschen zeitweise sehr gut verstehen und später ziemlich befremdet vor ihnen stehen, kennen Sie vielleicht von Urlaubsbegegnungen. Am Strand von Rhodos, Bali oder Gomera war dieses Pärchen aus Bottrop doch ganz witzig. Wenn Sie dann Peter und Iris in Bottrop auf dem Plüschsofa gegenübersitzen, fragen Sie sich allerdings, wie Ihnen so eine Fehleinschätzung passieren konnte. Und vielleicht fragen sich Peter und Iris das auch in Bezug auf Sie.

Seien Sie Königin, nicht Dienstmädchen

Wie die ersten neunzig Tage einer Beziehung verlaufen, trägt entscheidend dazu bei, ob aus einer Liebelei eine feste Liebe mit Zukunft wird. Sie befinden sich jetzt in der Zeit zwischen Verführung und Umschwung (siehe »Die Phasen der Liebeswerbung«, Seiten 134 f.). In diesen ersten drei Monaten hat Ihre Beziehung noch »Bewährung«.[54] Bei Fernbeziehungen kann dieser Zeitraum auch sehr viel länger dauern. Oder die Entscheidungskrise, der Umschwung, kommt viel schneller, weil eine der beiden Parteien in Panik gerät. Für manche Menschen sind die ersten neunzig Tage ein Rausch, weil erst einmal die Angst vor Nähe fällt. Für andere sind die ersten drei Monate quälend, weil die Verbindlichkeit noch nicht vollständig hergestellt ist.

Die Fettnäpfchen und Fallstricke der so wichtigen ersten neunzig Tage habe ich in vier »Dos« und vier »Don'ts« zusammengefasst. Über allem aber steht die Haltung, mit der Sie in die Liebeswerbung gehen. Wer steht Ihrem »Inneren Liebesteam« vor? Wer führt das Wort, wenn Ihre neue Liebe Sie bedrängt oder leider eben nicht mehr so umschwärmt? Wo liegt Ihre innere Kraftquelle, um sich nicht ganz zu verlieren, während Sie einen neuen Menschen in Ihr Leben lassen?

Für die grundlegende Haltung einer Frau in der Liebeswerbung biete ich Ihnen das Bild der Königin an, die für mich als Symbol der weiblichen Rolle steht. Die Qualitäten der Königin sind: Souveränität, Führung, Güte, Gelassenheit, Empfänglichkeit, Fürsorge, (emotionaler) Wohlstand.

Die weibliche Rolle in der Liebeswerbung hat weder etwas mit dem Bild der zickigen »Tussi« zu tun noch mit dem Heimchen am Herd ohne eigenes Leben. Ebenso wenig ist damit die vermeintlich starke, sexuell aktive und »emanzipierte« Frau gemeint, die letztlich jedoch nur allen »Gelüsten«, denen des Mannes und ihren eigenen, zu Diensten ist. Diese Haltung nenne ich das Dienstmädchen. Eine Königin behält ein souveränes Leben, gerade auch mit ihrem König an der Seite.

Die Don'ts und Dos der ersten neunzig Tage

Don'ts – worauf Sie achten sollten
1 Die Sache mit »S« nicht überstürzen.
2 Sich nicht von Casanova um den Finger wickeln lassen.
3 Nicht hinter dem Jäger herlaufen.
4 Nicht in Gesprächen so schnell auf Bindung drängen.

Dos – was Sie tun können
1 Seien Sie Königin – lassen Sie ihn werben.
2 Den Pfau bewundern – stärken Sie seine Kompetenz.
3 Die Ängste des Mannes zähmen.
4 Weniger reden – kleine Geheimnisse wahren.

Don't 1: Die Sache mit »S« nicht überstürzen
Zwar hat sich auch bei manchem Paar, das schon nach dem ersten Treffen im Bett gelandet ist, eine dauerhafte Beziehung entwickelt. Doch in der Regel braucht so etwas Sensibles wie der erste sexuelle Kontakt deutlich mehr Zeit – übrigens auch für die Männer! Was Frauen heutzutage für emanzipiert halten, nämlich sexuell sehr aktiv in der Liebeswerbung zu sein, hat aus der Erfahrung mit meinen Klientinnen eher etwas Angestrengtes. Männer finden es bequem, fühlen sich manchmal aber auch regelrecht überrumpelt. Aktive Frauen in der Liebeswerbung sind mehr Dienstmädchen als Königin – sie ackern und lassen sich nicht umwerben. Die Königin kann warten und wird hofiert. Das

Dienstmädchen ist zu Diensten, ihren eigenen Gelüsten und denen des vermeintlichen Traumpartners. Der lässt sich das natürlich gern gefallen und geht dann weiter, wenn es anstrengend für ihn wird.

Schauen Sie gerade im Bereich Erotik, wer aus dem »Inneren Liebesteam« handelt. Manchmal sind es die pseudo-starken Stimmen aus dem Amazonenteam. Manchmal auch die eigenen erotischen Impulse, die sich ohne Rücksicht auf Verluste Bahn brechen. Oder Sie handeln schlicht und einfach aus der Überzeugung, dass Sie als Frau in einer bestimmten Art und Weise aktiv werden müssen, um Erfolg bei Männern zu haben. Und so landen Sie immer bei »dem Falschen«.

Don't 2: Sich nicht von Casanova um den Finger wickeln lassen
Manche Männer scheinen anders zu sein. Sprechen von Liebe gleich nach dem ersten Treffen. Wissen, dass wir die Richtige sind! Sprechen von Kindern gar, vom Heiraten. Oder davon, dass sie so eine souveräne Frau, wie Sie es sind, doch niemals mit Kindern und Haushalt belasten würden. Sie bleiben selbst bei den süßen Kleinen, als Hausmann! Was immer das Besondere ist, das der Mann sagt, Sie werden schwach.

In der Phase der Verführung klinken sich Frauen häufig viel zu schnell ein. Es sind ganz spezielle unerfüllte Bedürfnisse in uns, Stimmen im »Inneren Liebesteam«, die sich hier einmischen. Dann schaut unser inneres Aschenputtel-Mädchen auf den strahlenden Prinzen – der wahlweise flippig oder etabliert ist, armer Poet, Genussmensch oder strahlender Businessheld. Manche Männer ziehen – bewusst oder unbewusst – in den ersten drei Monaten eine unglaubliche Show ab. Frühes Sprechen von Bindung sollte Sie aber aufhorchen lassen. Seien Sie vorsichtig, wenn ein Mann so schnell vorprescht. Eventuell geht ihm schon nach hundert Metern die Luft aus. Und Sie wollten doch gemeinsam mit ihm Marathon laufen.

Und dann gibt es die notorischen Lügner. Bei manchen Männern könnte Münchhausen noch in die Lehre gehen. Da hilft nur abwarten und genau hinschauen. Irgendwann fliegt auch der geschickteste Lügner auf, der mit einer Noch-Ehefrau, Ihnen und einer dritten Geliebten terminlich jonglieren muss.

Und schließlich haben wir da noch die Pseudo-Spirituellen, die all diese wundervollen Worte sagen: Seelenverwandtschaft, Bindung, Einlassen. Aber nach drei Monaten spüren die Eso-Romeos »irgendwie keine authentische Verbindung mehr« und müssen sich ganz schnell trennen. Das war's dann. Für manche Männer ist das Feuerwerk zu Beginn der einzige Weg, überhaupt kurzzeitig Nähe herzustellen. Und das ist auch alles, was sie zu bieten haben. Ist das Feuerwerk ausgebrannt, kommt nichts mehr.

Don't 3: Nicht hinter dem Jäger herlaufen
Schon weil der Weg zum Gipfel der Liebe, der festen Bindung, noch lang ist, sollten Sie sich und dem Liebsten ausreichend Zeit lassen. Und ihn prüfen. Nicht als Taktik und Spielchen, sondern als Haltung. Aus der Haltung der Königin heraus werden Sie auf Ausgewogenheit in Ihrem Austausch achten. Wer ruft wen an und wie oft? Wer kommt wen besuchen und muss dazu die eigene Wohnung verlassen? Wie viel Mühe gibt sich der Mann mit Ihnen und für Sie? Nicht, dass Sie fordern sollen. Sie beobachten es nur. Und stellen sicher, dass Sie selbst nicht mit zu viel Aktivität das Feuer ersticken. Der erste Funke ist übergesprungen, wunderbar. Jetzt kommt es darauf an, die Bedingungen so zu gestalten, dass das Feuer gut brennen kann. Dazu braucht es Brennholz (die Übereinstimmung und Nähe zwischen Ihnen) und Luft (ausreichend Abstand und Distanz). Das Feuer sollte zwischen Ihnen brennen, und dazu müssen Sie nicht die Telefonleitung zum Glühen bringen.

Sie finden, die Telefonnummer von einem Mann zu nehmen und ihn als erste und später wiederholt anzurufen, sei doch heute ganz normal? Ja, normal im Sinne von häufig anzutreffen. Aber wie wirkt sich das auf das Werbungsverhalten des Mannes aus, wenn Sie nicht als Herausforderung vor ihm entschwinden und er Sie einholen muss, sondern Sie sich als Hase entpuppen, der bereits die Pfötchen kreuzt und nicht nur wartet, sondern dem Jäger den Käscher reicht? Das nächste Mal, wenn Sie zum Hörer greifen und einen Mann unbedingt wieder anrufen müssen, halten Sie doch einen Moment inne und schauen auf Ihr »Inneres Liebesteam« – wer spricht? Ist es wirklich eine freie, souveräne, gelassene Stimme? Und wenn Sie dann trotzdem anrufen, dann schicken Sie doch die netten, die kessen oder die souveränen Teammitglieder an den Hörer.

Und was ist, wenn er Sie einfach nicht oft genug anruft? Menschen haben zwar ein unterschiedliches Mitteilungsbedürfnis, aber zwischen Ihnen und Ihrem Partner sollten der Wunsch nach Nähe und die Art und Weise diesen auszudrücken, doch ungefähr ausgewogen sein. Wenn Sie diesen Unterschied mit Ihrer Aktivität überdecken, verlängern Sie eine Beziehung, in der es tatsächlich von Anfang an einen Haken gibt. Der Mann hat entweder einfach nicht genug Interesse an Ihnen, seine Lebenssituation lässt keine Beziehung zu oder sein Bedürfnis nach Nähe unterscheidet sich eklatant von Ihrem.

Don't 4: Nicht in Gesprächen so schnell auf Bindung drängen
Frauen neigen dazu, sich in Gesprächen ihrer Gefühle zu vergewissern. Sie möchten verbale Bestätigung von dem Mann bekommen über den Stand ihrer Beziehung und über seine Gefühle. Vorausgesetzt, sie möchte sich binden. Für Männer hingegen tragen Gespräche über die Beziehung nicht immer zum Zauber einer Liebe bei. Oft ist eher das Gegenteil der Fall.

Die Wahrheit ist: Männer haben Angst in der Liebeswerbung. Frauen auch. Aber das ahnen die Männer nur, sie wissen es nicht genau. Sie wissen nicht, dass hinter Ihrem dominanten, fordernden, nörgelnden oder supercoolen Verhalten einfach Angst steckt. Wenn Ihre Angst, »dass es wieder schiefgehen könnte«, in einem *Beziehungsgespräch* erscheint, fürchtet sich der Mann. Das ist für ihn, als ob bei einem unbeschwerten Ausflug am Sonntagnachmittag plötzlich das Monster von Loch Ness aus dem Badesee steigt. Völlig unerwartet. »Wie, du willst nach drei Monaten schon wissen, warum ich dich immer noch nicht meiner Mutter vorgestellt habe? Hilfe! Rette sich wer kann!« Wenn Ihre Ängste in Bezug auf diesen Mann und den Stand Ihrer Beziehung hingegen als kleine Unsicherheiten durchsickern, finden Männer das oft entzückend.

Natürlich gehören auch Konfliktgespräche zu einer sich entwickelnden Beziehung. Aber alles zu seiner Zeit und mit Maß. In den ersten drei bis sechs Monaten ist weniger mehr. Hören Sie besser zu, was der Mann andeutet. Wie er sich vielleicht aufregt, dass Sie ihn nur mit »das ist der Georg« bei Bekannten vorgestellt haben. »Warum hast du nicht gesagt, dass ich dein Freund bin und wir ein Paar sind?«, fragt er vielleicht misstrauisch. Und dass das doch wohl das Mindeste sei, nachdem Sie jetzt drei Monate zusammen sind. So! Das ist doch mal ein schönes Beziehungsgespräch, denkt sich da die Frau.

Do 1: Seien Sie Königin – lassen Sie ihn werben

Mit welchem Bild sehen Sie sich in der Liebeswerbung? Als Frau, die Glück gehabt hat, noch einen abzukriegen? Als Aschenputtel, das von seinem strahlenden Prinzen erlöst wird? Als toughe Businessfrau, die ihren »Mann« steht und mit dem Partner einen Deal macht? Oder könnten Sie als Königin gelassen, souverän und amüsiert durch die ersten drei Monate gehen, wie ich es Ihnen als Bild angeboten habe?

Ein Merkmal der Königin ist, dass sie sich umwerben lässt. Die Königin bleibt bei sich und lässt sich vom Mann beschenken. Tatsächlich tun verliebte Männer nichts lieber, als auch den kompliziertesten Forderungen der Liebsten gerecht zu werden. Es ist rührend, wie Männer um Frauen werben, an denen sie wirklich interessiert sind. Seien Sie also tolerant mit seinen kleinen Nervositäten. Und seien Sie großzügig damit, ihm zu zeigen oder zu sagen, dass Sie seine Bemühungen, Sie glücklich zu machen, schätzen. Ein Mann liebt das Gefühl, dass Sie anspruchsvoll sind und er Ihren Ansprüchen genügen kann. Sie brauchen nichts dafür im Ausgleich zu tun. Ihr Lachen genügt.

Do 2: Den Pfau bewundern – stärken Sie seine Kompetenz

Der Pfau entwickelte seinen prächtigen Schwanz einzig und allein, um Pfau-Damen zu beeindrucken. Und die Evolutionsforscher glauben inzwischen, dass auch die Erfindungen des menschlichen Geistes mit seinen immateriellen und materiellen Pfauenfedern – Gedichte, BMWs und souveräne Fahrkünste – hauptsächlich zum Beeindrucken des weiblichen Geschlechts entwickelt wurden.[55] Geben Sie dem Mann deshalb die Gelegenheit, seine Kompetenz zu zeigen. Nehmen Sie seine Unterstützung an und sei es nur die Hand, die er Ihnen zum Aussteigen aus einem Boot anbietet. Damit ist nicht gemeint, dass Sie zum hilflosen Weibchen mutieren sollen. Aber in der Werbungsphase dürfen Sie sich ein wenig zurücklehnen. Sie müssen einmal nicht unter Beweis stellen, was Sie alles können. Das ist vor allem für »starke« Frauen eine Herausforderung. Aber genießen Sie es, dass er sich ins Zeug legt. Und zollen Sie ihm Bewunderung für:

- seine beruflichen Kompetenzen
- seine Fahrkünste und seinen Orientierungssinn
- seine Kochkünste und alle anderen sinnlichen Genüsse, mit denen er Sie verwöhnt
- seine Bemühungen um Konzertkarten, die Reservierung im Landhaus, das mitgebrachte Biobrot vom Bäcker, für das er einen Umweg gefahren ist

Do 3: Die Ängste des Mannes zähmen

Vor einer Sache haben Männer noch mehr Angst als vor dem Monster von Loch Ness, dem Beziehungsgespräch: manipuliert, übers Ohr gehauen, eingesperrt, ihrer Freiheit beraubt zu werden. Und das alles halten Männer für möglich, wenn sie einer Frau begegnen und sich richtig verlieben. Deshalb ist es auch nicht ratsam, einem Mann zu verraten, woher Sie Ihre »Manipulationsgeheimnisse« haben: »In diesem Buch steht aber, du solltest …« Überhaupt könnte es für die erste Zeit Ihrer Beziehung besser sein, die Ratgeber im Bücherschrank weit nach hinten zu stellen, diesen eingeschlossen.

Hinter der Angst des Mannes vor Manipulation stecken Jahr-tausende von Erfahrungen in seinem Genpool und etwa achtzehn Jahre Erfahrung mit seinen Erziehungsberechtigten, vorzugs-weise seiner Mutter. Mit diesem Verständnis können Sie Fragen wie »Liest du etwa Beziehungsbücher?« ganz gelassen zurück-weisen: »Ach, bei meiner Freundin habe ich so ein Ding mal durchgeblättert, interessiert mich nicht so.«

Sie sagen ihm damit indirekt, was er wirklich hören will: »Nein, ich will dir nichts Böses antun. Nein, ich will dich nicht manipu-lieren. Nein, ich werde dir nicht deine Freiheit nehmen und deine Playmobilsammlung aussortieren oder deine Heavy-Metal-CDs zerstören. Und ja, mein Süßer, auch ich habe einen ziemlichen Bammel in dieser ganzen Liebesgeschichte.«

Do 4: Weniger reden – kleine Geheimnisse wahren

Aber was ist mit dem Wunsch, dass Sie schließlich auf Dauer keine Show abziehen wollen, gerade in einer Beziehung? Und dass Sie sich mit allen inneren Anteilen zeigen wollen? Eine große Sehnsucht in Partnerschaften ist ja gerade, geliebt zu werden, wie wir sind. Dem steht auch nichts im Wege. Je länger Sie jemanden kennen, umso mehr werden Sie von sich zeigen und umso mehr auch von ihm erleben. Tatsächlich ist das notwendig, damit sich eine wirklich innige Bindung von Herz zu Herz entwickelt.

Das Wissen um die Phasen der Liebeswerbung kann Ihnen dabei helfen, sich zu entspannen und nicht in den ersten Wochen schon einen Authentizitätskrampf zu bekommen. Die Liebes-werbung vollzieht sich nicht ohne Grund über einen längeren Zeitraum in vielen Nuancen und Schritten, von der ersten Anzie-hung über das Verlieben bis zur Bindung.

Die Frage bei der Liebeswerbung ist weniger, *ob* Sie jemandem authentisch etwas über sich erzählen, sondern *wann und wie*. Es ist ein feines Ausloten der anderen Lebensgeschichte, die da stattfin-det und uns bindet. Und genau wie in einem Tanz erfordert dieses Ausloten der Grenzen ein gutes Taktgefühl und Timing. Und manche Grenzen der Vertraulichkeit werden Sie auch weiterhin wahren wollen. Vertrauen aufzubauen bedeutet nicht, dass Sie Ihrem Partner jedes Detail aus Ihrer Vergangenheit erzählen müssen. Dieser Wahrheitsrausch führt manchmal zu unnötigen Verletzungen. Natürlich müssen im Verlauf der Zeit alle wichtigen Themen zwischen Ihnen beiden auf den Tisch. Aber Sie selbst entscheiden, was Sie auswählen. Wenn Dinge (ehemalige Freunde, Verhaltensweisen, Neigungen, Fehler) wirklich der Vergangenheit angehören und in der jetzigen Beziehung keine Rolle mehr spielen, kann dieses »Geheimnis« bei Ihnen bleiben. Wichtiges für die jetzige Beziehung müssen Sie aber eröffnen. Denn umgekehrt wollen Sie natürlich auch nicht von dunklen Geheimnissen Ihres Partners überrascht werden, wie Steuerschulden, Straftaten oder Kinder, für die er keinen Unterhalt zahlt.

Eine Gewissensfrage für Sie selbst sind dabei Vorkommnisse aus Ihrer Vergangenheit, die die Werte Ihres Partners verletzen. Wenn Ihr Partner zum Beispiel sagt, dass er Abtreibungen ablehnt, Sie selbst aber eine hatten. Die Psychologin Ursula Nuber[56] berichtet von einem Fall, in dem der Mann noch kurz vor der bereits vereinbarten Hochzeit aus dem Schock heraus die Verlobung löste und ging. Es gibt keine einfachen Antworten auf diese Fragen, Sie selbst müssen jeweils entscheiden.

Pech mit Männern unterbinden – »verhaltisch« sprechen

Eine häufige Beschwerde von Single-Frauen über dreißig ist, dass Männer sich »schlecht verhalten« und sie »schlecht behandeln«. Von der kleinen Unhöflichkeit über die dreiste Lüge bezüglich der Doch-nicht-Exfreundin bis zum wortlosen Abgang nach drei Monaten. Es gibt tatsächlich Männer, die mit sich selbst so wenig im Reinen sind, dass sie sich »schweinisch« gegenüber jedem Menschen verhalten. Aber die andere Seite der Medaille sind Sie. Sie sorgen manchmal, ohne es zu wollen, mit dafür, dass sich Männer immer wieder schlecht verhalten (können): indem Sie reden und klagen, statt zu handeln.

Im Allgemeinen können Sie mit einem Lächeln darüber hinweggehen, wenn der Mann gegen kleine Regeln der Höflichkeit verstößt. Und dann werden Sie konsequent das eigene Verhalten so ändern, dass Sie Grenzen setzen – ich nenne das »verhaltisch« sprechen. Er kommt notorisch zwanzig Minuten zu spät? Sie bitten ihn einmal, pünktlich zu sein, sind ein zweites Mal nachsichtig und gehen beim dritten Mal nach fünf Minuten weg. Dann findet die Oper eben ohne ihn statt, oder er steht im Regen und muss Ihnen hinterherfahren. Er hat nie zu essen eingekauft, wenn Sie kommen? Sie lassen sich gern von ihm zum Essen Ihrer Wahl einladen. Oder Sie rufen vorher an und bleiben zu Hause, wenn sein Kühlschrank wieder leer ist. Dann kann er sich ja auf den Weg zu Ihnen machen. Es ist unnötig, ihn deshalb »zurechtzuweisen« oder Wutanfälle zu bekommen. Eines haben alle Männer, die ich kenne, gemeinsam. Sie hassen es, zurechtgewiesen oder belehrt zu werden. Dafür lieben Männer in gewisser Weise Konsequenzen. Die spornen sie an und führen zu Änderungen im Verhalten. Und die meisten Männer wissen sehr genau, wann sie sich nicht gut verhalten haben, auch wenn sie es nicht gern zugeben. Ändern die Männer hingegen ihr Verhalten trotz Ihrer konsequenten Haltung nicht, sondern zeigen sich beleidigt oder empört, ist das eindeutig ein Haken. Ein verzogenes Muttersöhnchen brauchen Sie nicht in Ihrem Haus.

Pausen machen – wann es gut ist, den Single-Zirkus mal zu verlassen

Partnersuche ist nicht immer angenehm. Viele Abschnitte des Weges sind Pflichtprogramm, keine Kür. Tatsächlich sind die Frauen bei der Partnersuche erfolgreich, die hartnäckig bleiben, sich aber nicht überanstrengen und dann vorzeitig frustriert aufgeben. Und dazu brauchen Sie auch einmal Pausen, vor allem von den gezielten Formen der Partnersuche. Schluss mit Annoncen, das Internetprofil aus dem Netz nehmen, morgens beim Bäcker keinen Mann mehr anlächeln. Oder wenn, dann ohne Hintergedanken. »Ich bin eine suchende Single-Frau auf Urlaub« sollte auf Ihrem Schreibtisch und auf Ihrer Stirn stehen. Legen Sie die Beine hoch, und holen Sie den Schmöker raus, oder gehen Sie mit den Kindern in den Wald und spielen Räuber und Gendarm.

In ruhigen Momenten können Sie auch die Fragen zulassen, die da in Ihnen rumoren. Gibt es einen Haken in mir? Stimmt etwas nicht mit mir? Die Frage nach inneren Barrieren ist berechtigt. Wenn es Ihnen gelingt, sie ohne Schuldgefühle zu stellen und wirklich mit Neugier, können Sie wertvolle Einsichten erhalten. Barrieren schirmen uns gegen außen ab und lassen folgerichtig auch nichts rein. Auch keine neuen Verletzungen. Sie sind also ein Schutz. Gerade die traurigen Tage der Partnersuche können dazu beitragen, dass sich Ihre Liebesvision schärft und klärt. Und dass Sie bei den wirklich wichtigen Details Ihrer Ansprüche hartnäckig bleiben und keine faulen Kompromisse schließen. Dann lieber etwas länger warten.

Psychologen kamen zu dem Schluss, dass man im Durchschnitt nach elf Männern keinen wirklich besseren mehr finden wird. Ewig zu suchen bringt also nichts.[57] Der ständige Vergleich mit verlockenden Optionen erschwert die Festlegung. Aber manchmal war der elfte Mann eben noch nicht dabei, und die Sache braucht einfach Zeit. Zwischen sechs Monaten und drei Jahren müssen Sie rechnen, von der ersten Idee »Ich will einen Partner finden« bis zum »Das ist er!«. Und manchmal ist die Zeit einfach reif für eine Pause.

Wetterumschwung: die Krise nach drei bis sechs Monaten

Seit drei Wochen total verliebt sein. Nach sechs Wochen wissen, dass es der Richtige ist. Sich nach drei Monaten wieder enttäuscht abwenden mit der Bemerkung, dass er es doch nicht war. So ungefähr ist die Abfolge, wenn wir die Geschichten aus der bunten Welt in den bunten Blättern lesen. Kennen Sie das auch von sich? Dieses typische Muster liegt an den Liebesphasen, dem

Timing der Liebe. Und es liegt an den Themen, die wir als Einzelne und als Paare gemeinsam bewältigen müssen, um nicht nur zu glauben, dass es der Richtige ist, sondern um sicher zu sein.

Die Phase der Liebe, in der sich entscheidet, ob aus Verliebtheit Liebe wird, heißt treffend »Umschwung« (siehe Seite 135). Ziemlich genau nach drei bis sechs Monaten verändert sich spürbar etwas in der Dynamik der Verliebten. Wer immer von beiden der Werbende, Aktive war, zieht sich jetzt etwas zurück. Und der Alltag wird wieder wichtiger, Freunde, Arbeit, Hobbys. Jetzt will einer oder beide wollen es, dass auch die Außenwelt wieder Gewicht bekommt. Bei manchen Beziehungen ist der Umschwung nur eine vorübergehende Bewölkung an einem Wochenende, die sich leicht verzieht. Bei anderen Paaren brauen sich Gewitterwolken zusammen, und es kracht merklich. Und tatsächlich kann der Umschwung auch das Ende einer Beziehung einläuten. Dann nämlich, wenn Sie einen Partner gewählt haben, der nicht zu Ihnen oder Ihrer Lebenssituation passt. Falls Leidenschaft und blinde Verliebtheit im Spiel waren, als Sie sich kennenlernten, oder der Wunsch nach einer Beziehung größer war als die realen Gegebenheiten, landen Sie im Umschwung mehr oder weniger hart auf dem Boden der Tatsachen.

Wenn Sie ein sehr romantisches Bild der Liebe haben, kann Ihnen der Umschwung an sich schon wie ein Haken vorkommen (siehe »Bilder von der Liebe«, Seite 80). Oder der Mann scheint plötzlich einen zu haben. Wäre er der Richtige, müssten Sie jetzt nicht grübelnd an den Nägeln kauen! Wenn Sie aber wissen, dass der Umschwung wie eine Kinderkrankheit im Verlauf der Liebe ist, dann müssen Sie nicht beunruhigt sein. Die Masern gehören nun einmal zur Kindheit dazu.

Wenn Ihr Freund anruft und unvermittelt das Wochenende absagt mit den Worten: »Du, ich muss jetzt mal drei Tage allein meine Wohnung renovieren«, dann schauen Sie auf den Kalender – aha, Sie sind jetzt dreieinhalb Monate zusammen –, seufzen still in sich hinein und sagen: »In Ordnung, Liebling, dann mal viel Erfolg.« Kochen Sie sich einen heißen Kakao, oder mixen Sie sich Ihr Lieblingsgetränk. Rufen Sie eine Ihrer Freundinnen an, und verabreden Sie sich. Und wo ist eigentlich dieser angefangene Roman, den Sie vor dreieinhalb Monaten in die Ecke gefeuert haben, als Ihr Romeo auftauchte? Jetzt ist wieder Zeit dafür. Widerstehen Sie der Versuchung, »nur mal so« in der Wohnung Ihres Partners aufzutauchen, »um zu helfen«.

Denn häufig konzentrieren sich Frauen im Umschwung auf den Partner: Was ist mit ihm? Warum ist er plötzlich so? Diese Fragen kann Ihnen im Zweifelsfall nicht einmal Ihr Liebster so richtig beantworten. Doch wirklich interessant am Umschwung sind Sie selbst: Was ist mit mir, wenn er so ist? Was rumort da in mir? Wieso verliere ich mit einem Mal meine Sicherheit, meine Zuversicht oder Gelassenheit? Interessant! Es handelt sich bei Ihrer Reaktion um das, was ich das »perfekte Problem« nenne.

Das perfekte Problem

Als Phänomen ist der Umschwung universell, alle Paare, alle Verliebten gehen mehr oder weniger heftig und stürmisch durch ihn hindurch. Aber was den Umschwung auslöst, was Sie an der Situation so schrecklich, unangenehm oder bedrohlich finden, ist ganz individuell. Der Umschwung aktiviert das »perfekte Problem«.

Dieses perfekte Problem ist eine ganz persönliche Reaktion in Ihnen auf etwas, was der Partner tut und sagt – oder nicht tut und sagt. Das perfekte Problem drückt unsere Knöpfe. Oft ist es die Erinnerung an eine Beziehung und eine Situation, die wir nicht mehr erleben möchten. Manchmal sind es sogar traumatische Erlebnisse wie Gewalterfahrung, Vertrauensbruch oder eine tiefe Enttäuschung. Solche Erfahrungen hinterlassen einen bleibenden Eindruck – auch in unserem Gehirn. Diese Gedächtnisspuren können in »Flashbacks« sehr lebhafte Erinnerungen auslösen, so als sei die Situation gerade eben passiert, mit allen panischen und unangenehmen Gefühlen, die damit einhergehen.

Aber auch mildere Formen von negativer Erinnerung reichen, um einen Umschwung auszulösen. Da zeigt sich doch der neue

Liebste mit einem Mal genauso arrogant in der Öffentlichkeit wie dieser Schnösel vor ihm. Oder Ihr bis jetzt so zuverlässiger Freund entpuppt sich doch als ein wenig pedantisch (wie Ihr Vater!).

Mit einem Mal ist der Liebste nicht mehr in rosarote Wolken gehüllt, sondern bringt die dunklen Wolken aus der Vergangenheit mit sich. Die Sätze, die uns im Kopf herumgehen, fangen an mit: Ich wollte doch nie wieder …!

Du bist doch nicht so, wie ich dachte

Was ist der Unterschied zwischen einem »Haken« und einem »perfekten Problem«?

Ein Haken ist alles, was einer verbindlichen Liebesbeziehung wirklich im Weg steht: unvereinbare Lebenskonzepte, über die sich auch nicht verhandeln lässt (Kinderwunsch oder nicht), starke Unterschiede in der Persönlichkeit, die sich nicht überbrücken lassen (wie viel Nähe und Distanz jemand in einer Beziehung generell braucht), fehlende Bereitschaft oder Fähigkeit, eine verbindliche Beziehung einzugehen, also frei und bereit dafür zu sein. Und ein Haken sind natürlich auch ernsthafte Probleme eines Partners wie Sucht, schwere psychische und andere Krankheiten, die verhindern, dass ein Mensch sich derzeit binden kann.

Das perfekte Problem resultiert dagegen mehr aus dem ganz normalen Übergang von der vollständigen Idealisierung des Partners – »du bist alles, was ich brauche, du bist perfekt« – hin zu einer realistischeren Sichtweise – »du bist nicht ganz so, wie ich dachte, da ist noch etwas anderes in dir«. Zunächst nehmen wir solche Desillusionierungen als Problem des Partners wahr, als seinen Haken. Und darauf reagieren wir dann mehr oder weniger heftig. Genau das ist dann eben unser Haken mit der Sache. Dass Ihr Partner ein wenig pedantisch ist, wird erst zum Problem, wenn Sie damit eines haben. Eigentlich sind solche »Partnerprobleme« also E-Mails von Ihrer Seele an Sie selbst: Sie haben eine neue Nachricht – wollen Sie sie öffnen? Und immer passt die Nachricht perfekt zu Ihnen. Die kreative Chaotin kann sich mit ihrem pedantischen Gegenpol konfrontieren (er nennt es übrigens: organisiert). Die souveräne Geschäftsfrau erlebt sich mit einem Mal als eifersüchtiges Schulmädchen. Die ehemals sehnsüchtige Single-Frau, die nichts lieber wollte als einen Mann, findet plötzlich, dass Alleinsein doch auch so seine Vorteile hat.

Die Erkenntnis des perfekten Problems lautet: »Du bist anders, als ich wollte, und passt gerade deshalb so gut zu mir.« Sie können sich zwar eine Beziehung wünschen, in der es überhaupt keine Probleme mehr gibt, aber vermutlich wissen Sie inzwischen, dass das ein Prinzessinnentraum ist. Sie können sich eigentlich nur aussuchen, welches Problem Sie haben werden (mit jedem Partner ein klein wenig anders) und wie Sie damit umgehen werden, so dass die Sache nicht zum Haken in Ihrer Beziehung wird.

Das perfekte Problem kann auch im Verlauf der weiteren Beziehung auftauchen, wenn Sie ernsthaft über Ihre Zukunft verhandeln. Häufig aber zeichnet es sich im Umschwung ab.

Das Krokodil in der Reisetasche

Für Kristina kam der Umschwung mit der Reisetasche ihres Freundes. An einem Freitagabend, ihrem regelmäßigen gemeinsamen Abend seit drei Monaten, stand er mit ihr vor der Tür. Mit dieser Reisetasche, so einer mittelgroßen. Kristina schaute auf diese Tasche, als ob sich etwas Gefährliches darin verbergen könnte, ein Krokodil zum Beispiel oder doch mindestens ein Zwerg-Alligator. Aber Kristina wusste bereits, dass sich etwas viel Schrecklicheres in der Reisetasche befand als ein Krokodil: Männerhemden, Männerunterwäsche und Männersocken. Und die würde Thomas gleich in einem ihrer Schränke verstauen wollen, in *ihrer* Wohnung. Dann doch lieber ein Krokodil. Thomas, der immer noch an der Schwelle zur Wohnung stand, deutete die entgleisten Gesichtszüge seiner Angebeteten ganz richtig. Deshalb versuchte er die unangenehme Stille zu überbrücken: »Also, äh«, setzte er an, »wenn das jetzt zu viel ist …? Es war nur so eine Idee, weil es immer so umständlich ist mit der Wäsche. Aber es muss auch nicht sein …« Thomas freundliche Suche nach den richtigen Worten weckte Kristina aus ihrer Trance. »Komm doch erst mal rein«, sagte sie verdattert. Sie musste sich erst einmal wieder sammeln.

Was war das Krokodil in Thomas' Reisetasche? Kristina hatte sich nach ihrer letzten Trennung geschworen: »Nie wieder lasse ich einen Mann in meine Wohnung einziehen – auch nicht stück-weise.« Denn so hatte es damals schließlich auch angefangen. Und dieser Schwur stand an diesem Freitagabend plötzlich scheinbar auf der Kippe. Mit Thomas' Reisetasche war die Ver-gangenheit wieder in die Wohnung zurückgekommen, und dies nahm ihr fast die Luft zum Atmen.

Kristina konnte schließlich aus ihrem Erinnerungsfilm ausstei-gen. Es gelang ihr, Vergangenheit und Gegenwart wieder zu trennen. Thomas hatte nur ein paar Wäschestücke mitgebracht, mehr war nicht passiert. Er war weder eingezogen, noch hatte er das vor. Er dominierte nicht ihr Leben und würde das auch zukünftig nicht tun. Thomas war ein ganz anderer Mensch als die ungeliebte Erinnerung vor ihm. In ein paar Gesprächen sor-tierten Kristina und Thomas, warum die Situation heikel war und wie sie die Sache mit dem Wäschewechsel zukünftig ganz pragmatisch handhaben wollten.

Heute, elf Jahre später, leben die beiden übrigens zusammen. Sie haben eine neue, gemeinsame Wohnung bezogen. Ohne Kroko-dil. So hat Kristina sich selbst gegenüber Wort gehalten. In ihre alte Wohnung war jedenfalls kein Mann mehr eingezogen!

Wie Sie bei sich bleiben, während er zu sich findet

Wenn Ihr Partner derjenige ist, der den Umschwung einleitet, indem er sich mehr und mehr zurückzieht, dann reagieren Sie einmal entgegen Ihren Reflexen. Nicht schnell hinterher, sondern ganz gelassen bleiben. Konzentrieren Sie sich in dieser Phase auf jeden Fall vermehrt auf Ihr eigenes Leben. Entlassen Sie den Mann aus der Verantwortung für Ihr Glück. Nehmen Sie ihn aus dem absoluten Fokus Ihres Lebens.

Leben Sie Ihr Leben. Tun Sie Dinge, die Sie erheitern. Lesen Sie Liebesromane statt Ratgeber. Kochen Sie etwas Nettes für sich selbst oder für Freundinnen und Freunde. Machen Sie, wozu auch immer Sie Lust haben. Vielleicht machen Sie auch etwas Heiteres für Ihren Liebsten. Das erwartet er am wenigsten. Er kennt diese Phase des Umschwungs bereits. Diese Phase, in der Frauen so komisch werden, anstrengend irgendwie, immer fragen, was denn los sei? Obwohl doch gar nichts los ist aus seiner Sicht. Er will halt mal die Wohnung drei Tage allein renovieren, mal wieder mit der Playmobilsammlung spielen, sieben Nächte die Woche, oder Heavy-Metal-Musik in seiner Lautstärke hören, jeden Abend allein. Und Sie stimmen ihm zu. Nichts ist los. Sie lassen ihn machen und backen ihm Pfannkuchen, die man wendet, indem man sie hoch in die Luft schmeißt. – Hui! Schau mal, Liebling, wie die fliegen!

Irgendwann wird aber auch der zurückgezogenste Mann hellhörig und will dann vielleicht doch einmal mit Ihnen sprechen – über Ihre Beziehung nämlich.

Das erste Beziehungsgespräch und wie Sie es richtig machen

Das Beziehungsgespräch beendet die erste Unschuld Ihrer Beziehung und läutet eine neue Phase ein. Diese neue Phase wird – vorausgesetzt Sie beide entscheiden sich zur Fortsetzung der Beziehung – besser sein als alles vorher. Aber solange man dieses erste Beziehungsgespräch noch nicht geführt hat, weiß man das nicht so sicher. Und deswegen vermeiden manche Paare dieses Gespräch recht lange. Besonders in Fernbeziehungen kann es lange dauern, bis auch unangenehme Dinge zur Sprache kommen. Schließlich will man die wenige Zeit, die man zusammen verbringt, nicht mit Problemen belasten. Doch irgendwann muss es sein, das erste Beziehungsgespräch. Und dabei etablieren Sie am besten gleich, was der amerikanische Paarforscher John Gottman an vielen Tausenden Paaren als hilfreiche Strategien in Konfliktgesprächen beobachtet hat.[58]

Das Wut-Tabu muss fallen, aber mit Gefühl

In zahllosen Videoaufnahmen von Ehepaaren erkannte John Gottman, wie sich »emotional intelligente« Paare streiten. Diese Paare haben miteinander eine Gesprächskultur entwickelt, die funktioniert. Und Frauen kommt in diesen Streitgesprächen eine ganz besondere Rolle zu, wie Gottman und sein Team beobachten und messen konnten. Tatsächlich gibt es nämlich in Konflikt-Beziehungsgesprächen Unterschiede zwischen Frauen und Männern. So beginnen Frauen sie häufiger, und Männer fühlen sich schneller überfordert. Kein Wunder, dass es dann auch in 85 Prozent der Fälle der Mann war, der anfing zu »mauern«, also dicht zu machen und zu schweigen.

Die Unterschiede zwischen Männern und Frauen in Konfliktgesprächen haben eine physiologische Ursache: Männer erleben schneller und andauernder, was die Forscher »Überflutung« nennen. Das sind körperliche Stressreaktionen, die uns Menschen seit Urzeiten zwar befähigen, schnell vor einem Säbelzahntiger wegzulaufen, aber uns nicht gerade in die Lage versetzen, konstruktive Konfliktgespräche zu führen (das war mit Säbelzahntigern ja auch wenig gefragt). Frauen sind im Durchschnitt schneller in der Lage, sich wieder zu beruhigen, es sei denn, das Konfliktgespräch eskaliert. Wenn Männer sich überflutet fühlen, fangen sie entweder an, die Frau verbal anzugreifen und sich zu verteidigen oder zu mauern, also zu schweigen. Das macht Frauen ganz besonders wütend, ändert dann aber nichts mehr am Zustand des Mannes, ganz im Gegenteil. Dann müssen Sie den Mann eine Zeit lang in Ruhe lassen. So einfach ist das.

Ein wichtiger Faktor, wie Frauen Konfliktgespräche beeinflussen und Wünsche äußern können, ist der Gesprächsauftakt. Überfallen Sie Ihren Partner mit emotionalen Ausbrüchen, die sofort hier und jetzt besprochen werden müssen? Oder geben Sie ihm die Möglichkeit zu wählen, wann er gesprächsbereit ist? Knallen Sie ihm im Auto ein »Du bist doch ein totaler Egoist, fahr endlich langsamer!« vor den Latz, wenn Ihnen gerade unwohl mit seinem Fuß auf dem Gaspedal ist? Oder könnte es nicht auch anders gehen? »Ich weiß, dass du gern schnell fährst, aber jetzt gerade ist es mir zu viel. Kannst du bitte etwas langsamer fahren?« Ein sanfter Gesprächsauftakt – für längere Problemgespräche vorzugsweise nicht im Auto – ist das wichtigste Angebot von Frauen an Männer, um erfolgreich in ein Konfliktgespräch einzusteigen.

Und nicht zuletzt gelten in einem Konfliktgespräch einfach die Regeln der Höflichkeit. Verallgemeinerungen, Abwertungen, Angriffe und ein harter Tonfall sind kein guter Stil. Natürlich darf es auch einmal hoch hergehen in einem Streit, aber es sind die pauschalen Entwertungen des anderen, die für eine Beziehung den schleichenden Tod bedeuten. Fremden gegenüber sind wir häufig höflicher als dem Partner gegenüber!

Um Konfliktgespräche erfolgreich einzuleiten und Ihren Partner vor Überflutung zu schützen, müssen Sie Ihr eigenes »Inneres Liebesteam« (siehe Seite 97) gut kennen und sich um Ihre eigenen Bedürfnisse in einem Konfliktgespräch kümmern. Sie müssen also ihr »kleines Mädchen« oder andere »schwache« Anteile in sich schützen können, ohne aggressiv nach außen zu werden. Dazu wiederum müssen Sie mit Ihrer »Amazone« verhandeln, dass die nicht immer das Wort führt.

Beziehungsgespräche einmal anders

Auch glückliche Paare streiten sich über Geld, Ordnung und Unordnung, Kindererziehung und Unterschiedlichkeiten in den Persönlichkeiten der Partner. In allen guten Ehen aber fanden John Gottman und sein Team fünf Merkmale des liebevollen Beziehungsgesprächs, die Sie für sich umsetzen können.[59]

1 Beginnen Sie in einem sanften Ton.
2 Lernen Sie, Rettungsversuche zu unternehmen und anzunehmen.
3 Beruhigen Sie sich selbst und einander.
4 Gehen Sie Kompromisse ein.
5 Tolerieren Sie die Fehler des anderen.

Ganz wichtige Wendepunkte in einem Konfliktgespräch stellen die »Rettungsversuche« dar. Das sind kleine weiße Fähnchen, die einer von Ihnen beiden hisst, um zu signalisieren, dass er einlenkt. Und entscheidend ist jetzt, wie der andere darauf reagiert. Nimmt er den Rettungsanker auf? Oder ignoriert er ihn? Ein beliebter Rettungsanker in Beziehungsgesprächen ist der Humor. Es braucht jedoch den guten Willen von Ihnen oder Ihrem Partner, auf den Humor einzugehen.

Paare, die gut streiten können, lernen, dass sie sich auch im Streit vertrauen können und gute Lösungen finden. Und das schweißt zusammen.

Warum »Fakten schaffen« keine Bindung herstellt

Manche Frauen wählen einen ganz bestimmten Weg, um Bindung mit einem Mann herzustellen. Sie nennen es » Fakten schaffen« und halten sich dabei im Allgemeinen für raffiniert. Auch manche Männer versuchen diesen Weg, das macht es aber nicht besser. Fakten schaffen sieht so aus: Mann/Frau lässt einfach immer mehr Gegenstände im Bad des anderen zurück, quartiert mit der Zeit seinen halben Kleiderschrank in der Wohnung des anderen ein und verbringt mehr Zeit bei ihm als zu Hause. »Da können wir doch eigentlich auch gleich zusammenziehen Liebling, das ist doch viel praktischer, nicht wahr?« Falsch. Es ist durchschaubar, und es drängt den Mann zur Bindung, wenn auch nur auf Raten. Der Mann wird nicht gefragt, und das beunruhigt ihn. Selbst wenn er eigentlich gar nichts dagegen hat, generell mehr mit der Angebeteten zusammen zu sein. Er tritt vermutlich den Rückzug an oder wird weniger leidenschaftlich.

Wenn Frauen Fakten schaffen, wollen sie meistens, ob bewusst oder unbewusst, die Partnerschaft verbindlicher machen. Genau das aber macht Männer misstrauisch und paradoxerweise unwillig, sich zu binden. Was finden Männer so unattraktiv an Frauen, die entweder sehr schnell oder sehr deutlich auf Bindung drängen? »Dass ich persönlich gar nicht gemeint bin«, sagte mein

Gesprächspartner Daniel dazu. »Wenn die Frau schnell von Zusammenziehen, Kinderkriegen und Heiraten spricht oder das will, dann denke ich, dass sie zwei Wochen später vielleicht das Gleiche einen anderen Mann fragen würde.«

Nähe und Distanz sind ein heikles Thema, und nicht immer deuten die Partner die Signale des anderen richtig. Vielleicht bedeutet für Sie das Mitbringen von Kosmetikartikeln gar nicht, dass Sie schon einziehen wollen, aber für Ihren Partner ist es eine Bedrohung seines Territoriums. Das ist die größte Herausforderung des Umschwungs: die Signale des anderen richtig zu deuten und gelassen damit umzugehen. Der Umschwung ist kein »Haken« an dem Mann oder an Ihnen. Er ist eine normale Phase, durch die alle Beziehungen mehr oder weniger heftig gehen und die sie bewältigen.

Abstand erhöht die Anziehung

Im Umschwung gilt wieder das Prinzip des Tanzens. Am schönsten ist der Liebestanz, wenn man zwei Schritte vor und wieder einen zurück walzt. Das ergibt diesen Rhythmus, in dem sich alles wiegt. Und besonders im Umschwung gilt, dass Abstand die Anziehung erhöht. Statt selbst auf Bindung zu drängen, warten Sie, bis der Partner das Thema anspricht. Nicht ewig, aber ein wenig. Natürlich gibt es für jedes Paar einen individuellen Rhythmus, der stimmig ist. Und wie viel oder wie schnell Sie Nähe herstellen, hängt auch von Ihrer beider Nähe-und-Distanz-Spielfeld ab. Als Faustregel aber gilt für eine Frau, sofern sie in der weiblichen Liebesrolle sein möchte, dass nicht sie diejenige ist, die auf Bindung drängt, davon spricht oder »Fakten schafft«.

Wie viel schöner ist es doch, wenn Ihr Partner nach fünf Monaten sagt: »Warum nimmst du denn immer alle deine Sachen aus dem Bad wieder mit nach Hause? Es ist richtig schrecklich, wenn du gehst und nichts in meiner Wohnung an dich erinnert. Lass wenigstens dein Parfüm hier, damit ich etwas von dir zu riechen habe.« So stellt sich Bindung her.

Und was ist, wenn *ich* mich nicht binden will?

An dieser Stelle sagen Frauen manchmal: Und was ist, wenn *ich* mich nicht binden will? Wenn ich merke, dass der Mann auf Bindung drängt und mich das beunruhigt? Das kann zunächst einmal einfach ein Anfall vorübergehender Panik sein, und das ist ganz normal. Wir alle haben zum Thema Liebe und Bindung unterschiedliche Stimmen in uns, wie Sie inzwischen wissen. Von einer Beziehung zu träumen, ist etwas anderes, als sie zu leben. Die realen Anforderungen einer Partnerschaft können die »Nein«-Stimmen in Ihnen vielleicht sogar zum ersten Mal seit langer Zeit wieder aktivieren. Das kann Ihr perfektes Problem sein, das Sie mit einem liebevollen Partner knacken können.

So ging es Maja, die bereits zweimal geschieden war, als sie Georg traf. Bisher war Maja auch in ihren Ehen immer sehr auf Unabhängigkeit bedacht gewesen. Sie und ihr letzter Mann hatten während der ganzen Zeit ihrer Beziehung und Ehe in zwei Wohnungen gelebt. Außerdem stellte ihr damaliger Mann ausreichend »Abstand« durch Affären her. Anders Georg. Mit seiner beständigen Art war er das Bollwerk in jedem Beziehungssturm. Das Paar stritt sich, Maja konnte richtig vom Leder ziehen, Georg gab Kontra – und blieb. »Ich kannte davor nur Männer«, sagt Maja, »die sich in Streits äußerlich oder innerlich völlig zurückgezogen haben. Das war wie eine Strafe für mich. Aber Georg bleibt einfach da.« Mit Georg lernte Maja, dass sie Auseinandersetzungen haben konnte *und* in Verbindung blieb mit diesem Mann. So überwand sie einen Teil ihrer Nähe-Angst und zog auch bald mit Georg zusammen.

Aber nicht immer klappt das so. Natürlich kann es sein, dass Ihre persönliche Angst vor Nähe so groß ist, dass Sie tatsächlich Panik kriegen, wenn Beziehungen verbindlicher werden. Immerhin wissen Sie dann, dass es nicht an den Männern liegt, die einen Haken haben, wenn die Liebe in dieser Phase häufig für Sie scheitert.

Wenn Sie Ihr Gefühl von Ambivalenz nicht schon per se als »Haken« definieren, kann in der Situation auch eine große Chance liegen. Durch die Erforschung Ihres »Inneren Liebesteams« kennen Sie ja schon Ihre Mitspielerinnen zum Thema Liebe (siehe Seite 97). Welche sind die Stimmen Ihrer Ambivalenz? Wer spricht, wer hat wovor Angst? Welche realen Vereinbarungen mit Ihrem Partner können die Panikstimmen im »Inneren Liebesteam« beruhigen? Brauchen Sie mehr Zeit, um zu überlegen, wann Sie zusammenziehen? Brauchen Sie einen bestimmten eigenen Raum, den der andere nicht betreten soll?

An manchen Stellen im Umschwung wird klar, dass Sie jetzt einen Preis zahlen müssen für die Beziehung. Wenn Sie alles immer weiter so haben wollen wie im Single-Leben, dann müssen Sie eben allein bleiben. Im Umschwung gilt es, Ihre wirkliche Bereitschaft für eine Beziehung zu klären und von Ihren Phantasien zu unterscheiden.

Angst vor Bindung – mit dem »Inneren Liebesteam« verhandeln

Gehen Sie noch einmal zu Ihrem »Inneren Liebesteam« zurück (siehe Seite 97). Falls sich die Stimmen, die gegen Bindung sprechen, bei der ersten Übung noch nicht gezeigt haben, lassen Sie diese nun zu Wort kommen, und zwar in Reinkultur. Zensieren Sie die Stimmen nicht. Fragen Sie:

- Was ist deine Botschaft zum Thema Beziehung?
- Von wem hast du diese Meinung gehört? Woher weißt du das?
- Was brauchst du, um dich sicher zu fühlen?
- Unter welchen Bedingungen würdest du einer Beziehung zustimmen?

Dann bedanken Sie sich bei den inneren Stimmen, dass sie sich gezeigt haben. Schauen Sie, ob diese Stimmen irgendwelche Familienbotschaften transportieren, und arbeiten Sie vielleicht noch einmal mit Ihren Familienmustern (siehe Seiten 63 f.). Meistens geht es inneren Anteilen in uns, die gegen Bindung sprechen, um Schutz vor negativen Erfahrungen. Handeln Sie als Teamchefin Bedingungen aus, mit denen sich alle Mitglieder des »Inneren Liebesteams« wohlfühlen.

Sehen, wo der Haken liegt

Die wichtigste Erkenntnis aus dem »Inneren Liebesteam« ist, dass Sie Verantwortung für Ihre Gefühle und Reaktionen übernehmen können. Nicht Ihr Partner hat einen Haken oder Sie selbst. Es wird einfach bei einer Stimme, einem Teil in Ihnen etwas ausgelöst, was noch nicht erlöst ist. Diese und jene Reaktion, so können Sie erleben, gehört einfach zu mir. Wenn Sie es dann schaffen, Ihre Reaktionen gegenüber dem Partner zu verändern, ändert sich die gesamte Dynamik in der Beziehung. Und das wiederum ermöglicht neue Erfahrungen für Sie. Nähe wird vielleicht weniger bedrohlich und Beziehung möglich.

Manchmal aber werden die Liebesphasen Verführung und Umschwung zur Drehtür, entweder wieder und wieder mit dem gleichen Partner oder mit wechselnden Partnern. Wenn »Dating« für Sie zum Dauertanz wird und Sie spätestens nach vier bis sechs Monaten immer finden, dass der Mann einen Haken hat, dann ziehen Sie einmal in Betracht, ob der Haken nicht in Ihnen liegt. Auf Seite 218 finden Sie Empfehlungen für Bücher, die Ihnen helfen können, sich mit dem Thema Bindungsangst intensiver auseinanderzusetzen.

Für Ihre aktuelle Beziehung aber kann es dann auch richtig sein, die Stopptaste zu drücken und eine Auszeit zu nehmen. Es gibt Männer, mit denen Sie Ihr Problem nicht lösen können. Entweder weil Sie selbst noch nicht bereit sind, oder weil Ihr Partner nicht der Richtige dafür ist.

Schade – aber der war es doch nicht

Sie müssen kein hoffnungsloser Fall von Bindungsangst sein, wenn Sie eine oder auch mehrere Beziehungen nach drei oder sechs Monaten beenden. Sie sollten sich dann eher fragen, auf welcher Grundlage Sie den jeweiligen Partner gewählt haben und ob Ihre Antennen besser justiert sein könnten, um schon etwas früher wahrzunehmen, dass dieser Weg eine Sackgasse ist. Trennungen von den falschen Männern gehören auf dem Weg zum Richtigen auf jeden Fall dazu. Je besser und konstruktiver Sie dieses klare Nein zum falschen Mann hinbekommen, umso klarer werden Sie schließlich fühlen: Der ist es! Und jetzt sage ich ja! Außerdem beobachte ich häufig das Phänomen des »Vorboten«. Frauen, die lange Single waren, lernen manchmal erst den »Fast-Richtigen« kennen, der ein Vorbote des ganz Richtigen ist. Der Vorbote küsst gerade langjährige Single-Frauen aus ihrem Dornröschenschlaf, auch wenn er auf Dauer nicht der Mann ohne Haken sein kann.

Die drei Zutaten der Liebe

Im Umschwung entscheidet sich, ob aus Verliebtheit Liebe wird. Der Psychologe Robert Sternberg unterscheidet bei seiner Theorie der Liebe drei Komponenten[60]:

- Vertrautheit
- Leidenschaft
- Verbindlichkeit

Vertrautheit begründet die freundschaftliche Komponente der Liebe. Leidenschaft erklärt sich von selbst, ist aber manchmal eben nicht oder im Übermaß im Spiel. Verbindlichkeit entsteht einerseits durch den Verlauf der Beziehung, ist aber andererseits eine Sache des Kopfes. Wir müssen uns zur Verbindlichkeit auch bewusst entscheiden.

Im Umschwung zeigt sich manchmal die Wahrheit des Paares: Wir sind tolle Liebhaber, aber lausige Freunde füreinander, und unser Alltag klappt nicht. Oder wir sind gute Freunde, aber nicht mehr. Oder wir waren sehr bereit, verbindlich zu sein, aber es fehlt uns entweder die Vertrautheit, die Leidenschaft oder beides. Auch wenn in allen Beziehungen die drei Zutaten der Liebe in unterschiedlichen Mischungsverhältnissen auftreten und sich im Verlauf der Zeit ändern können, brauchen wir von jeder Zutat zumindest ein bisschen, damit aus der ersten Anziehung eine feste Beziehung wird.

Test: Hat die Sache doch einen Haken?
Gehen oder bleiben?

Testen Sie hier Ihre Einschätzung von Problemen, die in den ersten sechs bis zwölf Monaten einer neuen Beziehung auftreten können. Kreuzen Sie jeweils an, worum es sich handelt: Ist es ein typisches Ereignis für diese Phasen der Liebe oder ein »perfektes Problem«? Beides wäre lösbar. Oder ist die Situation ein Symptom dafür, dass die Sache einen Haken hat? Dann müssen Sie sich leider verabschieden. Die Auswertung finden Sie ab Seite 204.

1. Krankhafte Eifersucht oder liebevoller Scherz?
Ihr Partner sagt in Gegenwart einer Freundin scherzhaft über Ihr tolles Outfit: »Das solltest du aber nur zu Hause in meiner Gegenwart anziehen, sonst gucken dir ja alle Männer nach«, und lacht dabei. Ihre Freundin teilt Ihnen hinterher besorgt mit, dass sie das für erste Anzeichen krankhafter Eifersucht hält. Bei ihr habe eine Beziehung einmal so angefangen und damit geendet, dass der Mann mit dem Messer vor ihr stand. Sie sind verunsichert. Auch Sie selbst haben sich schon manchmal gefragt, ob Ihr neuer Partner nicht zu eifersüchtig ist. Eifersucht dieser Art ist:
- ◯ ein Haken
- ◯ ein perfektes Problem
- ◯ ein typisches Problem dieser Phase einer Beziehung
- ◯ ein Problem Ihrer Freundin

2. Rückzug oder Kündigung?
Nach dreieinhalb Monaten verändert sich Ihre Beziehung irgendwie, sie kühlt sich etwas ab. Ihr Freund schläft jetzt manchmal einfach abends neben Ihnen ein oder will bei sich zu Hause bleiben, weil er am nächsten Tag viel zu tun hat. Sie fragen sich, ob das wohl die Kündigung auf Raten ist? Sein Rückzug ist:
- ◯ ein Haken
- ◯ ein perfektes Problem
- ◯ ein typisches Problem dieser Phase einer Beziehung

3. Am ausgestreckten Arm verhungern

Obwohl Sie sich an die Regeln der weiblichen Rolle in der Liebeswerbung halten und sich zurückhalten, ist das für Ihren Freund auch nach vier Monaten immer noch nicht genug Abstand. Er sieht Sie nur einmal in der Woche, und in der Öffentlichkeit meidet er körperlichen Kontakt mit Ihnen. Er sagt dazu, dass er halt fürs Schmusen in der Öffentlichkeit nicht der Typ sei und außerdem viel arbeiten müsse. Er beteuert außerdem, dass er Sie wirklich schätzt und liebt. Sie aber haben das Gefühl, am ausgestreckten Arm zu verhungern. Diese Situation ist:

○ ein Haken
○ ein perfektes Problem
○ ein typisches Problem dieser Phase einer Beziehung

4. Ach, mit einem Mal war es doch nicht ernst gemeint?

Ihr Freund hat nach drei Monaten einmal verliebt ausgerufen: Lass uns heiraten, zusammenziehen und ein Dutzend Kinder kriegen! Jetzt, sechs Monate später, reden Sie nach der Hochzeit einer Freundin, die schwanger ist, noch einmal über diese Themen. Plötzlich ist Ihr Freund sehr reserviert. Das seien doch große Themen, sagt er, die etwas Zeit bräuchten. Und dass er das damals ja mehr so als Kompliment an Sie gemeint habe, weil er Sie so toll findet. Sie fragen sich jetzt, ob Sie Ihrem Freund noch trauen können oder ob Sie die Sache abhaken sollen. Die Reaktion Ihres Freundes ist:

○ ein Haken
○ ein perfektes Problem
○ ein typisches Problem dieser Phase einer Beziehung

5. Das mit dem Sex wird schon noch

Das Sexleben mit Ihrem Freund ist von Anfang an nicht ganz so toll. Sie finden seine Berührung nicht so prickelnd, und irgendwie haben Sie beide auch ganz unterschiedliche Vorlieben, wie es scheint. Ansonsten verstehen Sie sich aber richtig gut. Diese Situation ist:

○ ein Haken
○ ein perfektes Problem
○ ein typisches Problem dieser Phase einer Beziehung

6. Der verflixte Streitpunkt Ihrer Beziehung

Sie haben Ihrem neuen Freund in einem vertrauten Gespräch einige unschöne Dinge aus Ihrer Beziehungsvergangenheit offenbart, die Ihnen selbst ziemlich unangenehm sind. Er hat sehr negativ darauf reagiert, und immer wenn die Sprache darauf kommt, ist die Stimmung zwischen Ihnen im Eimer. Sie finden, er müsse Sie mitsamt Ihrer Vergangenheit akzeptieren, ärgern sich über ihn und sind gekränkt. Ansonsten ist wirklich alles gut mit Ihnen beiden, aber an diesem Punkt ist es wie verhext. Sie fragen sich, ob die Sache nicht doch einen Haken hat. Diese Situation ist:

○ ein Haken
○ ein perfektes Problem
○ ein typisches Problem dieser Phase einer Beziehung

7. Nur eine harmlose Angewohnheit oder mehr?

Seit Sie mehr Zeit mit Ihrem neuen Freund verbringen, bekommen Sie Details seines Lebenswandels mit, die Ihnen nicht ganz behagen. Sie stellen fest, dass er regelmäßig mehr Alkohol trinkt, als Sie es für angemessen halten (oder er nimmt Drogen, surft nächtelang im Internet, besucht Spielhallen). Als Sie ihn konfrontieren, wiegelt er ab und sagt außerdem wenig freundlich, dass er keine Gouvernante oder Mutter brauche. Das wollen Sie auch nicht sein, aber Sie sind unsicher. Diese Situation ist:

○ ein Haken
○ ein perfektes Problem
○ ein typisches Problem dieser Phase einer Beziehung

8. Er braucht immer so viel Zeit für sich – ist das noch okay?

Sie sind mit Ihrem Freund jetzt ein halbes Jahr zusammen, und im Großen und Ganzen ist alles wunderbar. Doch um einen Punkt gibt es häufiger Streit. Abends, wenn Sie so richtig in Schmusestimmung sind oder einfach mit ihm gemeinsam im Zimmer lesen wollen, sagt er manchmal: Du ich muss jetzt mal eine Zeit allein sein, ich hab im Job so viel um die Ohren gehabt. Sie fühlen sich dann zurückgewiesen und weggeschickt. Ihre Freundin sagt: Lass ihn dann doch einfach mal in

Ruhe. Sie aber wissen nicht so recht. Sollten zwei Menschen, die sich lieben, nicht mehr Sehnsucht nacheinander haben? Warum ist er manchmal so unnahbar? Diese Situation ist:

○ ein Haken
○ ein perfektes Problem
○ ein typisches Problem dieser Phase einer Beziehung

9. Noch ein bisschen verheiratet – soll ich ihm Zeit geben?

Ihr Freund hatte sich zum Zeitpunkt Ihres Kennenlernens nach längerer Vorgeschichte endgültig von seiner Frau getrennt. Er lebt aber mit ihr und den Kindern noch in einem Haus, allerdings in separaten Wohnbereichen. Sechs Monate später hat sich wenig verändert. Sie können ihn dort nicht besuchen, er selbst sagt, dass ihn eine neue Wohnung finanziell überfordert. Er ist aber sehr verliebt in Sie, und Sie glauben ihm das auch. Sollten Sie ihm einfach noch mehr Zeit geben? Diese Situation ist:

○ ein Haken
○ ein perfektes Problem
○ ein typisches Problem dieser Phase einer Beziehung

10. Jetzt wird es ernst – und ich bekomme kalte Füße.
Ist er der Falsche?

Ihr Freund spricht nach neun Monaten davon, dass er sich eine Zukunft mit Ihnen vorstellen kann, mit Ihnen zusammenziehen und auch eine Familie gründen möchte. Sie hatten es bisher immer mit bindungsscheuen Männern zu tun, dieser ist ganz anders. Jetzt aber freuen Sie sich gar nicht so toll, wie Sie dachten. Es beschleicht Sie sogar ein ungutes Gefühl. Eine Freundin sagt zu Ihnen: »Das ist ein Warnsignal. Wenn er der Richtige wäre, hättest du diese Zweifel nicht.« Diese Situation ist:

○ ein Haken
○ ein perfektes Problem
○ ein typisches Problem dieser Phase einer Beziehung

Auflösung: Problem oder Haken?

1. Krankhafte Eifersucht oder liebevoller Scherz?

Tatsächlich könnte Eifersucht, vor allem wenn sie außer Kontrolle gerät, ein Haken sein oder werden. In diesem Beispiel scheint es sich jedoch um ein harmloses Problem Ihrer Beziehung zu handeln. Menschen sind generell unterschiedlich eifersüchtig und besitzergreifend. Wenn Ihr Freund bei der Bemerkung lacht und sich in der geschilderten Art in Gegenwart Ihrer Freundin äußert, also nicht heimlich, handelt es sich einfach um ein Kompliment. Hingegen hat Ihre Freundin offensichtlich ein Übertragungsproblem. Sie schließt von ihrer damaligen Situation auf Ihre Beziehung.

2. Rückzug oder Kündigung?

Dass nach drei bis sechs Monaten mehr Alltag in eine Beziehung kommt, ist ein ganz typisches Problem dieser Phase. Die Zeit des Umschwungs bringt für Ihren Freund oder Sie selbst eine leichte Abkühlung und etwas mehr Abstand. Wenn Sie jetzt keinen Druck machen, sondern über angemessene Distanz Anziehung herstellen, sollte sich das Problem geben. In seltenen Fällen ist so ein Rückzug tatsächlich der Beginn einer »Kündigung«. Wenn es aber so ist, können Sie nichts daran ändern. Dann müssen Sie den Mann abhaken.

3. Am ausgestreckten Arm verhungern

Das Gefühl »am ausgestreckten Arm zu verhungern« ist in der Tat ein Haken. Wenn Sie es mit Signalen nach Nähe selbst nicht übertreiben und Sie dennoch »verhungern«, haben Ihr Freund und Sie einfach sehr unterschiedliche Bedürfnisse nach Nähe und Distanz. Prüfen Sie gut, ob Sie das wirklich aushalten können. Denn der Wunsch nach Distanz geht in einer Beziehung vor, da sich Nähe nicht erzwingen lässt.

4. Ach, mit einem Mal war es doch nicht ernst gemeint?

Dass Ihr Freund – oder Sie selbst – bei den großen Themen Zusammenleben, Kinderkriegen und Heiraten eine Realitätsprüfung und etwas Zeit brauchen, ist ein typisches Problem dieser Phase. Es zeigt, dass Realismus in die Beziehung gekommen ist und Sie in ernsthafte

»Verhandlungen« miteinander treten. Das verliebte »lass uns heiraten und ein Dutzend Kinder kriegen« nach drei Monaten ist reine Romantik. Wenn sich jetzt in der Verhandlungsphase allerdings herausstellt, dass Sie nicht zu einer realistischen Vereinbarung kommen können, müssten Sie erwägen, sich zu trennen.

5. Das mit dem Sex wird schon noch

Unterschiede in der Lust oder bei einzelnen Vorlieben müssen kein Paar auseinanderbringen, und sexuelle Kommunikation entwickelt sich tatsächlich, wenn Sie miteinander vertrauter werden. Dies zählt sogar zu den »Klassikern« der späteren Verhandlungsphase. Entscheidend ist aber, dass das Grundgefühl stimmt. In dem geschilderten Beispiel genießt die Frau schon die Berührung des Mannes nicht so sehr. Das deutet eher auf eine grundsätzliche Unvereinbarkeit auf der körperlichen Ebene hin, und das wird sich mit der Zeit nicht einfach geben. Diese Situation wäre somit ein Haken.

6. Der verflixte Streitpunkt Ihrer Beziehung

Dass es an einem Punkt »wie verhext ist«, deutet immer auf ein »perfektes Problem« hin. Die Reaktion Ihres Freundes und Ihre wenig gelassene Reaktion auf ihn zeigen, dass bei Ihnen beiden ein wunder Punkt getroffen wurde. Wenn Sie angemessen damit umgehen und jeder Verantwortung für seine eigenen Gefühle übernimmt, wird das perfekte Problem nicht zum Haken.

7. Nur eine harmlose Angewohnheit oder mehr?

Suchtverhalten jeder Art ist ein Haken. Die typischen Reaktionen eines Suchtgefährdeten oder Süchtigen sind, zu bagatellisieren oder Menschen, die sie auf ihr Suchtverhalten hinweisen, verbal anzugreifen. Ein Feierabendbier macht aus einem Mann noch keinen Alkoholiker. Wenn Sie sich aber unwohl mit den Lebensgewohnheiten Ihres neuen Partners fühlen, teilen Sie ihm das ganz konkret in der jeweiligen Situationen mit. Beobachten Sie seine Reaktion. Ein gesunder Mann wird sich in Frage stellen lassen und sein Verhalten so weit ändern, dass Sie sich wohlfühlen. Ändert sich nichts, müssen Sie gehen.

8. Er braucht immer so viel Zeit für sich – ist das noch okay?

Dass einer von Ihnen beiden etwas mehr Bedürfnis nach Distanz und allein verbrachter Zeit hat, ist kein Haken, sondern ein typisches Problem dieser Phase. Das individuelle Bedürfnis nach Distanz und Nähe hängt einerseits von dem Grundtypus ab, andererseits von äußeren Bedingungen wie Belastungen im Beruf, persönlichen Lebensthemen (Trauer etc.). In jeder Beziehung, auch zwischen zwei Nähe-Typen, wird einer ein wenig mehr Distanz brauchen als der andere. Solange Sie nicht »am ausgestreckten Arm verhungern« und selbst ausreichend auf Ihre Unabhängigkeit achten, lässt sich dieses Problem lösen.

9. Noch ein bisschen verheiratet – soll ich ihm Zeit geben?

Getrennte, noch nicht geschiedene Männer kennenzulernen, kann jeder Frau über dreißig schnell passieren. Das ist einerseits ein »normales Problem«, im vorliegenden Fall jedoch ein Haken. Denn nach sechs Monaten zählen Taten. In dem geschilderten Fall ist der Mann entweder nicht fähig oder nicht willens, Nägel mit Köpfen zu machen und Konsequenzen zu ziehen. Vereinbaren Sie klare Ziele miteinander, wie die weitere Trennung von seiner Familie vonstatten gehen soll. Dies ist seine Verantwortung, und Sie sollten sich nicht zu sehr einmischen. Unternimmt er nichts Konkretes, ziehen Sie sich zurück und sagen ihm, dass Sie ihm Zeit geben möchten, sein Leben zu regeln.

10. Jetzt wird es ernst – und ich bekomme kalte Füße. Ist er der Falsche?

Dass einer von beiden »kalte Füße« kriegt und sich bei den ernsten Themen erst einmal mehr zurückzieht, ist ein typisches Problem dieser Phase. In diesem Fall auch Ihr persönliches »perfektes Problem«. Wenn Sie bisher immer bindungsscheue Männer ausgesucht haben, dann sind Sie jetzt einmal mit der anderen Seite des Themas Bindungsangst konfrontiert. Wenn die Beziehung ansonsten gut ist, liegt es nicht an Ihrem Partner, dass Sie sich nicht perfekt fühlen. Ihre Freundin hat unrecht. Sollten Sie sich an dieser Stelle plötzlich in einen anderen Mann verlieben, könnte es sogar sein, dass der Haken bei Ihnen liegt. Beschäftigen Sie sich mit den Ursachen Ihrer Bindungsangst.

Checkliste zur Klugheit

Der Test hat Ihnen bereits gezeigt, wie gut Sie die echten von den vermeintlichen Haken unterscheiden können. Wenn Sie sehr unsicher waren, sollten Sie das Kapitel »Wetterumschwung: die Krise nach drei bis sechs Monaten« noch mal ein wenig genauer lesen.

Bevor ich zum Abschluss des Buches kurz auf die Frage nach der Form der endgültigen Bindung – heiraten oder nicht – eingehe, schauen Sie sich noch einmal an, was Sie im dritten Teil des Coaching-Programms gelernt haben:

- Ich bin bereit, mich für meine Vision von Partnerschaft, für meine Ziele, voll und ganz einzusetzen.
- Ich handle im Sinne meiner Ziele und sabotiere mich nicht selbst.
- Ich erkenne, dass Begegnungen mit einem Mann von uns beiden abhängen. Mein eigenes Verhalten kann ich beeinflussen und verändern.
- Ich kenne die Phasen, in denen eine »Liebeswerbung« verläuft und kann mich so klüger verhalten.
- Ich kenne die wichtigsten »Themen«, die ein Mann und eine Frau gefühlsmäßig meistern müssen, um sich nahezukommen und zusammenzubleiben.
- Ich kenne meine schwierigen Punkte bei diesen Themen, an denen ich früher immer ausgestiegen bin.
- Ich erkenne mein »perfektes Problem« und stelle mich ihm, wenn es in der Phase des Umschwungs auftaucht.
- Ich mache es einem Mann möglich, aber nicht zu leicht, mich kennenzulernen.
- Ich kenne die männliche und weibliche Rollenverteilung und gehe spielerisch damit um. Ich experimentiere mit Verhalten und schaue, was funktioniert.
- Ich behalte meinen Humor in dem ganzen Single-Zirkus.
- Ich lebe mein Leben und suche Lebensfreude, unabhängig davon, ob ich »Single« oder gebunden bin.
- Ich sage ganz ja zu einem Mann, wenn er der Richtige ist.

Happy End – verliebt, verlobt ... verheiratet?

Vorbei der Sturm. Vorbei das Grübeln, ob er der Richtige ist. Sie wissen es und Sie leben es. Es ist das »Plateau« Ihrer Beziehung (siehe Seite 136), und das ist ein schönes Bild dafür, was Sie auf Ihrer gemeinsamen Wanderung als Paar erreicht haben.[61] Sie haben eine gute Wegstrecke zurückgelegt und machen zusammen eine Pause. Schluss mit dem Kraxeln. Zeit, die Beine hochzulegen. Genießen Sie jetzt erst einmal die Aussicht, der nächste Gipfel wartet nämlich schon. Und dann heißt es: auf zum Gipfelsturm. Sie sind schon weit gekommen auf dem Weg der Liebe. Und doch stehen noch etliche Verhandlungsthemen aus, bis Sie sagen können: Happy End. Oder besser: Happy Anfang.

Über folgende Punkte müssen Sie sich in der Verhandlungsphase einigen:

- Umgang mit verbrachter Zeit – wie viel gemeinsam, wie viel getrennt
- Auskunftspflicht über Aktivitäten, allein und mit anderen
- Wohnort und Wohnverhältnisse; einer zieht zum anderen, zwei Wohnungen behalten, eine neue gemeinsame Wohnung/ Haus suchen
- Urlaubsorte, Zeit, Aktivitäten
- Freundeskreise, meine, deine, unsere
- Sexualität, Häufigkeit, Vorlieben
- Umgang mit Stress, allein und gemeinsam
- Umgang mit Geld

Und dann kommen die beiden dicksten Verhandlungspunkte, an denen selbst langjährige Paare mitunter scheitern, wenn sie sich nicht beizeiten um diese Themen gekümmert haben:

- Kinder ja/nein – und wann
- heiraten ja/nein – wann und wie

Aber wenn man sich liebt und er der Richtige ist, wird man sich doch wohl auf Anhieb einig sein? Irrtum. Hier kann es aus ganz unterschiedlichen Gründen Differenzen geben, die nichts mit Ihrer gegenseitigen Liebe zu tun haben. Allerdings müssen Sie sich mit Ihrem Partner einigen können, wenn Sie ein Paar bleiben wollen. Kompromisse gibt es bei beiden Themen nicht. Diese Themen stellen den Kern der »Bindungsphase« dar. Wie Sie den Verhandlungsprozess über das Thema Heiraten angehen, ist sehr individuell. Regeln und Zeitabläufe dazu sind kaum zu verallgemeinern. Für manche Paare sind es zwei Sätze. Für andere zwei Jahre zähen Ringens mit wenig angenehmen Gesprächen.

In unserer Gesellschaft geht der Trend generell wieder zum Heiraten.[62] Gerade weil Paare heute nicht mehr aus sozialem oder wirtschaftlichem Druck heiraten müssen, wollen sie damit ein Zeichen setzen. Und alle Paare, die ich kenne, bestätigen, dass die Heirat einen großen Unterschied bewirkt hat – der bei aller Freude auch herausfordernd ist! Eines jedenfalls ist Heiraten nicht: egal. Falls Sie zu den Frauen gehören, die Heiraten »überholt« finden, lesen Sie hier trotzdem weiter. Denn es geht bei der Ehe nicht mehr nur um die klassische Form der 1950er Jahre. Heiraten hat eine tief verbindende Kraft für Paare, die man nicht leichtfertig ignorieren sollte. So kann es auch für Sie wichtig sein, eventuell verborgene Gedanken in sich aufzuklären, die sonst einer langfristigen Bindung generell im Weg stehen könnten. Natürlich gibt es auch Paare, die ohne Ehe gut zusammenleben, ja sogar nur ohne eine Eheschließung zusammenbleiben können, weil Heiraten in einem der beiden Partner Panik auslöst. Das ist dann in Ordnung, wenn beide Partner wirklich so leben können, ohne ein tiefes Bedürfnis leugnen zu müssen.

Wie komme ich unter diese Haube?

Nehmen wir einmal an, für Sie kommt Heiraten generell und eben auch mit diesem Partner speziell in Frage. In diesem Fall wäre es ein Missverständnis der weiblichen Rolle in der Liebeswerbung, wenn Sie passiv bis zum Sankt-Nimmerleins-Tag darauf warten sollten, ob Ihr Liebster sich zum Thema Heiraten einmal äußern möchte. Die wenigsten Männer tun das nämlich. Wenn Sie aus dem Missverständnis heraus, dass der Antrag wie von selbst von den Lippen des Partners perlen soll, still bleiben, können Sie unter Umständen lange warten.

Wie Sie das heikle Thema Heiraten ansprechen, ist jedoch eine Kunst. Und der direkte Weg selten der beste. Meistens ergibt sich das Thema ja eines Tages von selbst, häufig nach der Hochzeit von Freunden oder Bekannten. Je beiläufiger es Ihnen gelingt, einmal auszuloten, was er denn so »ganz allgemein« davon hält, umso besser. Tatsächlich lieben die meisten Männer, die ich gefragt habe, gerade bei diesem sensiblen Thema den leichten Ton. Ob sie sich wohl auch eine so große Hochzeitsfeier wünschen würde, fragte Harald besorgt seine Ulrike, als die beiden zu einem bombastischen Hochzeitsfest eingeladen waren. Harald gruselte es vor Familienfesten mit mehr als drei Anwesenden. »Aber Liebling«, gab Ulrike einem Geistesblitz folgend lächelnd zurück, »das hängt doch ganz davon ab, *wen* ich heirate. Da sollte der Mann doch ein Wort mitzureden haben«, und Harald lachte erleichtert, weil Ulrike so viel Humor zeigte. Später plante das Paar gemeinsam seine Hochzeit – in kleinem Kreis.

Heiraten müssen – heiraten wollen – nicht heiraten können

Was passiert innerlich, wenn ein Partner ganz besonders versessen ist aufs Heiraten oder aber das kalte Grausen kriegt bei dem Gedanken? Die äußeren Gründe für die Einstellung zum Thema Ehe und Heiraten sind vielfältig: Erfahrungen im Elternhaus, der gesellschaftliche Hintergrund, eigene Erfahrungen mit Ehe und Scheidung. Doch das Ergebnis ist immer eine ganz spezifische innerliche Haltung zur Heirat. Bei meinem Modell von der Einstellung zum Heiraten gehe ich von einem Kontinuum aus, mit fünf Positionen und mehr oder weniger fließenden Übergängen. Menschen haben in Bezug auf das Heiraten demnach folgende Positionen:

| nicht heiraten
können | nicht heiraten
wollen | heiraten
können | heiraten
wollen | heiraten
»müssen«
(unbedingt
wollen) |

Am linken Pol befindet sich die Position: Bloß nicht heiraten! Ich nenne es »nicht heiraten können«, aber so würden es Partner, die sich an diesem Pol befinden, selten ausdrücken. Die Gründe für diese Haltung sind den Betroffenen in der Regel wenig bewusst. Vom lapidaren »heiraten ist doch nicht nötig« bis zum vehementen »heiraten ist doch total spießig/der Tod der Liebe« gibt es ganz unterschiedliche Begründungen, die Menschen vorbringen, um bloß nicht aufs Standesamt zu müssen.

Danach gibt es weiter rechts eine Position, die ich »nicht heiraten wollen« nenne. Hier gibt es meistens einen ganz konkreten Grund, warum jemand nicht oder nicht ein zweites Mal heiraten möchte. Und wenn die konkreten Bedenken ausgeräumt sind, geht es meist auch anders. So wie bei Peter, einem Mann, der wegen der schlechten finanziellen Erfahrung seiner ersten Scheidung die Sicherheit eines Ehevertrags brauchte, um sich wieder »zu trauen«.

Die ausgeglichene Mittelposition heißt »heiraten können«. Der Partner ist von sich aus zwar nicht versessen auf das Thema, aber wenn es dem anderen etwas bedeutet, ist er aufgeschlossen dafür. Eventuell kommt er sogar auf den Geschmack.

Damit bewegt er sich noch weiter nach rechts zu der Position »heiraten wollen«. Dort stehen Partner, die ganz bewusst und klar sagen: Heiraten ist für mich ein Wert. Und wenn es die/der Richtige ist, will ich auch heiraten.

Und schließlich gibt es noch die Position »heiraten müssen (unbedingt heiraten wollen)«. Auch diese Extremposition ist Partnern, die dort stehen, selten so bewusst. Für manche Frauen ist der fehlende Antrag des Mannes wie ein Todesurteil über ihren

Wert als Frau. Es gibt familiäre oder persönliche Muster, die zu dieser Einstellung führen, und das kann sich zum Glück ändern.

Aus dem Modell können Sie unschwer erkennen, dass zwei Partner an den Extrempolen größere Schwierigkeiten bei den Verhandlungen um das Thema Heiraten haben dürften.

Für sich selbst sollten Sie in jedem Fall zwei Dinge trennen: Wie sind Sie generell zum Thema Heiraten eingestellt? Und wollen Sie *diesen* Mann heiraten? Erforschen Sie, wo und weshalb Sie eine bestimmte Position auf dem Kontinuum einnehmen. Und unter welchen Bedingungen Sie sich eventuell bewegen könnten. Vielleicht sind Sie offen, was den Zeitraum, den Ort und den Aufwand des Festes angeht? Oder Sie sagen, dass Sie auf jeden Fall heiraten werden, wenn Kinder kommen oder Sie beide den fünfzigsten Geburtstag feiern? Um zu heiraten, müssen Sie sich mit Ihrem Partner mindestens auf den beiden mittleren Positionen »heiraten können« und »heiraten wollen« treffen, damit es klappt. Und das kann eine innere Arbeit bedeuten, in der Sie sich beide mit ihren Bindungsängsten und Nähewünschen auseinandersetzen müssen.

Happy Anfang … und lebten glücklich immerdar?

In allen Liebesschnulzen fällt der Vorhang, wenn die beiden sich »gekriegt haben«. Spätestens mit der glamourösen Hochzeit kommt im Liebesfilm die Abblende. Natürlich ist das Gegenteil richtig. Jetzt fängt der Film ja erst richtig an. Bis dahin war sozusagen Vorfilm. Jetzt, da wir den Mann lieben und uns für ihn entschieden haben, können wir auch zulassen, das zu sehen, was schwierig ist. Liebe ist nicht die Lösung eines Problems, sondern ein fortlaufender Prozess, wie der Spezialist für Bindungsangst, Steven Carter, betont.[63] Doch tief in uns schlummert die kleine Prinzessin, die erlöst werden möchte. Und die sich ein Märchen mit dem Schlusssatz wünscht: und lebten glücklich immerdar.

Aber die Frage des Zusammenlebens, ob mit Trauschein oder ohne, ist ja nicht nur eine Frage der Dauer. Es geht nicht um

»lebten immerdar«, sondern vor allem um »lebten glücklich«. Es geht bei Lebenspartnern, bei Mann und Frau, um Qualität, um Tiefe, um Verbindlichkeit, um Sinn. Und diese Qualitäten sind das Ergebnis von täglichen Handlungen und Haltungen, die Sie beide immer wieder einnehmen. Deshalb möchte ich Ihnen für die weitere Reise Ihrer Liebe einen Koffer mit Proviant empfehlen, den viele Spezialisten und ich selbst zusammengestellt und ausprobiert haben:

1 sich dem anderen zuwenden – Liebe im Alltag
2 Grenzen setzen können – für sich selbst einstehen
3 sich beeinflussen lassen – dem Partner Raum geben
4 verliebt ins eigene Leben sein – seiner Passion folgen
5 die Kunst des Alleinseins üben – sich selbst der beste Freund sein
6 sich Zeit für die Liebe nehmen – Leidenschaft pflegen
7 eine gemeinsame Vision haben – zusammen Sinn finden

Möge es eine schöne, glückliche Reise für Sie werden!

Die geglückte Nähe zu einem Menschen setzt den richtigen Abstand voraus. Nicht nur zu Beginn der Liebeswerbung ist die Liebe ein Tanz. Das Spiel um Nähe und Distanz, um das, was der eine darf und der andere zulässt, tut einer Beziehung auch auf Dauer gut. Sich seiner Sache zu sicher zu sein, den anderen als Teil des Inventars zu sehen und achtlos zu werden, ist der Tod der Liebe. In diesem Sinne soll die italienische Filmschauspielerin Claudia Cardinale über das Erfolgsrezept einer Ehe gesagt haben: »Die Ehe funktioniert am besten, wenn beide Partner ein wenig unverheiratet bleiben.«

Poetischer formuliert es der Philosoph und Mystiker Khalil Gibran: »Eheleute sollten Ritzen und Fugen in ihrer Ehe offenlassen, damit der Wind des Himmels zu ihnen dringen kann.«

Dank

Es gibt viele Menschen, deren Bereitschaft, Mitwirkung und Unterstützung die Entstehung dieses Buches möglich gemacht haben.

Die Literaturagentin Swantje Steinbrink hat Manuskriptidee und Verlag so schnell zusammengebracht, dass man fast von Speeddating sprechen kann. Meine Lektorin beim Knaur Verlag, Caroline Colsman, hat gemeinsam mit ihren Redaktionskollegen manche extra Stunde damit verbracht, über einen passenden Titel nachzudenken. Der ist manchmal schwieriger zu finden als der richtige Mann! Annette Gillich-Beltz hat mein Manuskript mit viel Klugheit redigiert und auf den Punkt gebracht.

Mein großer Dank für ihr Vertrauen und ihre Offenheit geht an alle Frauen, mit denen ich in den letzten Jahren zum Thema Partnersuche und gelingende Liebe arbeiten und sprechen durfte, sowie an die Experten aus Wissenschaft und Praxis. Herzlichen Dank an Sina und Daniel für das schöne – und wahre! – Zitat mit dem Haken.

Ich danke meiner Mentorin und Kollegin Monika Löhlein-Heidt, der ich Klarheit, Kühnheit und Klugheit verdanke. Eine kollegiale Freundschaft verbindet mich auch mit Regina Tamkus und Esther Staewen-Schenkel. Wegbegleiter seit Jahren sind Ulla und Peter Jastram, das Team vom Coachingcenter Berlin, und natürlich meine Freundinnen und meine Familie. Euch allen danke!

Die schönsten Geschichten aber erzählt immer noch das Leben. Meine Lebens- und Liebesgeschichte schreibe ich seit Jahren zusammen mit meinem Mann. Und das ist ein Geschenk. Jeden Tag neu.

Anmerkungen

1 www.parship.de – Single-Studie, 2005
2 Zahlen aus: Lore Großhans, 2007, S. 32
3 Das Ich-Entwicklungsprofil liegt in Deutsch von Dipl.-Psych. Thomas Binder vor: www.i-eprofil.de.
4 John Whitmore, 2006
5 z. B. in: Bas Kast, 2004, S. 85 u. 87, Anmerkungen 156 u. 163
6 Der Ausdruck stammt aus einer Untersuchung des Trendforschers Matthias Horx, www.zukunftsinstitut.de.
7 Elisabeth Michel-Alder, www.ema-hpd.ch. Die Zitate stammen aus einem Vortrag für Führungskräfte.
8 sueddeutsche.de/AP/AFP/dpa, 23. August 2006
9 Judith Sills, 1991
10 Umfrage von Parship: Brigitte, 13/2007
11 Susan Page, 1998
12 Über das »Michelangelo-Prinzip« in Liebesbeziehungen forscht die Psychologin Caryl Rusbult: Wir lieben »das Beste« aus unserem Partner heraus, so wie ein Bildhauer das Kunstwerk aus dem Stein »freilegt«. (So sagte es Michelangelo für die Bildhauerei.) Dies geschieht in Partnerschaften durch den liebenden Blick des Partners.
13 Klaus H. Grossmann u. Karin Grossmann, 2004
14 Fritz Riemann, 2006
15 erster Übungsteil aus: Barbara de Angelis, 1996
16 Gert Kaluza, 2004
17 Bertold Ulsamer, 2003
18 Die Untersuchungen werden zitiert von Bas Kast, vgl. Anm. 5.
19 vgl. Levine u. a., 1995
20 siehe Stephanie Coontz, 2006, S. 79
21 Natalie Angier, 2002, S. 421
22 Cheryl Benard u. Edit Schlaffer, 2004, S. 37 u. 39
23 Das wurde in Forschungen unter dem Stichwort Pheromone untersucht, die Männer in ihrem Schweiß absondern.
24 siehe Bas Kast, 2007
25 Friedemann Schulz v. Thun, 1998, und: ders. u. Wibke Stegemann, 2004
26 Die jungianische Analytikerin Jean Shinoda Bolen hat dies in ihren Büchern »Göttinnen in jeder Frau« (2004) und »Götter in jedem Mann« (vergriffen) beispielhaft dargestellt.

27 Dietrich Schwanitz, 2002

28 Andreas u. Stephan Lebert, 2007

29 www.parship.de, Einsicht in noch nicht veröffentlichte Daten erhielt ich von Parship direkt.

30 Im Folgenden werden bei den Antworten »Trifft zu« Ausprägungen 1 und 2 der Fünferskala zusammengezogen, besonders bei den Antworten, bei denen die Ausprägungen 1 und 2 etwa gleich groß sind.

31 Auszüge aus den Studien der Soziologen Hans-Peter Blossfeld u. Andreas Timm sind einzusehen unter www.single-generation.de.

32 z. B. C. R. Snyder u. S. J. Lopez, 2002

33 Martin P. Seligman, 2003

34 Marie Mannschatz, 2002

35 Diese Anregung finden Sie bei Monika von Ramin, 2007.

36 Eva Jaeggi, 2002

37 siehe Brenda Shoshanna, 2007

38 Weitere Anregungen zu dieser Technik finden Sie z. B. bei Pierre Franckh, 2007.

39 Judith Sills nennt es »kodierte Kommunikation«, Judith Sills, 1991 S. 86 ff.

40 Judith Sills, 1991

41 Alle folgenden Zitate zu den Liebesphasen stammen aus Judith Sills, 1991, und dem von mir angepassten Modell.

42 In dem von mir bearbeiteten Modell basierend auf Judith Sills, 1991.

43 Eine gute Zusammenfassung der unterschiedlichen Standpunkte gibt Natalie Angier, 2002, S. 458 ff.

44 John Gray, 2000

45 Dies ist eine Zusammenfassung aus mehreren Quellen: einem Interview mit Dr. Dipl.-Psych. Lars Penke von der Humboldt-Universität Berlin und dem von ihm mit publizierten Artikel von 2007 sowie aus David Givens, 2006.

46 Sheryl Benard u. Edit Schlaffer, 1989

47 Bas Kast 2004, S. 25 ff.

48 Wolfgang Hantel-Quitman, 2007

49 Rachel Greenwald, 2004

50 repräsentative Studie im Auftrag von Parship 2006, Pressemitteilung vom 28. November 2006

51 Der Test von Parship wurde als bisher einziger Test im Jahr 2006 einer neuen Normierung unterzogen und sprachlich angepasst.

52 Jürg Willi, 2005, S. 20 ff.

53 siehe Adressen im Anhang

54 siehe den Roman »90 Tage auf Bewährung« von Kim Fischer

55 Bas Kast, 2004, S. 48 – Der Geist entstand bei Mondschein

56 Ursula Nuber, 2007

57 aus der Studie von Penke et al., 2007

58 John Gottman, 2003

59 John Gottman, 2003, S. 188

60 Robert J. Sternberg, 1988, S. 119–135

61 Judith Sills, 1991, S. 217 ff.

62 »Romantik trifft Vernunft?« von Elisabeth Niejahr, Die Zeit, Nr. 39, 2007, Dossier, S. 17 ff.

63 Steven Carter u. Julia Sokol, 2000

Adressen rund um die Partnerwahl

Internet-Partnervermittlungen

www.parship.de

www.elitepartner.de

www.be2.de

www.dzf.de (Der zweite Frühling – ab 40 Jahren)

Gesamtverband der deutschen Ehe- und Partnervermittlungsinstitute: www.g-d-e.de

Coaching-Angebote für Frauen

Homepage zum Buch – Single- und Life-Balance – Coaching mit Ursula Wagner

www.mannohnehaken.de

Ausstrahlung, Präsenz, Flirten

Christiane Weinreich, www.medientraining.com

Fit2Flirt, Dipl.-Psych. Lisa Fischbach und Holger Lendt, www.begegnungsart.de

Weiblichkeit in Beruf und Partnerschaft sowie Ausbildung in Singlecoaching,

Freifrau – Institut für Weiblichkeit, Dipl.-Päd. Monika Löhlein-Heidt, Dipl.-Psych. Ursula Wagner und Kolleginnen, www.freifrau.de

Ausgewählte Literatur zum Weiterlesen

Persönlichkeitsentwicklung, Liebe und Partnerschaft

Jaeggi, Eva: Liebe lieber ungewöhnlich. Walter, Düsseldorf und Zürich 2002

Needleman, Jacob: Das kleine Buch der großen Liebe. Krüger, Frankfurt a. M. 2002

Vanzant, Iyanla: Zwischenzeit. Die Liebe, die du suchst, ist in dir. Econ & List, München 1999

Willi, Jürg: Psychologie der Liebe. Persönliche Entwicklung durch Partnerbeziehung. Rowohlt, Reinbek 2005

Bindungstheorie – Bindungsangst

Carter, Steven/Sokol, Julia: Lauf nicht vor der Liebe weg. Kösel, München 2000

Grossmann, Klaus H./Grossmann, Karin: Bindungen – das Gefüge psychischer Sicherheit, Klett-Cotta, Stuttgart 2004

Innere Teammitglieder – Inneres Kind bei der Partnerwahl

Leonard, Linda: Töchter und Väter. Heilung einer verletzten Beziehung. Fischer, Frankfurt a. M. 1997

Schulz v. Thun, Friedemann/Stegemann, Wibke (Hrsg.): Das innere Team in Aktion, Praktische Arbeit mit dem Modell. Rowohlt, Reinbek 2004

Storch, Maja: Die Sehnsucht der starken Frau nach dem starken Mann. Goldmann, München 2002

Sundermeier, Katja: Die Simply Love Strategie. Piper, München 2004

Partnerschaftsanzeigen – Internet

Alth, Bela von: Partnersuche im Internet. Südwest, München 2006

Döring, Dorothee: Warum allein bleiben? Erfolgreiche Partnersuche im Alter (für 45+). Ernst Kaufmann, Lahr 2006

Thiel, Christian: Vom Fröscheküssen oder Wie man den Partner fürs Leben findet. Beust, München 1998

Gesellschaftliche Situation der Frau, von Singles und Paaren

Gaschke, Susanne: Die Emanzipationsfalle. Goldmann, München 2006
Lebert, Andreas und Stephan: Anleitung zum Männlichsein. S. Fischer,
Frankfurt a. M. 2007
Radisch, Iris: Die Schule der Frauen. Wie wir die Familie neu erfinden.
DVA, München 2007
Wagner, Ursula: Die Kunst des Alleinseins. Theseus, Berlin 2005

Beziehungsphasen – Frauenrolle/Männerrolle

Bolen, Jean Shinoda: Göttinnen in jeder Frau. Econ Ullstein List,
München 2004
Gray, John: Mars sucht Venus. Venus sucht Mars. Wie Sie Ihren Seelen-
gefährten erkennen. Goldmann, München 2000
Sills, Judith: Liebe nach dem ersten Blick. Handbuch für Romantiker.
Rowohlt, Reinbek 1991

Biologische Grundlagen

Givens, David: Körpersprache der Liebe. Goldmann, München 2006
Kast, Bas: Die Liebe und wie sich Leidenschaft erklärt. Fischer,
Frankfurt a. M. 2006

Ehe-Geschichte

Coontz, Stephanie: In schlechten wie in guten Tagen. Die Ehe – eine
Liebesgeschichte. Lübbe, Bergisch Gladbach 2006
Lovenberg, Felicitas von: Verliebe dich oft, verlobe dich selten, heirate nie?
Droemer, München 2005

Zur positiven Gestaltung einer Partnerschaft

Gottmann, John: Die 7 Geheimnisse der glücklichen Ehe. Ullstein,
Berlin 2003
Page, Susan: Jetzt mache ich uns glücklich. Krüger, Frankfurt a. M. 1998
Ulsamer, Bertold: Spielregeln für Paare. Goldmann, München 2003

Literaturnachweis

Alth, Bela von: Partnersuche im Internet. München. Südwest,
  München 2006

Angelis, Barbara de: Wieviel Frösche muss ich noch küssen. Heyne,
  München 1996

Angier, Natalie: Frau. Eine intime Geographie des weiblichen Körpers.
  Goldmann, München 2002

Benard, Sheryl/Schlaffer, Edit: Die Physik der Liebe. dtv, München 2004

Blossfeld, Hans-Peter/Timm, Andreas (Hrsg.): Who Marries whom?
  Educational Systems as Marriage Markets in Modern Societies. Springer,
  Berlin 2004

Bolen, Jean Shinoda: Göttinnen in jeder Frau. Econ Ullstein List,
  München 2004

Carter, Steven/Julia Sokol: Lauf nicht vor der Liebe weg. Kösel,
  München 2000

Coontz, Stephanie: In schlechten wie in guten Tagen. Die Ehe –
  eine Liebesgeschichte. Lübbe, Bergisch Gladbach 2006

Döring, Dorothee: Warum allein bleiben? Erfolgreiche Partnersuche im
  Alter (für 45+). Ernst Kaufmann, Lahr 2006

Fein, Ellen/Schneider, Sherrie: Die Kunst den Mann fürs Leben zu finden.
  Alle Regeln in einem Band. Piper, München 2000

Fischer, Kim: 90 Tage auf Bewährung. Goldmann, München 2006

Franckh, Pierre: Erfolgreich wünschen. Koha, Burgrain 2007

Gaschke, Susanne: Die Emanzipationsfalle. Goldmann, München 2006

Givens, David: Körpersprache der Liebe. Goldmann, München 2006

Gottman, John: Die 7 Geheimnisse der glücklichen Ehe. Econ Ullstein
  List, München 2003

Gratch, Alon: Die sieben Todsünden der Liebe … und wie man sie
  vermeidet. Fischer, Frankfurt a. M. 2007

Gray, John: Mars sucht Venus. Venus sucht Mars. Wie Sie Ihren
  Seelengefährten erkennen. Goldmann, München 2000

Greenwald, Rachel: Männerbeschaffungsmarketing. Mit der Harvard
  Methode den richtigen Mann finden. Goldmann, München 2004
  (Taschenbuch-Ausgabe unter dem Titel: Fang den Mann.
  Das perfekte Programm für Frauen ab 35)

Großhans, Lore: Für eine neue Liebe ist es nie zu spät. Kösel,
  München 2007

Grossmann, Klaus H./Grossmann, Karin: Bindungen – das Gefüge psychischer Sicherheit. Klett-Cotta, Stuttgart 2004

Hantel-Quitman, Wolfgang: Der Geheimplan der Liebe. Herder, Freiburg i. Breisgau 2007

Jaeggi, Eva: Liebe lieber ungewöhnlich. Walter, Düsseldorf und Zürich 2002

Kaluza, Gert: Stressbewältigung. Springer, Heidelberg 2004

Kast, Bas: Die Liebe und wie sich Leidenschaft erklärt. S. Fischer, Frankfurt a. M. 2004

Kast, Bas: Wie der Bauch dem Kopf beim Denken hilft. S. Fischer, Frankfurt a. M. 2007

Lebert, Andreas/Lebert, Stephan: Anleitung zum Männlichsein. S. Fischer, Frankfurt a. M. 2007

Leonard, Linda: Töchter und Väter. Heilung einer verletzten Beziehung. Fischer, Frankfurt a. M. 1997

Levine, R./Suguru, W./Tsukkasa H., Verma, J.: Love and marriage in eleven cultures. Journal of cross-cultural psychology., 1995, Vol. 26, No. 5, 554–571

Lovenberg, Felicitas von: Verliebe dich oft, verlobe dich selten, heirate nie? Knaur, München 2005

Mannschatz, Marie: Lieben und loslassen. Theseus, Berlin 2002

Needleman, Jacob: Das kleine Buch der großen Liebe. Krüger, Frankfurt a. M. 1997

Nuber, Ursula: Psst – lass mir mein Geheimnis. Campus, Frankfurt a. M. 2007

Page, Susan: Endlich verheiratet, warum bin ich nicht glücklich? Hestia, Rastatt1994

Page, Susan: Jetzt mache ich uns glücklich. Krüger, Frankfurt a. M. 1998

Penke, L./Todd, P. M./Lenton, A./Fasolo, B.: How self-assessments can guide human mating decisions. In: G. Geher & G. F. Miller (Eds.), Mating intelligence: Sex, relationships, and the mind's reproductive system (pp. 37–75). Mahwah, NJ: Lawrence Erlbaum, 2007

Radisch, Iris: Die Schule der Frauen. Wie wir die Familie neu erfinden. dva, München 2007

Ramin, Monika von: Bis jetzt haben wir nur geübt. Das Liebesbuch für Frauen ab 45. Eichborn, Frankfurt a. M. 2007

Riemann, Fritz: Grundformen der Angst. Reinhardt, München 2006 (36. Aufl.)

Ruderman, M. N./Ohlott, P. J./Panzer, K./King, S. N.: Benefits of multiple roles for managerial women. Academy of Management Journal, 2002, Vol. 45, No. 2, 369–386

Schulz v. Thun, Friedemann/Stegemann, Wiebke: Das innere Team in Aktion. Praktische Arbeit mit dem Modell. Rowohlt, Reinbek 2004

Schwanitz, Dietrich: Männer. Eine Spezies wird besichtigt. Goldmann, München 2002

Seligman, Martin P.: Der Glücksfaktor. Warum Optimisten länger leben. Ehrenwirth/Lübbe, Bergisch Gladbach 2003

Shoshanna, Brenda: Zen und die Kunst, sich zu verlieben. Fischer, Frankfurt a. M. 2007

Sills, Judith: Liebe nach dem ersten Blick. Handbuch für Romantiker. Rowohlt, Reinbek 1991

Snyder, C. R./Lopez, S. J.: Handbook of positive psychology. Oxford University Press, New York 2002

Sternberg, Robert J.: The Triangle of love: Intimacy, Passion, Commitment. New York: Basic Books 1988

Storch, Maja: Die Sehnsucht der starken Frau nach dem starken Mann. Goldmann, München 2002

Sundermeier, Katja: Die Simply love Strategie. Piper, München 2004

Thiel, Christian: Vom Fröscheküssen oder Wie man den Partner fürs Leben findet. Beust, München 1998

Ulsamer, Bertold: Spielregeln für Paare. Goldmann, München 2003

Vanzant, Iyanla: Zwischenzeit. Die Liebe, die du suchst, ist in dir. Econ & List, München 1999

Wagner, Ursula: Die Kunst des Alleinseins. Theseus, Berlin 2005

Whitmore, John: Coaching für die Praxis – Wesentliches für die Führungskraft. Allesimfluss, Staufen 2006

Willi, Jürg: Psychologie der Liebe. Persönliche Entwicklung durch Partnerbeziehung. Rowohlt, Reinbek 2005

Wiseman, Robert: So machen Sie Ihr Glück. Mosaik, München 2002

Register

Übersicht der Übungen